国防科技大学惯性技术实验室优秀博士学位论文丛书

航海多惯导协同定位与误差参数估计

Marine Multi-INS Cooperative Positioning and Error Parameter Estimation

王　林　吴文启　魏　国
何晓峰　练军想　潘献飞　著

国防工業出版社
·北京·

内容简介

本书针对舰艇用长航时高精度航海惯导冗余配置的情况，研究了惯导间的信息融合方法，以实现惯导信息的协调优化和综合处理。本书提出了基于联合旋转调制的多惯导系统联合参数估计滤波算法，在保证冗余系统整体可靠性的条件下，提高导航参数的精度。以此为基础，本书对该滤波算法的极区适用性进行了分析研究。本书还研究了激光陀螺航海惯导相对性能在线评估方法，以优选出精度更高的系统作为主惯导。针对舰载、艇载武器发射过程中的振动环境影响激光陀螺精度的问题，本书研究了激光陀螺的g敏感性误差机理及其标定补偿方法。

本书可为惯性导航专业的从业人员和在校研究生提供有益的参考。

图书在版编目(CIP)数据

航海多惯导协同定位与误差参数估计/王林等著.—北京：国防工业出版社，2020.5

ISBN 978-7-118-12069-1

Ⅰ.①航…　Ⅱ.①王…　Ⅲ.①航海-定位法-研究　Ⅳ.①U675.6

中国版本图书馆CIP数据核字(2020)第037755号

※

国防工業出版社 出版发行

(北京市海淀区紫竹院南路23号　邮政编码100048)

北京龙世杰印刷有限公司印刷

新华书店经售

*

开本 710×1000　1/16　**印张** 11　**字数** 188千字

2020年5月第1版第1次印刷　**印数** 1—1500册　**定价** 85.00元

国防书店：(010)88540777　发行邮购：(010)88540776

发行传真：(010)88540755　发行业务：(010)88540717

国防科技大学惯性技术实验室
优秀博士学位论文丛书
编 委 会 名 单

序

大学之道，在明明德，在亲民，在止于至善。

——《大学》

国防科技大学惯性导航技术实验室，长期从事惯性导航系统、卫星导航技术、重力仪技术及相关领域的人才培养和科学研究工作。实验室在惯性导航系统技术与应用研究上取得显著成绩，先后研制我国第一套激光陀螺定位定向系统、第一台激光陀螺罗经系统、第一套捷联式航空重力仪，在国内率先将激光陀螺定位定向系统用于现役装备改造，首次验证了水下地磁导航技术的可行性，服务于空中、地面、水面和水下等各种平台，有力地支撑了我军装备现代化建设。在持续的技术创新中，实验室一直致力于教育教学和人才培养工作，注重培养从事导航系统分析、设计、研制、测试、维护及综合应用等工作的工程技术人才，毕业的研究生绝大多数战斗于国防科技事业第一线，为"强军兴国"贡献着一己之力。尤其是，培养的一批高水平博士研究生有力地支持了我军信息化装备建设对高层次人才的需求。

博士，是大学教育中的最高层次。而高水平博士学位论文，不仅是全面展现博士研究生创新研究工作最翔实、最直接的资料，也代表着国内相关研究领域的最新水平。近年来，国防科技大学研究生院为了确保博士学位论文的质量，采取了一系列措施，对学位论文评审、答辩的各个环节进行严格把关，有力地保证了博士学位论文的质量。为了展现惯性导航技术实验室博士研究生的创新研究成果，实验室在已授予学位的数十本博士学位论文中，遴选出 12 本具有代表性的优秀博士论文，结集出版，以飨读者。

结集出版的目的有三：其一，不揣浅陋。此次以专著形式出版，是为了尽可能扩大实验室的学术影响，增加学术成果的交流范围，将国防科技大学惯性导航技术实验室的研究成果，以一种“新”的面貌展现在同行面前，希望更多的同仁们和后来者，能够从这套丛书中获得一些启发和借鉴，那将是作者和编辑都倍感欣慰的事。其二，不宁唯是。以此次出版为契机，作者们也对原来的学位论文内容进行诸多修订和补充，特别是针对一些早期不太确定的研究成果，结合近几年的最新研究进展，又进行了必要的修改，使著作更加严谨、客观。其三，不关毁誉，唯求科学与真实。出版之后，诚挚欢迎业内外专家指正、赐教，以便于我们在后续的研究工作中，能够做得更好。

在此，一并感谢各位编委以及国防工业出版社的大力支持！

吴美平

2015 年 10 月 9 日于长沙

前　言

为满足现代舰艇长航时高精度导航定位的需求，国内外对旋转调制激光陀螺航海惯导开展了广泛研究，在现有的惯性器件水平下，旋转调制技术的引入大幅度提高了惯导系统的精度，进而使得旋转调制激光陀螺航海惯导在各类舰艇上得到了广泛应用。

为了保证可靠性，舰艇一般搭载多套、多类型的惯导系统，如静电陀螺惯导系统、平台式惯导系统、光纤陀螺惯导系统、单轴旋转调制激光陀螺航海惯导、双轴旋转调制激光陀螺航海惯导等。冗余配置情况下，一般将一套系统作为主惯导系统，其余的系统作为热备份系统，系统之间缺少信息融合。近年来，研究人员尝试多套惯导组合应用，通过信息融合的手段以期提高惯组的整体可靠性和导航精度，存在的问题是，尚没有有效的信息融合方法和模型对惯导信息进行协调优化和综合处理。针对此问题，本书主要完成了以下工作：

（1）提出了一种新的基于联合旋转调制的多惯导系统联合参数估计滤波算法，以多套惯导系统两两之间姿态、速度、位置误差之差为滤波状态，以惯导系统两两之间的速度、位置误差之差为观测量（或只采用位置差为观测量），在惯导系统之间的误差特性呈现局部差异性或互补性条件下，可估计出惯导系统的部分（或全部）陀螺漂移、加速度计零偏：一方面可根据估计出的陀螺漂移、加速度计零偏监控惯导系统的工作状态，另一方面通过输出校正的方式，可一定程度上补偿相应的陀螺漂移、加速度计零偏造成的误差的影响，在保证冗余系统整体可靠性的条件下，提高导航参数的精度。

（2）提出了基于格网坐标系的多惯导系统协同定位方法，针对惯导系统在高纬度（极区）地区的应用问题，重新设计了联合误差状态卡尔曼滤波器，同时建立了联合误差状态卡尔曼滤波器在当地水平地理坐标系与格网坐标系间的相互转换关系，使得多惯导协同定位方法具有了全球适用性，避免了极区子午线汇聚带来的经度及真北方位的计算问题。

（3）提出了联合旋转调制激光陀螺航海惯导相对性能在线评估方法，一套单轴旋转调制激光陀螺航海惯导与待评估的各双轴旋转调制激光陀螺航海惯导分别构建联合误差状态卡尔曼滤波器，以不同滤波器估计得到的单轴系统方位陀螺漂移估计值的标准差大小为评价指标，对各双轴系统随机误差的大小进行在线评估。半实物仿真实验及实际实验结果表明，当多套双轴系统激光陀螺组件的随机误差相对差异大于等于总随机误差的10%时，可通过评估算法区分出精度更高的系统。

(4) 提出了基于联合旋转调制的传递对准方法，针对双单轴旋转调制激光陀螺航海惯导系统冗余配置的情况，设计了联合误差状态卡尔曼滤波器，对水平方向惯性器件的常值零偏进行估计，补偿速度输出中的舒勒振荡误差和锯齿状速度误差，并通过单轴系统辅助子惯导传递对准的应用验证了速度补偿的效果。

(5) 建立了激光陀螺的动力学模型，详细分析了激光陀螺g敏感性误差的机理，得到了激光陀螺的g敏感性等效安装误差模型；当存在角速度时，激光陀螺组件的g敏感性等效安装误差将会造成等效陀螺漂移；利用线振动台产生线振动与角振动并存的环境以激励g敏感性误差的影响，在此环境下利用优化的误差参数观测方案对激光陀螺的g敏感性误差参数进行标定，并对g敏感性误差补偿效果进行了实验验证。补偿激光陀螺的g敏感性误差对于舰载、艇载惯导系统在力学环境下精度的提升具有重要意义。

由于作者的水平有限，书中难免有不足之处，恳请广大读者批评指正。

目　录

第1章 绪　论

1.1 研究背景

为满足舰艇航海导航的需求,多种导航手段在舰艇上得到了广泛应用,如:天文导航、无线电导航、惯性导航、卫星导航等。与其他导航手段相比,惯性导航作为完全自主的导航手段,抗干扰能力强、隐蔽性能好,是现代舰艇最重要的导航定位手段,可以实时、连续地为舰艇提供位置、速度、姿态信息[1]。与陆用、航空惯性导航系统相比,现代航海惯性导航系统最典型的特点是不间断工作的时间长、导航定位精度高,是长航时、高精度定位系统的突出代表[2],典型的航海惯性导航系统的定位精度为1nmile/24h[3],可以说航海惯性导航系统是目前研制难度最大、精度要求最高的应用场合之一[4]。

得到较多应用的航海惯性导航系统包括以下几种:液浮陀螺平台式惯性导航系统、静电陀螺惯性导航系统、激光陀螺惯性导航系统、光纤陀螺惯性导航系统[5]。提高航海惯性导航系统的精度主要有两种技术手段:一是采用技术手段提高惯性器件自身的精度(主要是陀螺精度),如改进惯性器件的材料、结构或改变设计思路;二是应用系统手段来抑制陀螺漂移对导航定位的影响,如:监控陀螺H调制技术、监控陀螺多位置测漂技术、旋转调制技术[6]。

相较于液浮陀螺、静电陀螺惯性导航系统,光学陀螺(包括激光陀螺、光纤陀螺)惯性导航系统具有结构简单、操作性及可维护性更优、可靠性更高的优势,目前正逐步取代传统的平台式惯性导航系统,并在现代舰艇上得到了越来越多的应用[7],其中的典型代表是高精度的二频机抖激光陀螺惯性导航系统。为了充分发挥光学陀螺的优势,在相同的惯性器件精度水平下进一步提高光学陀螺惯性导航系统的定位精度,研究人员引入了旋转调制技术[8]。旋转调制技术通过旋转机构周期性地旋转惯性测量单元(IMU),以使得陀螺常值漂移、加速度计常值零偏引起的定位误差得到抵消,进而改善系统的导航定位精度。旋转调制惯性导航系统根据旋转轴数目的多少可分为:单轴旋转调制惯性导航系统、双轴旋转调制惯性导航系统、三轴旋转调制惯性导航系统,其中单轴、双轴旋转调制惯性导航系统已经得到了实际的装备应用,三轴旋转调制惯性导航系统主要停留在理论研究层面。

与航海惯性导航系统长航时、高精度典型特点相伴的是系统的高可靠性。为了保证舰艇远航过程中的航行安全,通常冗余配置多套惯性导航系统,实现系统级冗余。系统级冗余配置的惯性导航系统的工作模式通常采用主从模式,即将其中一套惯性导航系统指定为主惯导,对外输出导航定位信息,其余的系统作为备份系统,处于热备份状态,一旦主惯导故障,由备份惯导继续输出定位信息[9]。目前航海惯性导航系统冗余配置结构中,系统间缺少信息融合,多套系统的导航定位信息没有得到有效利用。在单套惯性导航系统精度难以进一步大幅度提高的情况下,研究人员开始尝试多套惯导系统的组合应用,通过信息融合的手段以期提高惯性导航系统的整体可靠性和导航定位精度,但是存在的问题是缺少有效的信息融合方法和模型对惯导的导航定位信息进行协调优化和综合处理,多数情况下甚至难以判断冗余配置的多套惯性导航系统中哪一套系统的定位信息最可信。因此,在现有技术条件下,立足当前的惯性导航系统,在不需要外界信息辅助的情况下,进一步提高冗余惯性导航系统的整体可靠性和定位精度,并对某些任务条件下的多套惯性导航系统的相对性能进行在线评估,为舰艇提供一种多惯导协同定位的新方法,有着十分重要的现实意义。

舰艇上搭载的二频机抖激光陀螺惯性导航系统具有高带宽、大动态范围、高可靠性的优势,适应舰载、艇载工作环境。通常认为二频机抖激光陀螺不存在与加速度相关的误差(g 敏感性误差),或者说其 g 敏感性误差可忽略[10]。事实上,激光陀螺腔体通过抖轮与安装基座相固联,在侧向加速度作用下其抖轮会产生侧向形变,激光陀螺的敏感轴在空间的位置随之改变,形成等效安装偏差,当存在角速度时将会产生等效陀螺漂移[11]。舰载、艇载武器发射过程中将伴有强烈的振动,二频机抖激光陀螺惯性导航系统将处于力学环境下,当载体机动伴有大的角速度时,g 敏感性误差造成的等效陀螺漂移将会产生姿态误差,姿态误差进入速度解算回路将会产生速度误差,进而影响二频机抖激光陀螺惯性导航系统的定位精度。因此,有必要对二频机抖激光陀螺的 g 敏感性误差进行标定补偿。

本书以典型应用条件下的航海惯性导航系统为研究对象,重点研究:

(1) 冗余配置旋转调制激光陀螺航海惯性导航系统间的信息融合方法,并提供一种全纬度适用的多惯导协同定位方法,在保证冗余惯导系统整体可靠性的条件下,进一步提高定位精度。

(2) 典型旋转调制激光陀螺航海惯导系统冗余配置情况下,多套惯性导航系统间相对性能的在线评估。

(3) 二频机抖激光陀螺 g 敏感性误差机理的研究及其标定补偿方法。

立足于目前的装备情况,通过以上的研究可望为舰艇提供一种提高惯导系统可靠性和精度的新途径,有着十分重要的现实意义和理论价值,进一步推动航海惯性导航系统的发展。

1.2 国内外研究现状

1.2.1 国内外旋转调制航海惯导研究现状

伴随着光学陀螺技术的不断成熟,在捷联式惯性导航系统的基础上发展了旋转调制航海惯导。旋转调制航海惯导的旋转机构与平台式惯导系统类似,但其工作机理与传统的平台式惯导系统截然不同。旋转调制航海惯导的惯性测量单元安装到带有测角装置的旋转机构上,通过周期性地转动惯性测量单元以抵消陀螺漂移、加速度计零偏对导航定位的影响,旋转调制航海惯导内部导航解算的算法仍然采用了捷联惯导的解算算法,其输出的速度、位置信息反映的是舰艇的运动,但其输出的姿态信息反映的是惯性测量单元的姿态变化,需要通过测角装置测得的惯性测量单元相对于旋转机构零位的角运动信息才能获得舰艇的姿态信息。

旋转调制航海惯导根据其旋转机构转轴的数目可以分为:单轴旋转调制航海惯导、双轴旋转调制航海惯导、三轴旋转调制航海惯导。根据现有公开报道,实际得到装备的旋转调制航海惯导是单轴、双轴旋转调制航海惯导,而三轴旋转调制航海惯导的研究处于理论层面。总体来看,经过多年的发展,旋转调制航海惯导技术已日趋成熟,在各国舰艇上得到了广泛装备。世界范围内来看,美国作为头号海军强国,其在旋转调制航海惯导方面的技术积累最为丰富,研制生产的相关产品装备最多。近年来,国内各研究单位纷纷开展了旋转调制航海惯导的研究,取得了一系列的标志成果,逐步缩小了与美国为代表的西方发达国家间的差距。

1. 国外旋转调制航海惯导研究现状

旋转调制技术的引入是为了抵消惯性器件确定性误差(主要是陀螺漂移)对导航定位的影响,同时又不能引入新的误差。由于其惯性测量单元在空间不断地翻转,这就要求陀螺对重力不敏感。传统的转子陀螺由于存在与质量不平衡相关的误差,重力场中的翻滚运动将会使其产生 g 敏感性误差,故不适合旋转调制技术。光学陀螺(包括激光陀螺、光纤陀螺)一般来说,其 g 敏感性误差不明显,因此更加适合旋转调制技术。国外对旋转调制航海惯导的研制也是在光学陀螺基础上开展的,特别是二频机抖激光陀螺在旋转调制航海惯导中得到了更多的应用。

国外研制旋转调制激光陀螺航海惯导起源于 20 世纪 80 年代,是为了代替 20 世纪 50、60 年代发展的液浮陀螺平台式惯性导航系统及 20 世纪 70 年代发展的静电陀螺惯性导航系统[12-15],美国是旋转调制航海惯导研究的先行者,并代表了当今世界的最高水平。美国于 20 世纪 70 年代末期尝试将激光陀螺惯导应用到舰艇上,Sperry 公司为舰载火控系统研制了 MK 16 Mod II 型捷联式激光陀螺稳定系统,以替换老旧的 MK 16 机电陀螺稳定系统,但该系统只作为姿态基准系统使用,不具备长航时导航定位能力[16]。1980 年,Sperry 公司研究人员讨论了激光陀螺惯导应用于长航时航海导航的可行性,并在 MK 16 Mod II 型激光陀螺稳定系统基础上,增加了一个方位分度器,使得其惯性测量单元周期性地绕方位轴在四个角位置驻停(-45°,-135°,45°,135°),测试结果表明该系统性能优于美国海军的指标要求[8]。

1982 年,Honeywell 公司利用其量产的 GG1342 激光陀螺研制了 SLN 型舰艇用激光陀螺导航仪,该系统采用了双轴旋转调制技术,其惯性测量单元可绕两个旋转轴转动±180°,进而抵消惯性器件确定性误差对定位的影响。1984 年,Honeywell 公司组织了相关的海上实验鉴定。

1985 年,Rockwell 公司对其研制生产的激光陀螺导航仪进行了海上的实验鉴定,该系统采用了单轴连续旋转式的调制方案,其惯性测量单元绕其舰艇龙骨轴连续地正反转,该方案以速率偏频方式克服激光陀螺的闭锁问题,同时可以补偿与旋转轴垂直方向的惯性器件确定性误差的影响。

与 Rockwell 公司方案类似,Litton 公司也设计了速率偏频方式的激光陀螺旋转调制航海惯导,定位精度可以达到 1nmile/24h,该系统被 Litton 公司的德国子公司 Litef 公司命名为为 PL41 MK4,并成为德国海军潜艇的导航装备[17,18]。

20 世纪 80 年代末期北约内部成立了 NATO-SINS 组织,为各成员国提供航海惯性导航系统[19],最后指定由 Sperry 公司和 Honeywell 公司负责执行此计划。在此计划中由 Honeywell 公司提供基于量产化 GG1342 激光陀螺的惯性测量单元,Sperry 公司负责整个系统的集成设计。该系统采用双轴旋转调制技术,惯性测量单元绕方位轴、横滚轴进行周期性地翻滚,以调制惯性器件确定性误差对导航定位的影响;该系统还具备自标校功能,可以对其陀螺组件、加速度计组件的相关误差进行校准;此外,该系统在计程仪辅助下通过卡尔曼滤波器可以进行最佳速度阻尼;为降低激光陀螺的抖动噪声影响,该系统的降噪控制、减振结构进行了专门的设计。定型后的系统被 Sperry 公司命名为 MK 49，成为了北约组织各成员国海军的标准装备。美国在 MK 49 基础上，对其进一步改进，并定型为 AN/WSN-7A，改进后的系统重调周期达到 14 天（推测其定位精度优于 1nmile/14day），装备了除弹道导弹核潜艇之外的各类水面舰艇和攻击型核潜艇[20-24]。

1991 年，Sperry 公司又发展了 MK 39 型激光陀螺航海惯导系统。MK39 系统包含两种类型：MK 39 Mod3A 和 MK 39 Mod3C。其中 MK 39 Mod3A 为捷联式，没有转位机构，其定位精度优于 1nmile/8h；MK39 Mod3C 采用了单轴旋转调制技术，基于 Honeywell 公司的 GG1320 激光陀螺研制，其定位精度优于 1nmile/24h，该系统可以作为潜艇上更高精度惯导系统的备份系统，同时可以作为水面舰船的主惯导系统。此型号系统主要出口到北约组织各成员国，其改良型 AN/WSN-7B 在美国各类舰艇也得到了广泛装备[25]。

20 世纪 80 年代、90 年代，美国已将旋转调制激光陀螺航海惯导装备到除弹道导弹核潜艇以外的各类舰艇，完成了对平台式惯导的替换。进入新世纪以来，美国已启动了对服役 25 年之久的旋转调制激光陀螺航海惯导中的惯性测量单元的更新换代工作，将更换新的激光陀螺，升级后的系统命名为 AN/WSN-12[26-29]。为了替换弹道导弹核潜艇上装备的价格昂贵的静电陀螺惯导系统，美国曾计划发展三轴旋转调制光纤陀螺航海惯导，通过三轴旋转调制技术补偿安装误差、标度因数误差及陀螺漂移的影响，以期最大限度地提高系统的定位精度[30-33]。然而经过初始阶段的研究之后，后续未见旋转调制光纤陀螺航海惯导在美国海军列装的相关报道，反而根据已有的材料来看，美国仍在维护其弹道导弹核潜艇上装备的静电陀螺惯导系统。

此外，俄罗斯、法国、日本等国也开展了旋转调制航海惯导的研究[34-37]，总体而言，与美国在旋转调制航海惯导方面的研究相比，还存在一定的差距，美国依然代表了世界最高水平。

2. 国内旋转调制航海惯导研究现状

相较于美国等西方发达国家，国内开展旋转调制航海惯导的研究较晚，但经过近些年的发展，国内旋转调制航海惯导方面的研究取得了长足的进步，逐步缩小了与西方发达国家的差距，在系统设计、制造、维护等方面积累了很多经验。

目前，国内从事旋转调制航海惯导研究的单位主要有：国防科技大学、北京航空航天大学、北京理工大学、哈尔滨工程大学、中船重工第七〇七研究所、中船重工第七一七研究所、中航工业 618 所。国内各高校、研究所在旋转调制技术误差补偿机理、高精度惯性测量单元研制、旋转调制方案优化设计、旋转机构设计等方面取得了一系列的成果,此外,国内各单位在旋转调制航海惯导初始对准及标定技术、系统阻尼及海上综合校准等方面也积累了很多的经验。

国防科技大学作为较早开展旋转调制航海惯导研究的单位之一,经过多年的发展,已经取得了系列成果。练军想[38]分析了多种调制方式(包括往复转动调制、多轴转动调制、间断转动调制)下导航误差的抑制机理,比较了不同调制方式的优缺点,并给出了评价指标;此外,练军想的研究表明,当旋转调制周期接近于惯导系统的舒勒周期时,惯导的误差将会急剧增大,为旋转调制方案设计提供了启发。张伦东[39]分别就旋转调制对激光陀螺慢变漂移的抑制、单轴旋转调制航海惯导的载体航向运动隔离方法、载体角运动对旋转调制航海惯导调制效果的影响以及旋转调制航海惯导解算方案的设计进行了研究,解决了旋转调制航海惯导工程应用中的诸多问题。旋转调制航海惯导工作过程中,惯性测量单元在空间不断翻滚,加速度计组件的非线性项误差将增大,针对此问题,杨杰[40]设计标定实验,在重力场中对加速度计组件的二次平方项系数、交叉耦合系数进行了标定,并给出了补偿方法。

此外,袁保伦[41]利用国防科技大学自研的四频激光陀螺进行了双轴旋转调制航海惯导原理样机的研制,分别针对四频激光陀螺双轴旋转调制航海惯导的调制方案设计、电路设计、初始对准及系统标定方法进行了研究,提出了一种16次序的双轴旋转调制方案并验证了其调制效果[42],静态实验结果表明系统的定位精度可达1nmiel/24h。

进一步,于旭东[43]利用国防科技大学自研的90型二频机抖激光陀螺单轴旋转调制航海惯导系统,系统性地研究了单轴旋转调制航海惯导的总体结构设计、惯性器件的测试方法、系统软硬件集成设计以及磁屏蔽方案设计,利用多套系统进行了多种条件下的实航测试,测试结果表明:各测试条件下,单轴旋转调制航海惯导的定位误差峰值均优于1nmile/72h,部分系统的定位误差峰值优于2nmile/10day,达到了国际领先水平。

魏国[2]利用国防科技大学自研的50型、90型二频机抖激光陀螺双轴旋转调制航海惯导开展研究,提出了一种改进的64次序旋转调制方案,并通过仿真分析了该方案对陀螺漂移、陀螺组件安装误差、陀螺组件标度因数误差的调制效果;同时研究了惯性测量单元的系统级温度补偿方法,提高了温变环境下的惯导精度;此外,魏国还研究了双轴旋转调制航海惯导的系统级标定技术及海上自标定技术,设计了相应的标定转位方案。最后的实验结果表明:50型二频机抖激光陀螺双轴旋转调制航海惯导的定位精度可达1.02nmile/5day,90型二频机抖激光陀螺双轴旋转调制航海惯导的定位精度可达0.6nmile/14day。

北京航空航天大学相关研究人员分别针对双轴旋转调制航海惯导、三轴旋转调制航海惯导进行了研究。尹洪亮[44,45]分析了单轴旋转调制航海惯导中惯性器件确定性误差、随机误差的传播特性,同时设计了光纤陀螺双轴旋转调制航海惯导的调制方案。针对双轴旋转调制航海惯导系统中激光陀螺的磁敏感性漂移不能抵消的问题,Cai[46]设计了标定补偿方法,实验结果表明:补偿此误差后,惯导的定位精度提高50%。针对惯性测量单元与双轴旋转机构存在安装误差,影响惯导姿态解算精度的问题,Song[47]利用TS算法进行了标定,提高了惯导的姿态输出精度。Gao、Liu[48-54]研究了双轴、三轴旋转调制航海惯导的调制方案设计、自标定技术、加速度计组件杆臂标定技术以及三轴旋转机构的非正交角标定技术,改善了惯导的姿态输出精度及导航定位输出精度。北京理工大学主要针对光纤陀螺双轴旋转调制航海惯导进行研究,Wang、Deng[55-58]研究了光纤陀螺双轴旋转航海惯导的自标定技术、旋转轴非正交角标定技术、复合旋转控制技术,并对光纤陀螺双轴旋转调制航海惯导进行了实验测试,总体来说光纤陀螺双轴旋转调制航海惯导的定位精度低于激光陀螺双轴旋转调制航海惯导的定位精度,主要原因在于光纤陀螺的热特性及动态特性目前还未达到二频机抖激光陀螺的水平。

哈尔滨工程大学作为传统航海导航研究单位,也较早开展了旋转调制航海惯导的研究。孙枫[59-62]在分析单轴旋转调制航海惯导误差调制机理基础上,设计了八次序的旋转调制方案,对旋转机构的角变速运动的影响进行了分析,还对光纤陀螺在单轴旋转调制下的性能进行了测试。程建华[63-65]对单轴旋转调制航海惯导的海上综合校准技术进行了研究,同时研究了四陀螺冗余配置情况下单轴、双轴旋转调制航海惯导的设计。张鑫[66]针对单轴旋转调制航海惯导的对准技术及陀螺测漂技术进行了深入研究,改善了导航定位精度。

国内各研究所,也纷纷开展了旋转调制航海惯导的研究,主要有中船重工第七〇七研究所、中船重工第七一七研究所、中航工业618研究所。翁海娜[67-69]对旋转调制航海惯导的调制方案设计、标定方法进行了研究,并在速度阻尼模式下对双轴系统自标定技术进行了研究。孙伟强[70-72]分别研究了旋转调制惯导系统的非线性初始对准技术、自标定技术及载体运动隔离方法。刘为任[73]研究了主惯导旋转调制对子惯导传递对准的影响,分析了不同的旋转调制周期对子惯导方位角对准精度的影响。Zheng[74,75]以双轴旋转调制航海惯导为研究对象,设计了八位置标定方案对包括激光陀螺g相关性零偏在内的惯组误差进行标定,并通过两位置校准的方式补偿激光陀螺白噪声引起的定位误差。雷宏杰[76]讨论了双轴旋转调制惯导在机载环境下的应用,提供了一种全自主、全天候的高精度定位手段。

此外,Lai[77,78]分析了振动引起的圆锥运动对旋转调制航海惯导定位误差的影响,并研究了旋转调制对惯性器件随机噪声的补偿效果,结果表明旋转调制不能抑制惯性器件白噪声引起的随机误差。吴赛成[79]将单轴旋转调制航海惯导用于舰船的姿态测量,分析了重力异常对姿态测量系统的影响及其补偿方法。战德军、戴东凯[80,81]分析了重力垂线偏差对单轴旋转调制航海惯导姿态解算的影响,并研究了单轴旋转调制航海惯导与 GPS 组合导航条件下重力垂线偏差的测量方法。

总体来说,随着近年来国家航海事业的飞速发展,国内对旋转调制航海惯导的研究也越来越充分,相关技术日趋成熟,部分成果已达国际先进水平。

1.2.2 多航海惯导信息融合技术研究现状

对于大型舰艇、大飞机等安全性要求极高的应用场合,通常冗余配置多套惯性导航系统,最初的目的是提高可靠性,利用冗余的信息进行故障诊断、故障隔离,以保证航行的安全。

Sperry 公司在 MK 16 Mod II 型捷联式激光陀螺稳定系统基础上发展了单轴旋转调制航海惯导,在成熟的双系统冗余配置基础上,鉴于新发展系统的体积、成本大幅度降低,Sperry 公司提出为每艘舰艇装备三套系统,并且采用投票机制对系统的故障进行诊断。Sperry 公司认为三系统平行配置的方案使得系统冗余性更高,并且使得正常情况下系统的定位精度提高了$\sqrt{3}$倍[8]。此外,Sperry 公司把 AN/WSN-7B 系统作为水下潜艇主惯导系统(如双轴旋转调制惯导)的备份系统,以提高系统的整体可靠性[25]。

AN/WSN-7 系列旋转调制航海惯导系统是 MK39/49 系统的改良型,为美国海军的标准导航装备,已列装了除弹道导弹核潜艇之外的各水面舰船、水下潜艇,根据公开的报道,美军的每艘舰艇均装备两套此类系统,通过系统级层面的冗余保证高可靠性。

根据最新报道,Sperry 公司和 Honeywell 公司在 2015 年已获得美国海军的最新合同,为其舰艇的 AN/WSN-7 系统升级惯性测量单元,其中 Honeywell 公司提供最新的激光陀螺,新的惯性测量单元命名为 INS-R,升级后的 AN/WSN-7 命名为 AN/WSN-12。根据报道来看,美军的每艘舰艇仍然装备两套 AN/WSN-12 系统,一套装备于舰艇的前端,另一套装备于舰艇后端,这样的配置保证了舰艇装备的可靠性和生存能力,但是未公开两套系统之间的信息协调机制,例如通过何种方式进行故障诊断、故障隔离[28]。

对于可靠性要求最严的弹道导弹核潜艇,美军采用了两套静电陀螺航海惯导冗余配置的方式,但是鉴于静电陀螺航海惯导造价昂贵、维护复杂,美军曾计划发展新型的光纤陀螺旋转调制航海惯导对其替换，但是未见后续的光纤陀螺旋转调制航海惯导装备报道[30,31,33]。

结合水面舰船上双航海惯导冗余配置情况的应用特点，Mcmillan、Bird、Arden 等人设计了平行的滤波器，对两套航海惯导信息及来自 GPS、Loran-C、Omega 和水速计的信息进行系统化的处理，可以对导航传感器故障及软件故障进行诊断、隔离，能够及时地发现故障并进行隔离，同时可以提供最优的未受故障污染的定位信息，此种双航海惯导系统定型为 DIINS（Dual Inertial Integrated Navigation System），在加拿大海军水面舰船得到了应用[82-86]。此外，Hunter 针对双平台式惯导冗余配置的情况进行了故障诊断隔离方面的研究[87]。可以看出，早期关于多航海惯导冗余配置的研究集中在故障诊断及可靠性方面。

近些年，随着信息融合技术的发展，人们开始注意到：能否充分利用冗余的航海惯导测量信息，通过数据融合，以期得到更优的惯性测量信息，或者对惯性器件的误差进行估计补偿，进而提高导航精度，使融合后的惯性导航信息优于每一个单独的惯性导航系统提供的导航信息。

陈嘉鸿、刘智[88,89]针对平台式惯导加速度计零位影响其姿态精度的问题，通过比对两套惯导系统的姿态角差值，以此判断平台是否水平，进而根据加速度计零偏与平台的水平倾斜角之间的关系来估计加速度计的零偏，可以实现加速度计零偏的动态标定，避免了进厂标定的问题。

赵汪洋[90,91]对双航海惯导冗余配置情况下的系统阻尼技术进行了研究，分析了惯导误差与阻尼网络之间的关系，以此为基础，设计了基于双航海惯导的阻尼网络，显著降低了速度误差。王悦勇[92]对双惯导定位模式进行了研究，讨论了滤波器设计对系统性能的影响，并设计了一种新的滤波器，探讨了其应用前景。

刘为任[9]针对固定指北惯导系统和台体方位旋转惯导系统冗余配置的情况，设计了卡尔曼滤波导航控制方案，双系统组合输出后的定位精度得到了提高。此外，刘为任[93]还针对双轴旋转调制航海惯导冗余配置的情况，提出了一种双惯导数据融合方法，设计卡尔曼滤波器，以惯导系统的位置误差差值为观测量，估计并补偿惯性器件误差，减小了主惯导的锯齿形速度误差，进而提高子惯导的传递对准精度。郭正东[94]通过分析长航时、欠校准条件下惯性导航系统的误差规律，提出了水下 ESGM/RLG-SINS 组合导航方法，提供了新的艇位分析方法。

总体来说，多航海惯导冗余配置情况下，系统间信息融合方法的研究还不充分，尚没有有效的信息融合算法和模型对多套惯导的信息进行协调优化和综合处理。从应用角度来讲，多套、多类型航海惯导同时装备的情况仍将长期存在,需要结合实际的惯导装备情况及应用特点开展冗余惯导信息融合算法方面的研究。

1.2.3 二频机抖激光陀螺 g 敏感性误差研究现状

美国于 1963 年第一次公布了激光陀螺的概念,经过多年的发展,激光陀螺技术日趋成熟。激光陀螺具有启动时间短、动态性好、测量范围大的优点,在航空、航海领域得到了众多的应用[95]。激光陀螺存在闭锁效应,为了克服锁区,常用的手段有抖动偏频、速率偏频、磁镜偏频等,其中以抖动偏频技术应用最为广泛[96]。

通常的观点认为,激光陀螺为全固态陀螺,不存在 g 敏感性误差,或者说可忽略[10]。事实上,作为二频机抖激光陀螺中唯一的活动部件,抖动机构(抖轮)将激光陀螺腔体与安装基座相连,抖轮驱动激光陀螺腔体做周期性地角运动以使得陀螺脱离锁区。为此,需要抖轮沿抖动轴方向具有较小的角刚度,同时需要其侧向刚度足够大,以避免侧向形变[11]。然而,抖轮的侧向刚度不可能无限大,当外界加速度作用于其上时,不可避免地会产生侧向形变,等效为安装误差;此时,若载体同时处于角运动环境下,便会产生等效陀螺漂移。

一般应用场景下,二频机抖激光陀螺的 g 敏感性误差很小,可以忽略。但在力学环境下,由于大的加速度作用在陀螺腔体上,此时 g 敏感性误差将会很明显。Mark[97]讨论了二频机抖激光陀螺系统在振动环境下的应用特点,并分析了典型圆锥运动下激光陀螺 g 敏感性误差导致的等效陀螺漂移,进而指出需要合理设计激光陀螺的抖轮结构以减小此项误差。类似地,Flynn[98]也讨论了振动环境下激光陀螺 g 敏感性误差的影响,并且特别地指出了振动环境下激光陀螺腔体自身也存在圆锥运动,并称之为“伪圆锥运动”。赵小宁[99]也通过实验验证了激光陀螺腔体在振动环境下自身存在的“伪圆锥运动”现象。

为了减小激光陀螺的 g 敏感性误差,国内外研究人员主要从两个方面着手研究:一是优化设计整个惯性测量单元的结构,同时对减振系统进行合理设计[21,100,101];二是优化设计激光陀螺的抖轮结构[102-105]。Johnson[106]建立了二频机抖激光陀螺惯性导航系统的动力学模型,分析了抖动对惯导精度的影响,此外还考虑了激光陀螺抖轮侧向形变的影响。激光陀螺惯导作为机载 POS 系统核心单元,振动环境下其测量精度将会降低,针对此问题,Li、Cheng[107,108]通过对激光陀螺惯导的动力学模型进行分析,优化设计了惯性测量组件的整体结构和减振系统,提高了振动环境下激光陀螺惯导的测量精度。于旭东[109-111]对抖轮结构优化设计后的激光陀螺进行了随机振动实验分析,结果表明提高抖轮的侧向刚度后,陀螺在振动环境下的性能改善明显。

虽然通过优化设计抖轮及减振系统的结构可以在一定程度上减小力学环境下激光陀螺的测量误差，但是 Cyclone-4 火箭上的激光陀螺捷联惯导在振动环境下的测试结果表明，即使合理地设计减振系统，振动环境下激光陀螺仍然产生了明显的等效陀螺漂移[112]。此外，Atlas、Titan IV 火箭上的导航系统软件中对激光陀螺的 g 敏感性误差进行了补偿，但是具体的算法没有公开[113]。这说明即使对抖轮结构和减振系统进行优化设计，仍然需要对激光陀螺的 g 敏感性误差进行补偿。Kim[114]详细分析了激光陀螺抖轮形变的影响，并通过仿真分析了形变角大小对姿态解算精度的影响，但是没有给出相关的标定补偿方法。Diesel[115]设计了一系列复杂的圆锥运动，利用实验室高精度三轴转台，在重力场环境下对激光陀螺 g 敏感性误差系数进行标定，但是此论文没有给出相关的实验验证结果。此外，Zheng、Cai、姜睿[74,116,117]也对激光陀螺 g 相关零偏估计方法进行了研究，通过多位置标定及系统级标定的方式对激光陀螺 g 相关零偏进行估计，并通过双轴旋转调制实验验证了补偿的效果。

总体来说，国内外对激光陀螺 g 敏感性误差的机理研究还不够充分，相关的标定补偿方法也缺少关注。舰载、艇载武器发射时会存在较大的冲击、振动，将显著影响舰艇搭载激光陀螺惯导的精度，需要对激光陀螺 g 敏感性误差进行补偿。

1.3 本书主要内容

针对大型舰艇长航时、高精度自主导航定位的迫切需求，本书主要探索一种航海多惯导协同定位与误差参数估计方法，对舰艇上冗余配置的多套旋转调制航海惯导的信息进行融合处理，在保证冗余系统可靠性条件下提高定位精度。主要解决以下几个问题：

（1）解决多惯导系统导航参数误差特性的差异互补性分析问题。

（2）解决多惯导协同定位新方法的误差模型构建、定位可靠性分析等问题。

（3）解决多惯导协同定位新方法的全球适用性问题，避免极区子午线汇聚带来的经度及真北方位的计算问题。

（4）解决无外界信息条件下，多惯导系统的相对性能在线评估问题。

从机理上说，多惯导信息融合的关键在于多套惯导系统的误差特性是否具有差异互补性。难点在于，各个惯性导航系统的误差特性均具有舒勒周期、傅科周期和地球自转周期，无外界信息辅助条件下，误差分离十分困难。所幸的是，旋转调制航海惯导的系统误差特性具有与旋转相关联的特点。通过合理地设计旋转调制策略，构建联合误差状态方程、观测方程，设计卡尔曼滤波器以期实现导航定位信息的融合。

此外，舰载、艇载武器发射时产生强烈冲击、振动，二频机抖激光陀螺的 g 敏感性误差影响定位精度，重点解决以下几个问题：

（1）解决二频机抖激光陀螺 g 敏感性误差的机理分析问题。

（2）解决二频机抖激光陀螺 g 敏感性误差的标定与补偿问题。

（3）解决二频机抖激光陀螺 g 敏感性误差的优化补偿问题。

通过对激光陀螺动力学模型的分析，进而实现激光陀螺 g 敏感性误差的机理研究。难点在于如何实现激光陀螺 g 敏感性误差的激励及标定，可以通过合理地设计振动实验以实现激光陀螺 g 敏感性误差的激励，通过对等效陀螺漂移引起的姿态误差的观测实现激光陀螺 g 敏感性误差参数的估计。

本书将从以上方面展开研究，为航海惯导定位精度的提升提供技术支撑。具体内容分为 6 章，分别如下：

第 1 章为绪论。首先阐述了本书的研究背景，介绍了国内外旋转调制航海惯导的研究现状，并对冗余配置航海惯导间的信息融合情况进行了说明，此外还介绍了激光陀螺 g 敏感性误差的研究情况。

第 2 章为冗余旋转调制激光陀螺航海惯导协同定位方法研究。针对舰艇上单轴、双轴旋转调制激光陀螺航海惯导冗余配置情况下惯导系统间缺少信息融合的问题，在分析旋转调制激光陀螺航海惯导误差特性基础上，以一维匀速直线运动场景下双加速度计、单通道冗余单轴旋转惯导系统间的信息融合为例说明了实现信息融合的关键在于系统误差特性具有差异互补性；进一步设计联合旋转调制策略，使得两套旋转调制航海惯导系统的误差特性具有差异互补性，构建联合误差状态卡尔曼滤波器，以两套系统间导航参数的差异为观测量，通过信息融合实现了两套系统惯性器件确定性误差的估计。构建了单轴旋转调制激光陀螺航海惯导的定位误差预测补偿模型，对其惯性器件确定性误差造成的系统性定位误差进行预测补偿。在此基础上，设计了单轴、双轴旋转调制激光陀螺航海惯导的协同定位方案，正常情况下以双轴旋转调制激光陀螺航海惯导的定位结果作为系统输出；若双轴旋转调制激光陀螺航海惯导故障，由补偿过系统性误差的单轴旋转调制激光陀螺航海惯导继续输出定位信息，在保证导航系统整体可靠性的基础上，显著提高了主惯性导航系统故障情况下的定位精度。最后，通过仿真实验、静态实验、海上实验对所提方法的有效性进行了验证。

第 3 章为极区冗余旋转调制激光陀螺航海惯导协同定位方法研究。为适应舰艇的全球导航能力，将第 2 章提出的联合误差状态卡尔曼滤波器在极区可用坐标系下重新设计,以使得该算法具有全纬度适应性,避免极区子午线汇聚带来的经度以及真北方位的计算问题。基于格网坐标系重新设计了联合误差状态卡尔曼滤波器,同时建立了联合误差状态卡尔曼滤波器在当地水平地理坐标系与格网坐标系间的相互转换关系;单轴旋转调制激光陀螺航海惯导的定位误差预测模型在格网坐标系下进行了重新构建,同时建立了定位误差预测模型在当地水平地理坐标系与格网坐标系间的相互转换关系;针对极点附近联合误差状态中的方位角姿态误差差值、单轴系统及双轴系统的方位陀螺常值漂移不可观的问题,为避免状态估计的不一致性,极点附近将卡尔曼滤波器转换为 Schmidt-Kalman 滤波器,零化不可观状态子空间的增益矩阵。最后,通过仿真实验、静态实验、海上实验对所提方法的有效性进行了验证。

第 4 章为航海惯导相对性能在线评估与传递对准方法研究,主要针对旋转调制激光陀螺航海惯导不同冗余配置情况下的应用需求开展研究。针对两套双轴旋转调制激光陀螺航海惯导和一套单轴旋转调制激光陀螺航海惯导冗余配置的情况,解决双轴旋转调制激光陀螺航海惯导间的相对性能在线评估问题。在单轴系统与两套双轴系统之间构建两个并行计算的联合误差状态卡尔曼滤波器,以两个滤波器之间的公共误差状态——单轴系统方位陀螺漂移估计值的标准差作为评价指标对双轴系统随机误差的大小进行评估。针对两套单轴旋转调制激光陀螺航海惯导冗余配置的情况,对联合误差状态卡尔曼滤波器进行了状态变换,使得其满足完全可观的条件;对水平方向惯性器件的常值零偏进行估计,并补偿速度输出中的振荡误差,最后通过单轴系统辅助子惯导传递对准的应用说明单轴系统速度补偿的效果。此外,对联合误差状态卡尔曼滤波器进行降维处理,得到了降阶联合误差状态卡尔曼滤波器,以减轻计算量,并对其性能进行了实验分析、验证。

第 5 章为力学环境下激光陀螺 g 敏感性误差标定与补偿研究。建立了激光陀螺的动力学模型,详细分析了激光陀螺 g 敏感性误差的机理,在此基础上得到了激光陀螺的 g 敏感性等效安装误差模型;当存在角速度时,激光陀螺组件的 g 敏感性等效安装误差将会造成等效陀螺漂移。明确误差机理后,利用线振动台产生线振动与角振动并存的环境以激励 g 敏感性误差的影响,在此环境下利用优化的误差参数观测方案对激光陀螺 g 敏感性误差参数进行标定,最后对 g 敏感性误差补偿效果进行了验证。此外,还建立了优化的激光陀螺 g 敏感性误差模型,并对相关误差参数进行了标定补偿,并通过实验验证了优化模型的合理有效性。

第 6 章对全书进行了总结。

第2章　冗余旋转调制激光陀螺航海惯导协同定位方法

对于大中型舰艇而言,不仅要求惯性导航系统能够输出高精度的导航定位信息,而且对惯性导航系统的可靠性要求极高。为了保证航行安全,大中型舰艇通常装备两套以上的惯性导航系统,如液浮陀螺平台式惯性导航系统、静电陀螺惯性导航系统、激光陀螺或光纤陀螺惯性导航系统。惯性导航系统冗余配置情况下,通常将其中一套系统作为主惯性导航系统,其余系统作为备份惯性导航系统。正常情况下主惯性导航系统输出定位信息,一旦主惯性导航系统故障,备份的惯性导航系统继续提供定位结果输出,冗余配置的多套惯性导航系统间往往缺少信息融合。近年来研究人员尝试多套惯性导航系统的组合应用,通过信息融合的手段以期提高惯组整体可靠性和导航精度,但尚未有有效的信息融合方法和模型对惯导信息进行协调优化和综合处理。

从信息融合的角度来说,多套惯性导航系统信息融合的关键在于系统间的误差特性具有差异性和互补性。旋转调制激光陀螺航海惯导作为高精度的自主式惯性导航系统可以满足舰艇导航定位需求,已在国内外舰艇上广泛装备。旋转调制技术的应用使得激光陀螺惯性导航系统的误差特性受旋转调制方案的影响,当冗余配置的激光陀螺惯性导航系统采用不同的旋转调制策略或不同的时序编排时,将使得多惯导系统的误差特性具备差异性和互补性,满足实现不同惯性导航系统间信息融合的条件。

旋转调制包括绕方位轴的单轴旋转调制、绕方位轴和水平轴的双轴旋转调制。双轴旋转调制激光陀螺航海惯导可以调制所有陀螺漂移和加速度计零偏的影响,决定其定位精度的主要因素为激光陀螺的角随机游走,而角随机游走只会造成与时间平方根成正比的定位误差(统计意义),同等精度激光陀螺条件下,其定位精度相较于单轴旋转调制激光陀螺航海惯导而言更高,可作为舰艇的主惯性导航系统,但其结构相对更复杂、配套电子设备更多、成本显著提高,可靠性也低于单轴旋转调制激光陀螺航海惯导。单轴旋转调制激光陀螺航海惯导只能调制垂直于旋转轴方向的陀螺漂移和加速度计零偏的影响,由于不能调制方位轴陀螺漂移的影响,其定位误差中除角随机游走造成的随机误差外,还包含有与时间成正比的趋势项,因此其定位精度一般低于双轴旋转调制激光陀螺航海惯导,但其结构简单、配套电子设备较少、成本更低、抗冲击振动能力强,可靠性也高于双轴旋转调制激光陀螺航海惯导,可作为舰艇的备份惯性导航系统。单轴、双轴旋转调制激光陀螺航海惯导冗余配置在保证定位精度及整体可靠性的条件下,也与进一步降低导航系统成本的需求相一致。

本章针对舰艇上单轴、双轴旋转调制激光陀螺航海惯导冗余配置情况下惯导系统间缺少信息融合的问题,在分析旋转调制激光陀螺航海惯导误差特性基础上,以一维匀速直线运动场景下双加速度计、单通道冗余单轴旋转惯导系统间的信息融合为例说明了实现信息融合的关键在于系统误差特性具有差异互补性;进一步设计联合旋转调制策略,使得两套旋转调制航海惯导系统的误差特性具有差异互补性,构建联合误差状态卡尔曼滤波器,以两套系统间导航参数的差异为观测量,通过信息融合实现了两套系统惯性器件确定性误差的估计。构建了单轴旋转调制激光陀螺航海惯导的定位误差预测补偿模型,对其惯性器件确定性误差造成的系统性定位误差进行预测补偿。在此基础上,设计了单轴、双轴旋转调制激光陀螺航海惯导的协同定位方案,正常情况下以双轴旋转调制激光陀螺航海惯导的定位结果作为系统输出;若双轴旋转调制激光陀螺航海惯导故障,由补偿过系统性误差的单轴旋转调制激光陀螺航海惯导继续输出定位信息,在保证导航系统整体可靠性的基础上,显著提高了主惯性导航系统故障情况下的定位精度。

2.1　旋转调制激光陀螺航海惯导的误差特性

本节主要分析旋转调制式激光陀螺航海惯导的误差特性,并分析其与一般捷联式激光陀螺惯导误差特性的区别及联系。

2.1.1　坐标系定义

如图 2.1 所示,为本书所用坐标系的示意图,若无特殊说明,本书均采用以下坐标系定义[1]。

惯性坐标系(i 系):坐标系原点处于地球的中心,z_i 沿地球自转轴方向,x_i、y_i 分别指向恒星,三轴构成右手正交坐标系,相对于恒星无转动。

地球坐标系(e 系):坐标系原点处于地球的中心,z_e 沿地球自转轴方向,x_e

沿格林尼治子午面与赤道平面的交线，y_e 轴与 z_e、x_e 构成右手正交坐标系，相对于 i 系以地球自转角速度 ω_{ie} 转动。

导航坐标系（n 系）：为舰艇位置处的当地水平地理坐标系，x_n、y_n、z_n 分别指向地理东向、地理北向、地理天向，为右手正交坐标系。

载体坐标系（b 系）：x_b、y_b、z_b 分别沿舰艇的俯仰轴、横滚轴、方位轴，分别指向舰艇右向、前向、天向，为右手正交坐标系。

单轴旋转调制激光陀螺航海惯导的惯性测量单元（IMU）坐标系（b_1 系）：1 号惯性导航系统，x_{b_1}、y_{b_1}、z_{b_1} 分别指向其 IMU 的右向、前向、天向，为右手正交坐标系。

双轴旋转调制激光陀螺航海惯导的惯性测量单元（IMU）坐标系（b_2 系）：2 号惯性导航系统，x_{b_2}、y_{b_2}、z_{b_2} 分别指向其 IMU 的右向、前向、天向，为右手正交坐标系。

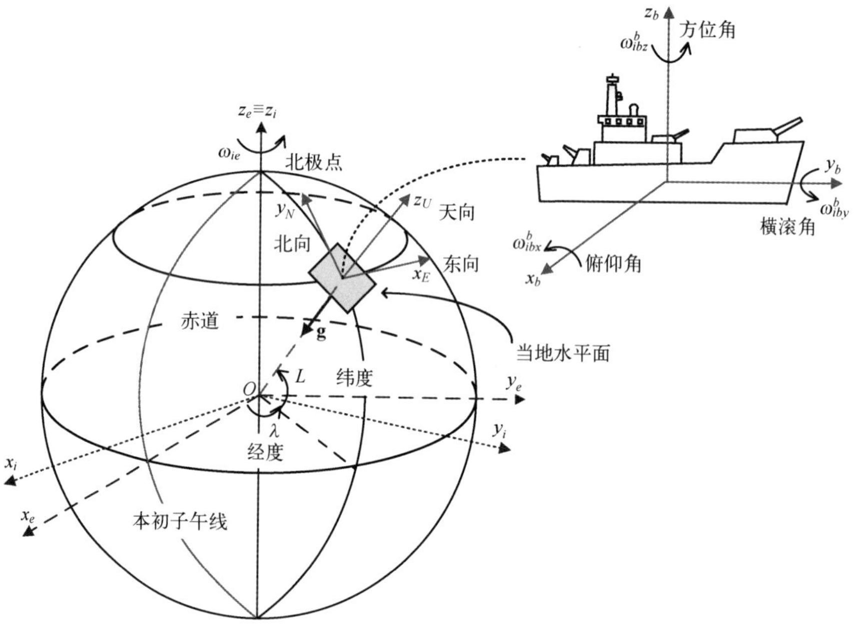

图 2.1　坐标系定义

2.1.2　捷联式激光陀螺惯性导航系统误差特性

捷联式激光陀螺惯性导航系统的误差微分方程可表示为[118]

$$\boldsymbol{\phi}^n = -\boldsymbol{\omega}_{in}^n \times \boldsymbol{\phi}^n + \delta\boldsymbol{\omega}_{in}^n - \boldsymbol{C}_b^n \delta\boldsymbol{\omega}_{ib}^b \tag{2.1}$$

$$\delta\dot{\boldsymbol{v}}^n=\boldsymbol{f}^n\times\boldsymbol{\phi}^n-(2\boldsymbol{\omega}_{ie}^n+\boldsymbol{\omega}_{en}^n)\times\delta\boldsymbol{v}^n-(2\delta\boldsymbol{\omega}_{ie}^n+\delta\boldsymbol{\omega}_{en}^n)\times\boldsymbol{v}^n+\boldsymbol{C}_b^n\delta\boldsymbol{f}^b \tag{2.2}$$

$$\delta\dot{L}=\frac{1}{R_N+h}\delta v_N,\quad \delta\dot{\lambda}=\frac{v_E\cdot\tan L\cdot\sec L}{R_E+h}\delta L+\frac{\sec L}{R_E+h}\delta v_E \tag{2.3}$$

其中，

$$\delta\boldsymbol{\omega}_{ib}^b=\boldsymbol{\varepsilon}^b+\boldsymbol{w}_\varepsilon^b,\quad \delta\boldsymbol{f}^b=\nabla^b+\boldsymbol{w}_\nabla^b \tag{2.4}$$

式中：

$\boldsymbol{\phi}^n=[\phi_E\quad \phi_N\quad \phi_U]^{\mathrm{T}}$ 为惯导的姿态误差；

$\delta\boldsymbol{v}^n=[\delta v_E\quad \delta v_N\quad \delta v_U]^{\mathrm{T}}$ 为惯导的速度误差；

δL、$\delta\lambda$ 分别为惯导的纬度误差和经度误差；

$\delta\boldsymbol{\omega}_{ib}^b$为陀螺输出误差，建模为陀螺常值漂移$\boldsymbol{\varepsilon}^b=[\varepsilon_x^b\quad \varepsilon_y^b\quad \varepsilon_z^b]^{\mathrm{T}}$和白噪声$\boldsymbol{w}_\varepsilon^b=[w_{\varepsilon_x}^b\quad w_{\varepsilon_y}^b\quad w_{\varepsilon_z}^b]^{\mathrm{T}}$的和；

$\delta\boldsymbol{f}^b$为加速度计输出误差，建模为加速度计常值零偏$\nabla^b=[\nabla_x^b\quad \nabla_y^b\quad \nabla_z^b]^{\mathrm{T}}$和白噪声$\boldsymbol{w}_\nabla^b=[w_{\nabla_x}^b\quad w_{\nabla_y}^b\quad w_{\nabla_z}^b]^{\mathrm{T}}$的和；

若无特殊说明，本书中符号“δ”均表示相关物理量的扰动值；

$\boldsymbol{v}^n=[v_E\quad v_N\quad v_U]^{\mathrm{T}}$ 为导航系下表示的载体速度；

$\boldsymbol{f}^n=[f_E\quad f_N\quad f_U]^{\mathrm{T}}$ 为导航系下表示的载体比力；

L、λ、h 分别为载体的纬度、经度、高度；

R_N、R_E 分别为子午面曲率半径和卯酉圈曲率半径；

$\boldsymbol{\omega}_{in}^n=\boldsymbol{\omega}_{ie}^n+\boldsymbol{\omega}_{en}^n$为导航系相对于惯性系的角速度；

$\boldsymbol{\omega}_{ie}^n$为地球自转角速度，$\boldsymbol{\omega}_{en}^n$为导航系相对于地球系的转移角速度；

$\boldsymbol{C}_b^n$ 为载体系到导航系的方向余弦矩阵。

若无特殊说明，本书相关符号均采用以上定义。

根据式(2.1)~式(2.4)，我们可以得到静态条件下惯导系统的误差传播回路图[4]，如图 2.2 所示，该误差传播回路表明惯导系统误差中存在三种典型周期误差，分别是舒勒周期误差、24h 周期误差、傅科周期误差。

利用一套高精度激光陀螺航海惯导进行纯静态测试，对准 10min 后纯惯导解算，导航时间为 2 天。图 2.3 及图 2.4 分别给出了静态条件下典型捷联式激光陀螺惯性导航系统的速度、位置误差实测结果曲线，从图中可以看出，捷联式激光陀螺惯性导航系统的速度、位置误差呈现出与误差回路图 2.2 中相一致的误差特性，舒勒周期、24h 周期、傅科周期表征明显。

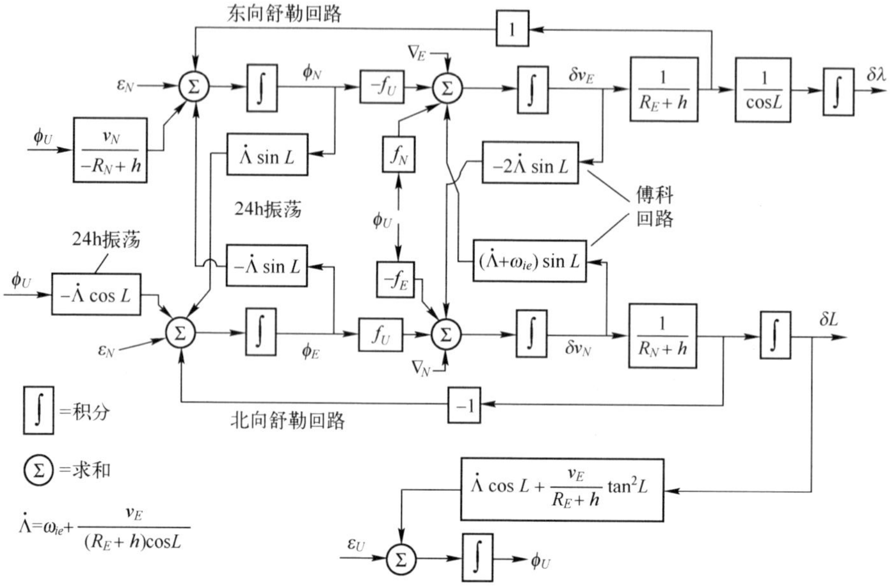

图 2.2　惯性导航系统误差传播回路框图

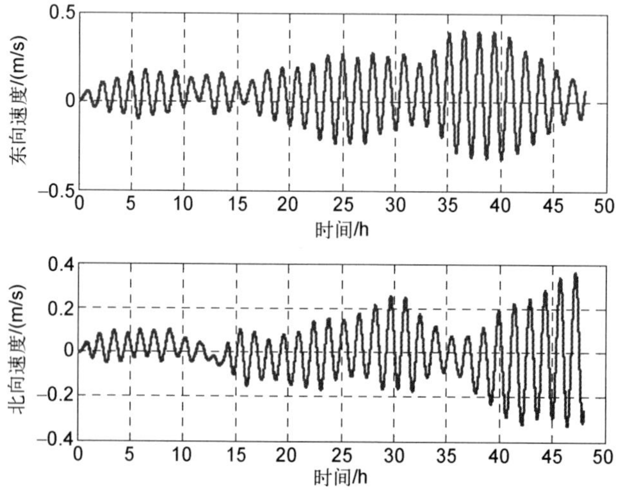

图 2.3　静态条件无旋转调制捷联式激光
陀螺惯性导航系统速度误差曲线

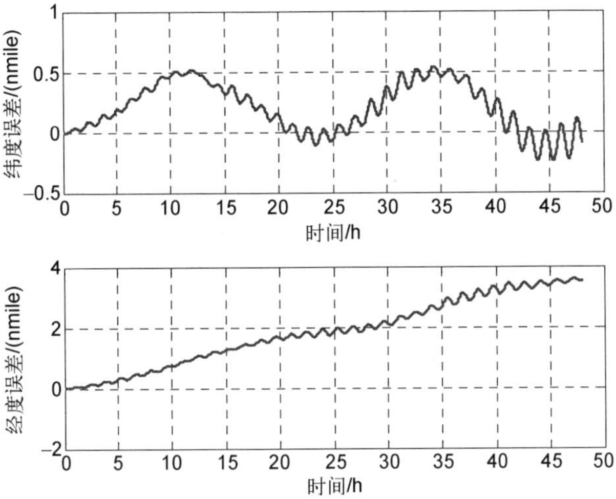

图 2.4　静态条件无旋转调制捷联式激光
陀螺惯性导航系统位置误差曲线

2.1.3　单轴旋转调制激光陀螺航海惯导误差特性

单轴旋转调制激光陀螺航海惯导通常绕方位轴进行四位置转停调制[8,25]（图 2.5），假设单轴旋转调制激光陀螺航海惯导 IMU 坐标系 b_1 初始时刻与当地水平地理坐标系存在相对方位角 π/4（A 位置处），在一个调制周期内单轴旋转调制激光陀螺惯导的转位规律为 A→C→D→B→A。

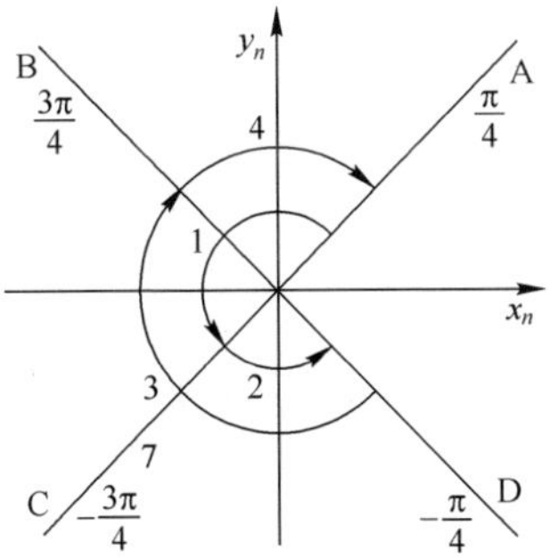

图 2.5　单轴旋转调制激光
陀螺航海惯导转位规律示意图

实际的惯性导航系统工作时，影响其定位精度的因素主要包括：惯性测量单元（IMU）的安装误差、陀螺常值漂移、加速度计常值零偏、陀螺环境敏感性漂移(主要为温度敏感性漂移)、加速度计环境敏感性零偏(主要为温度敏感性零偏)、陀螺及加速度计的标度因数误差。为了保证惯性导航系统的定位精度,需要周期性地利用高精度三轴转台对其IMU进行安装误差标定,标定精度可达2″;高精度的航海惯性导航系统通常优选温度敏感性误差较小的惯性器件,如激光陀螺的温度敏感性误差优于0.00003°/h/°C[119],温度敏感性误差模型补偿可进一步降低此项误差,可选的温度控制单元也能进一步降低温度相关的惯性器件漂移误差;高精度激光陀螺的标度因数误差优于2ppm。考虑到以上因素,在分析单轴旋转调制激光陀螺航海惯导误差特性时主要考虑的确定性误差源包括激光陀螺常值漂移和加速度计常值零偏。

当地水平地理坐标系下表示的陀螺常值漂移、加速度计常值零偏分别为

$$\boldsymbol{\varepsilon}^{n}=\boldsymbol{C}_{b_1}^{n}(t)\boldsymbol{\varepsilon}^{b_1}=\begin{bmatrix}\cos\omega t & -\sin\omega t & 0\\ \sin\omega t & \cos\omega t & 0\\ 0 & 0 & 1\end{bmatrix}\begin{bmatrix}\varepsilon_x^{b_1}\\ \varepsilon_y^{b_1}\\ \varepsilon_z^{b_1}\end{bmatrix}=\begin{bmatrix}\varepsilon_x^{b_1}\cos\omega t-\varepsilon_y^{b_1}\sin\omega t\\ \varepsilon_x^{b_1}\sin\omega t+\varepsilon_y^{b_1}\cos\omega t\\ \varepsilon_z^{b_1}\end{bmatrix}\tag{2.5}$$

$$\nabla^{n}=\boldsymbol{C}_{b_1}^{n}(t)\nabla^{b_1}=\begin{bmatrix}\cos\omega t & -\sin\omega t & 0\\ \sin\omega t & \cos\omega t & 0\\ 0 & 0 & 1\end{bmatrix}\begin{bmatrix}\nabla_x^{b_1}\\ \nabla_y^{b_1}\\ \nabla_z^{b_1}\end{bmatrix}=\begin{bmatrix}\nabla_x^{b_1}\cos\omega t-\nabla_y^{b_1}\sin\omega t\\ \nabla_x^{b_1}\sin\omega t+\nabla_y^{b_1}\cos\omega t\\ \nabla_z^{b_1}\end{bmatrix}\tag{2.6}$$

式中:ω为旋转角速度。

由式(2.5)、式(2.6)不难看出,转位机构旋转过程中,与旋转轴垂直方向的陀螺常值漂移、加速度计常值零偏被调制成正弦信号。在一个旋转调制周期内(包含转位机构在A、C、D、B四个位置的停转时间)分别对式(2.5)、式(2.6)积分,可得一个旋转调制周期内当地水平地理坐标系下表示的等效陀螺漂移、等效加速度计零偏:

$$\frac{1}{T}\int_0^T\boldsymbol{\varepsilon}^{n}\mathrm{d}t=\begin{bmatrix}0\\0\\ \varepsilon_z^{b_1}\end{bmatrix},\quad \frac{1}{T}\int_0^T\nabla^{n}\mathrm{d}t=\begin{bmatrix}0\\0\\ \nabla_z^{b_1}\end{bmatrix}\tag{2.7}$$

由式(2.7)不难看出,在一个旋转周期内,单轴旋转调制激光陀螺航海惯导可以调制与旋转轴垂直方向惯性器件确定性误差的影响(即水平方向的惯性器件确定性误差不会造成常值或发散的定位误差),单轴旋转对旋转轴方向的惯性器件误差没有调制作用。将式(2.5)、式(2.6)代入式(2.1)~式(2.3)可求得姿态误差、速度误差及位置误差的解析表达式[120],不难发现三者的表达式中依然存在与惯性器件确定性误差相关的振荡性误差(舒勒周期误差、24h周期误差、傅科周期误差),振荡的幅值得到一定程度的抑制。此外,方位陀螺常值漂移会导致经度方向的发散性定位误差。

利用高精度单轴旋转调制激光陀螺航海惯导进行了长达 5 天的实验室静态测试实验，图 2.6、图 2.7 分别给出了东向速度误差曲线、北向速度误差曲线，图 2.8 给出了归一化后的位置误差曲线（本书对所有实际实验的位置误差曲线均作了归一化处理）。从图中可以看出，经旋转调制后，惯导的速度误差、位置

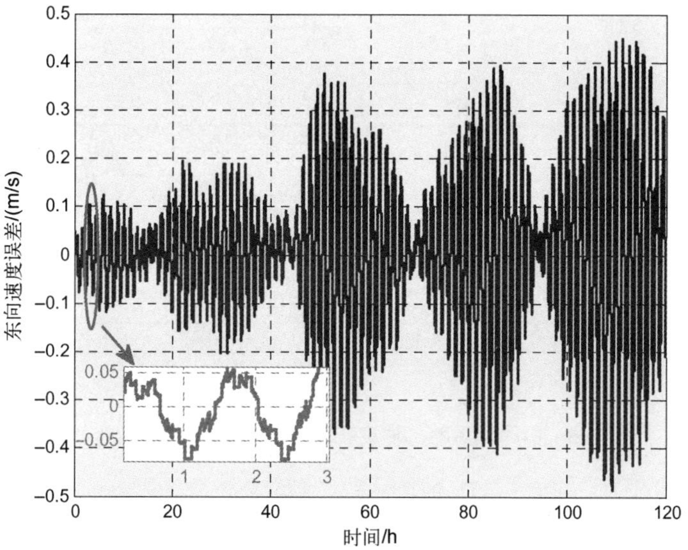

图 2.6　单轴旋转调制惯导静态测试东向速度误差

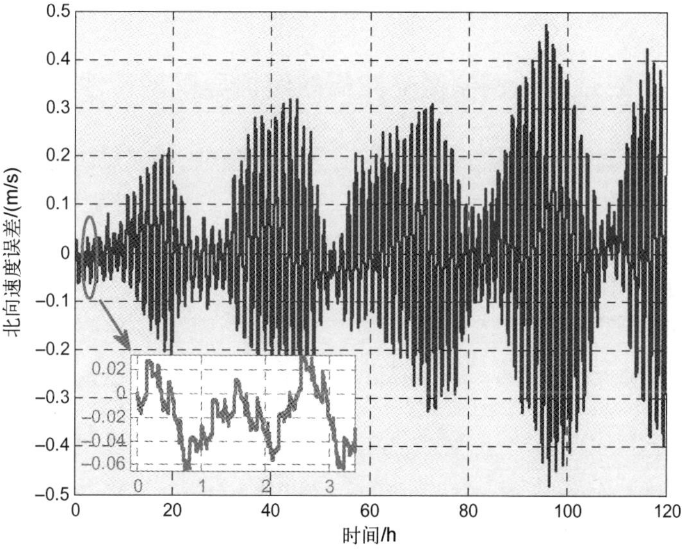

图 2.7　单轴旋转调制惯导静态测试北向速度误差

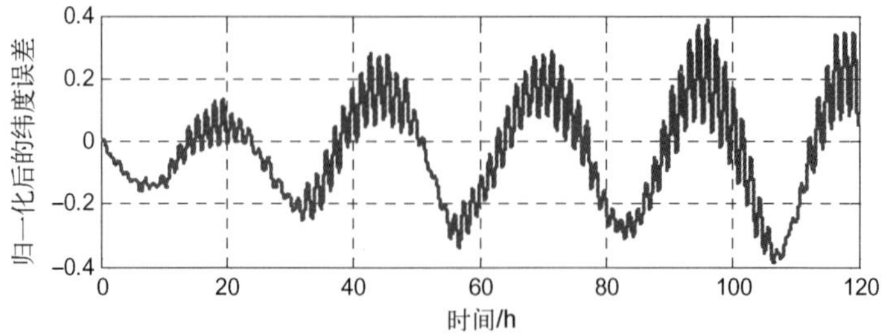

(a)

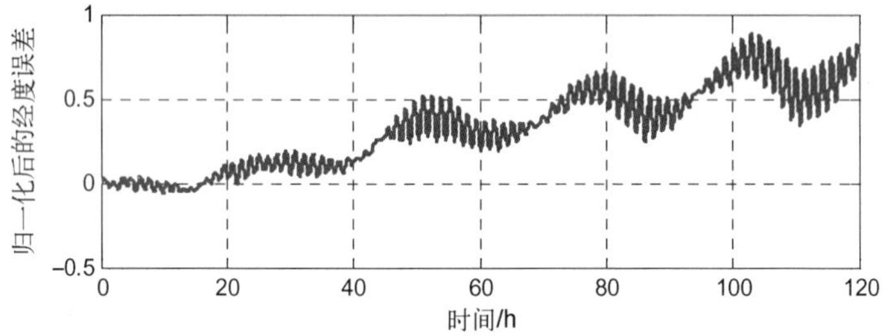

(b)

图 2.8 归一化后的单轴旋转调制惯导静态测试位置误差

误差仍然存在舒勒周期、24h 周期、傅科周期,并且经度误差存在发散项。此外,与无旋转捷联式激光陀螺惯导相比,旋转的引入使得速度误差具有明显的“锯齿”效应(图 2.6、图 2.7 中子图所示),单轴旋转调制激光陀螺航海惯导的误差特性具有与旋转相关联的特点。

2.1.4 双轴旋转调制激光陀螺航海惯导误差特性

双轴旋转调制激光陀螺航海惯导通常绕方位轴、横滚轴进行转停调制,常用的方案为 16 次序转停调制[42],如图 2.9 所示。假设双轴旋转调制激光陀螺航海惯导 IMU 坐标系 b_2 初始时刻与当地水平地理坐标系重合,在一个调制周期内双轴旋转调制激光陀螺惯导的转位规律为

$$A \xrightarrow{\text{绕 } Z \text{ 轴正转} 180^\circ} B \xrightarrow{\text{绕 } X \text{ 轴正转} 180^\circ} C \xrightarrow{\text{绕 } Z \text{ 轴反转} 180^\circ} D \xrightarrow{\text{绕 } X \text{ 轴反转} 180^\circ} A$$

$$A \xrightarrow{\text{绕 } X \text{ 轴反转} 180^\circ} D \xrightarrow{\text{绕 } Z \text{ 轴反转} 180^\circ} C \xrightarrow{\text{绕 } X \text{ 轴正转} 180^\circ} B \xrightarrow{\text{绕 } Z \text{ 轴正转} 180^\circ} A$$

$$A \xrightarrow{\text{绕 } Z \text{ 轴反转} 180^\circ} B \xrightarrow{\text{绕 } X \text{ 轴反转} 180^\circ} C \xrightarrow{\text{绕 } Z \text{ 轴正转} 180^\circ} D \xrightarrow{\text{绕 } X \text{ 轴正转} 180^\circ} A$$

$$A \xrightarrow{\text{绕 } X \text{ 轴正转} 180^\circ} D \xrightarrow{\text{绕 } Z \text{ 轴正转} 180^\circ} C \xrightarrow{\text{绕 } X \text{ 轴反转} 180^\circ} B \xrightarrow{\text{绕 } Z \text{ 轴反转} 180^\circ} A$$

采用与 2.1.3 节类似的分析方法,在一个旋转周期内,可以证明等效陀螺漂移、等效加速度计零偏分别为

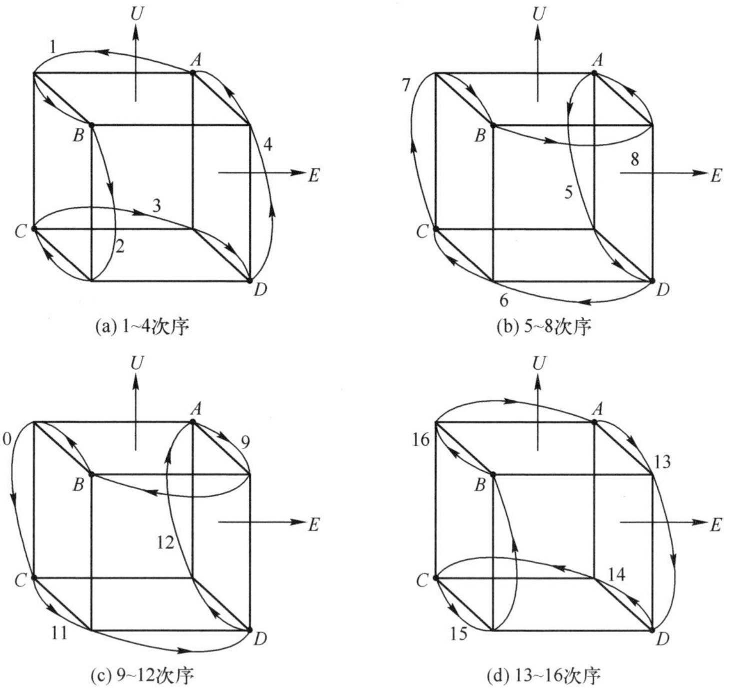

图 2.9　16 次序转停调制方案

$$\frac{1}{T}\int_0^T \boldsymbol{\varepsilon}^n \mathrm{d}t = \begin{bmatrix}0\\0\\0\end{bmatrix},\quad \frac{1}{T}\int_0^T \nabla^n \mathrm{d}t = \begin{bmatrix}0\\0\\0\end{bmatrix} \tag{2.8}$$

即在一个旋转周期内，双轴旋转调制激光陀螺航海惯导可以调制三个方向惯性器件确定性误差的影响，但是惯性器件确定性误差依然会产生周期性的振荡误差（舒勒周期误差、24h 周期误差、傅科周期误差），振荡幅值得到一定程度的抑制。

利用高精度双轴旋转调制激光陀螺航海惯导进行了长达 5 天的实验室静态测试实验，图 2.10、图 2.11 分别给出了东向速度误差曲线、北向速度误差曲线，图 2.12 给出了归一化后的位置误差曲线。从图中可以看出，经旋转调制后，惯导的速度误差、位置误差仍然存在舒勒周期、24h 周期、傅科周期，但是位置误差曲线没有发散项。此外，与无旋转捷联式激光陀螺惯导相比，旋转的引入使得速度误差具有明显的“锯齿”效应（图 2.10、图 2.11 中子图所示），双轴旋转调制激光陀螺航海惯导的误差特性具有与旋转相关联的特点。

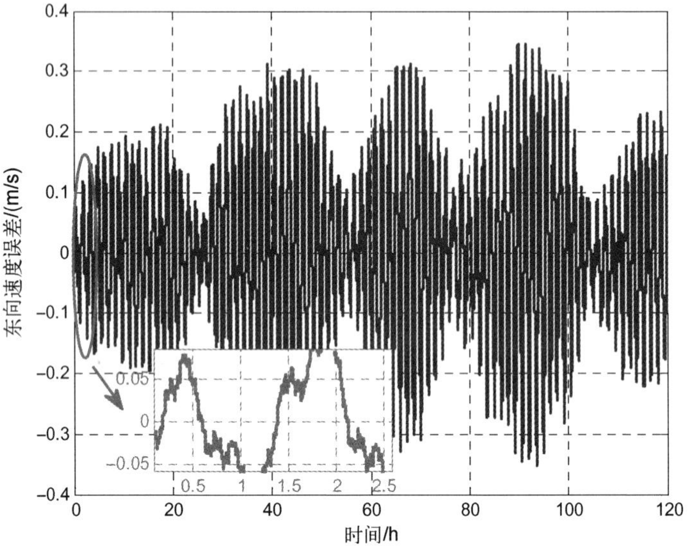

图 2.10　双轴旋转调制惯导静态测试东向速度误差

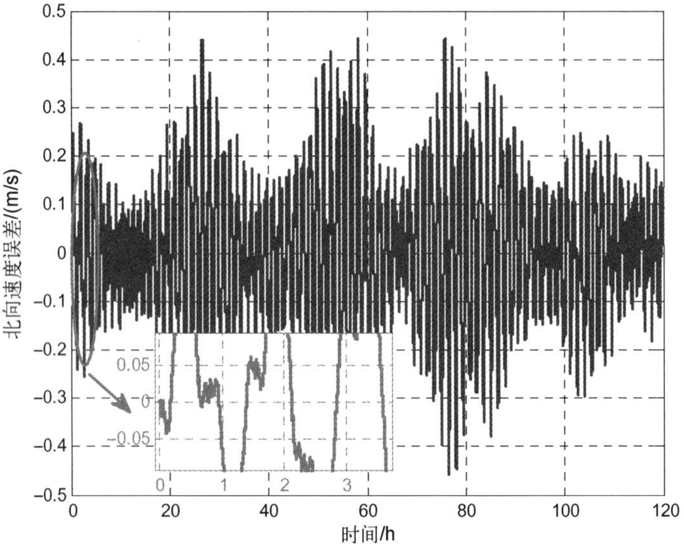

图 2.11　双轴旋转调制惯导静态测试北向速度误差

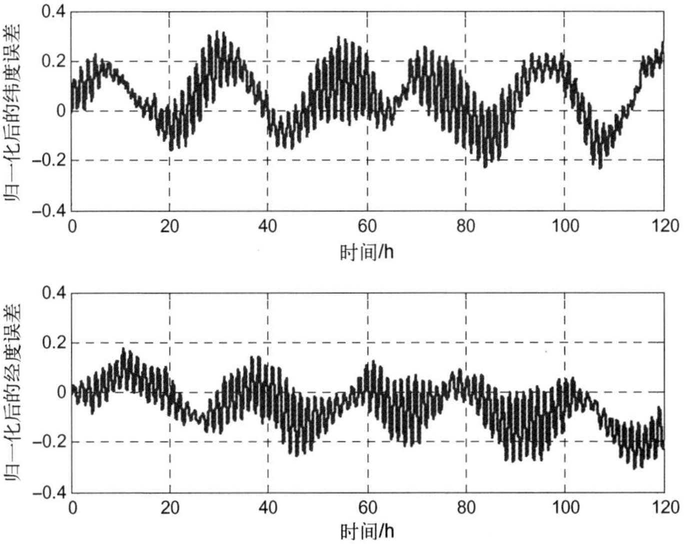

图 2.12 归一化后的双轴旋转调制惯导静态测试位置误差

2.1.5 旋转调制对惯性器件随机噪声的调制作用

2.1.3 节及 2.1.4 节分别以单轴、双轴旋转调制激光陀螺航海惯导为对象，分析了旋转调制对惯性器件确定性误差（主要是陀螺常值漂移、加速度计常值零偏）的调制作用，本节分析旋转调制对惯性器件随机噪声的调制作用。不考虑确定性误差及环境敏感性误差前提下，对于高精度激光陀螺而言，其噪声主要为角随机游走，加速度计噪声可近似为白噪声。

为分析方便，这里仅分析惯性器件随机噪声在旋转调制下对惯导姿态误差、速度误差的影响，位置误差由速度误差积分得到，不再赘述。姿态误差、速度误差构成的误差矢量表示为

$$\boldsymbol{x}(t)=[\phi_E \quad \phi_N \quad \phi_U \quad \delta v_E \quad \delta v_N \quad \delta v_U]^{\mathrm{T}} \tag{2.9}$$

误差矢量微分方程为

$$\dot{\boldsymbol{x}}(t)=\boldsymbol{F}(t)\boldsymbol{x}(t)+\boldsymbol{G}(t)\boldsymbol{w}(t) \tag{2.10}$$

式中：

$$\boldsymbol{w}(t)=[w_{\varepsilon_x}^b \quad w_{\varepsilon_y}^b \quad w_{\varepsilon_z}^b \quad w_{\nabla_x}^b \quad w_{\nabla_y}^b \quad w_{\nabla_z}^b]^{\mathrm{T}} \tag{2.11}$$

$$\boldsymbol{G}(t)=\begin{bmatrix} -\boldsymbol{C}_b^n & 0_{3\times3} \\ 0_{3\times3} & \boldsymbol{C}_b^n \end{bmatrix} \tag{2.12}$$

$$\boldsymbol{Q}(t)=E\{\boldsymbol{w}(t)\boldsymbol{w}^{\mathrm{T}}(t)\}=\mathrm{diag}\{Q_\varepsilon \quad Q_\varepsilon \quad Q_\varepsilon \quad Q_\nabla \quad Q_\nabla \quad Q_\nabla\} \tag{2.13}$$

系统状态矩阵 $\boldsymbol{F}(t)$ 可由式(2.1)~式(2.2)确定,不再赘述。误差矢量 $\boldsymbol{x}(t)$ 的协方差矩阵 $\boldsymbol{P}(t)$ 可通过如下黎卡提方程计算:

$$\dot{\boldsymbol{P}}(t)=\boldsymbol{F}(t)\boldsymbol{P}(t)+\boldsymbol{P}(t)\boldsymbol{F}^{\mathrm{T}}(t)+\boldsymbol{G}(t)\boldsymbol{Q}(t)\boldsymbol{G}^{\mathrm{T}}(t) \tag{2.14}$$

将式(2.12)、式(2.13)代入式(2.14)容易得到:

$$\dot{\boldsymbol{P}}(t)=\boldsymbol{F}(t)\boldsymbol{P}(t)+\boldsymbol{P}(t)\boldsymbol{F}^{\mathrm{T}}(t)+\boldsymbol{Q}(t) \tag{2.15}$$

由式(2.15)不难发现,旋转调制的引入($\boldsymbol{C}_b^n$ 相应改变)并不能改变误差矢量 $\boldsymbol{x}(t)$ 的协方差 $\boldsymbol{P}(t)$,即旋转调制对惯性器件随机噪声没有调制作用。

2.1.6 结论

本节的分析表明,单轴旋转可以调制与旋转轴垂直方向惯性器件确定性误差的影响,双轴旋转调制可以调制所有方向惯性器件确定性误差的影响,被调制的惯性器件确定性误差不会产生常值、发散误差,但惯性器件确定性误差依然会产生三种周期的振荡性误差(舒勒周期、24h 周期、傅科周期),其振荡幅值得到抑制。旋转调制并不能调制惯性器件随机噪声的影响。此外,旋转调制的引入使得惯导的误差特性具有与旋转相关联的特点,当多套旋转调制惯导系统的转位规律不同时,就会呈现出与惯性器件确定性误差相关的不同的局部误差特性,从而有可能基于一定的误差特性差异、互补性实现系统信息的融合。

2.2 冗余旋转调制激光陀螺航海惯导联合误差参数估计

舰艇冗余配置单轴、双轴旋转调制激光陀螺航海惯导情况下,能否通过信息融合提高作为备份惯导的单轴旋转调制激光陀螺航海惯导的精度,在保证冗余系统整体可靠性条件下,估计补偿单轴旋转调制激光陀螺航海惯导方位陀螺漂移造成的定位误差发散项,从而提高主惯导故障条件下备份惯导的定位精度?

从机理上来说,多套惯性导航系统信息融合的关键在于惯性导航系统间的误差特性具有差异性和互补性。难点在于一个封闭的系统,仅有陀螺、加速度计构成多套的惯性导航系统,对准完成进入导航状态后无任何外界辅助信息情况下,各个惯导系统的误差特性均具有舒勒周期、24h 周期和傅科周期,误差分离十分困难,能否估计、校正惯性器件确定性误差造成的系统性误差,所幸的是,旋转调制激光陀螺航海惯导具有与旋转相关联的误差特性,当多套旋转调制惯导系统的转位规律不同时,就会呈现出与惯性器件确定性误差相关的不同的局部误差特性，从而基于一定的误差特性差异、互补性实现系统信息的融合，进而估计补偿单轴旋转调制激光陀螺航海惯导方位陀螺漂移造成的定位误差发散项，提高主惯性导航系统故障条件下备份惯导的定位精度。

本节从一维匀速直线运动场景下双加速度计联合误差参数估计入手，进一步研究了单通道冗余单轴旋转惯导系统联合误差参数估计，设计了三维运动场景下冗余惯导系统的联合误差状态卡尔曼滤波器，可观性分析表明包括单轴旋转调制激光陀螺航海惯导方位陀螺漂移在内的所有惯性器件确定性误差参数均可估计。

2.2.1 一维运动场景下双加速度计联合误差参数估计

首先以一维匀速直线运动场景下双加速度计联合误差参数估计为例进行说明。如图 2.13 所示，小车沿直线匀速运动，初始位置、初始速度已知，小车上安装了两只加速度计，加速度计的敏感轴方向与小车运动方向一致。如果加速度计为理想加速度计，通过积分即可提供精确的速度和位置信息；但若加速度计存在未知零偏，就会产生累积的速度、位置误差。在此种情况下，两只加速度计分别积分得到的速度、位置信息均存在累积的速度、位置误差，此时，无外界信息，理论上不可能通过信息融合估计出两只加速度计的零偏，即使增加更多的加速度计也会同时增加更多的未知加速度计零偏，不会增加信息。

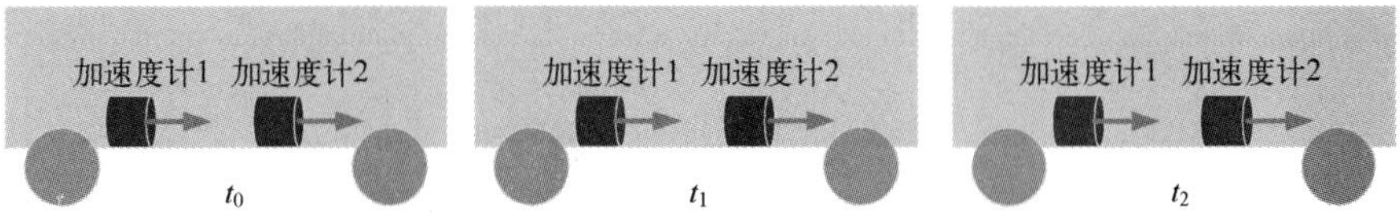

图 2.13　一维运动场景下双加速度计联合误差参数估计

但是，如图 2.14 所示，如果让第二只加速度计在导航过程中的 t_1 时刻通过旋转，使其敏感轴方向变为与载体运动方向相反的方向，并继续导航至 t_2 时刻，则有

$$\tilde{r}_1(t)=r(t)+\delta r_1(t),\quad \tilde{r}_2(t)=r(t)+\delta r_2(t) \tag{2.16}$$

$$\delta r_1(t_1)=\frac{1}{2}\delta a_1 t_1^2,\quad \delta r_1(t_2)=\frac{1}{2}\delta a_1 t_2^2 \tag{2.17}$$

$$\delta r_2(t_1)=\frac{1}{2}\delta a_2 t_1^2,\quad \delta r_2(t_2)=\frac{1}{2}\delta a_2 t_1^2+\delta a_2 t_1(t_2-t_1)-\frac{1}{2}\delta a_2\,(t_2-t_1)^2 \tag{2.18}$$

式中：$r(t)$ 为载体真实位置；δa_1、δa_2 分别为两只加速度计的零偏。$\tilde{r}_1(t)$、$\tilde{r}_2(t)$ 分别为根据两只加速度计输出解算得到的导航定位结果，$\delta r_1(t_1)$、$\delta r_2(t_2)$ 分别

为根据两只加速度计输出解算得到的导航定位结果对应的误差。

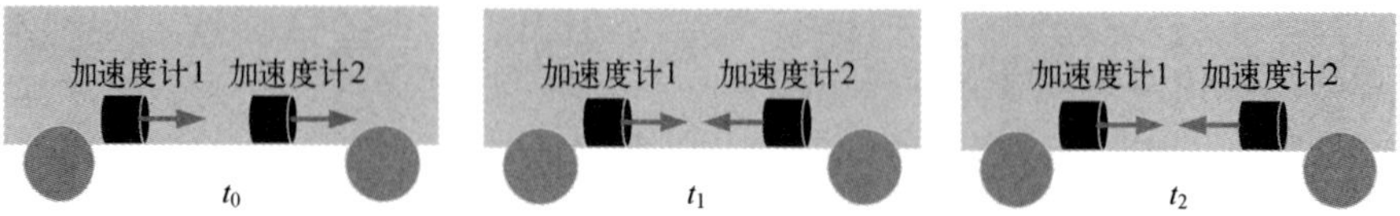

图 2.14　一维运动场景下双加速度计联合误差参数估计

根据式(2.16)、式(2.17)有

$$\frac{1}{2}\delta a_1 t_1^2-\frac{1}{2}\delta a_2 t_1^2=\tilde{r}_1(t_1)-\tilde{r}_2(t_1)=\delta r_1(t_1)-\delta r_2(t_1) \tag{2.19}$$

$$\frac{1}{2}\delta a_1 t_2^2-\left[\frac{1}{2}\delta a_2 t_1^2+\delta a_2 t_1(t_2-t_1)-\frac{1}{2}\delta a_2\ (t_2-t_1)^2\right]=\delta r_1(t_2)-\delta r_2(t_2)=\tilde{r}_1(t_2)-\tilde{r}_2(t_2) \tag{2.20}$$

整理式(2.19)、式(2.20)可得

$$\begin{bmatrix} t_1^2 & -t_1^2 \\ t_2^2 & t_2^2+2t_1^2-4t_1t_2 \end{bmatrix}\begin{bmatrix}\delta a_1\\ \delta a_2\end{bmatrix}=\begin{bmatrix}2\tilde{r}_1(t_1)-2\tilde{r}_2(t_1)\\ 2\tilde{r}_1(t_2)-2\tilde{r}_2(t_2)\end{bmatrix} \tag{2.21}$$

$$\begin{bmatrix}\delta a_1\\ \delta a_2\end{bmatrix}=\begin{bmatrix} t_1^2 & -t_1^2 \\ t_2^2 & t_2^2+2t_1^2-4t_1t_2 \end{bmatrix}^{-1}\begin{bmatrix}2\tilde{r}_1(t_1)-2\tilde{r}_2(t_1)\\ 2\tilde{r}_1(t_2)-2\tilde{r}_2(t_2)\end{bmatrix} \tag{2.22}$$

令 $t_2=2t_1$,有

$$\begin{bmatrix}\delta a_1\\ \delta a_2\end{bmatrix}=\begin{bmatrix} t_1^2 & -t_1^2 \\ 4t_1^2 & -2t_1^2 \end{bmatrix}^{-1}\begin{bmatrix}2\tilde{r}_1(t_1)-2\tilde{r}_2(t_1)\\ 2\tilde{r}_1(t_2)-2\tilde{r}_2(t_2)\end{bmatrix}=\frac{1}{2t_1^2}\begin{bmatrix}-2 & 1\\ -4 & 1\end{bmatrix}\begin{bmatrix}2\tilde{r}_1(t_1)-2\tilde{r}_2(t_1)\\ 2\tilde{r}_1(t_2)-2\tilde{r}_2(t_2)\end{bmatrix} \tag{2.23}$$

此时,两只加速度计的常值零偏都得到估计,校正后,可提供更高精度的一维空间惯性导航结果。实际上转位运动改变了其中一只加速度计的敏感轴方向,继而改变了其误差特性,进而使得两只加速度计的导航信息误差特性具有了互补差异性。

2.2.2　单通道冗余单轴旋转惯导系统联合误差参数估计

本节以两套单轴单通道平台式惯导系统为例,说明无外界观测情况下如何通过联合旋转调制实现陀螺常值漂移、加速度计常值零偏的估计。

假设两套系统安装在同一载体上,该载体沿子午线向北运动,如图 2.15 所示。

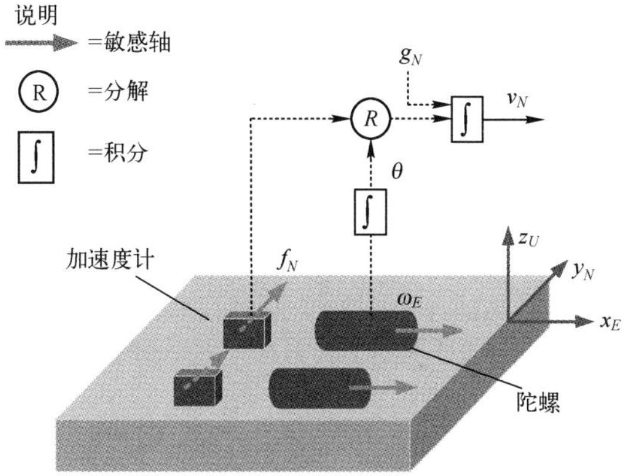

图 2.15　单通道冗余单轴旋转惯导系统

两套系统的东向姿态误差和北向速度误差微分方程分别为

$$\dot{\phi}_{E_1}=-\frac{1}{R}\delta v_{N_1}+\varepsilon_{E_1}+w_{\varepsilon_{E_1}},\quad \delta\dot{v}_{N_1}=g\phi_{E_1}+\nabla_{N_1}+w_{\nabla_{N_1}} \tag{2.24}$$

$$\dot{\phi}_{E_2}=-\frac{1}{R}\delta v_{N_2}+\varepsilon_{E_2}+w_{\varepsilon_{E_2}},\quad \delta\dot{v}_{N_1}=g\phi_{E_2}+\nabla_{N_2}+w_{\nabla_{N_2}} \tag{2.25}$$

式中:下角标 1、2 分别表示 1 号、2 号惯导相关的物理量;ε_{E_1}、ε_{E_2}分别为两套系统的东向陀螺常值漂移;∇_{N_1}、∇_{N_2}分别为两套系统的北向加速度计常值零偏;$w_{\varepsilon_{E_1}}$、$w_{\varepsilon_{E_2}}$、$w_{\nabla_{N_1}}$、$w_{\nabla_{N_2}}$为相应的陀螺、加速度计随机噪声;R 为地球曲率半径。其他符号同前述章节,不再赘述。

式(2.24)、式(2.25)对应项求差,令

$$\phi_{E_{12}}=\phi_{E_1}-\phi_{E_2},\quad \delta v_{N_{12}}=\delta v_{N_1}-\delta v_{N_2} \tag{2.26}$$

$$w_{\varepsilon_{E_{12}}}=w_{\varepsilon_{E_1}}-w_{\varepsilon_{E_2}},\quad w_{\nabla_{N_{12}}}=w_{\nabla_{N_1}}-w_{\nabla_{N_2}} \tag{2.27}$$

因此,可以得到

$$\dot{\phi}_{E_{12}}=-\frac{1}{R}\delta v_{N_{12}}+\varepsilon_{E_1}-\varepsilon_{E_2}+w_{\varepsilon_{E_{12}}},\quad \delta\dot{v}_{N_{12}}=g\phi_{E_{12}}+\nabla_{N_1}-\nabla_{N_2}+w_{\nabla_{N_{12}}} \tag{2.28}$$

无外界速度观测,但两套惯导系统反映同一个载体的运动速度,速度差值的理论值为零,因此,速度误差的差值 $\delta v_{N_{12}}=\delta v_{N_1}-\delta v_{N_2}$是可直接观测的。若在整个运动过程中,两套惯导系统的陀螺和加速度计敏感轴方向不变,即使速度误差的差值 $\delta v_{N_{12}}=\delta v_{N_1}-\delta v_{N_2}$可直接观测,两套惯导系统的陀螺常值漂移、加速度计常值零偏依然是不可观的。

如果两套惯导系统的陀螺和加速度计敏感轴方向均可以 180°旋转,则有

$$\varepsilon_{E_1}=c_1(t)\varepsilon_{x_1},\quad w_{\varepsilon_{E_1}}=c_1(t)w_{\varepsilon_{x_1}},\quad \nabla_{N_1}=c_1(t)\nabla_{y_1},\quad w_{\nabla_{N_1}}=c_1(t)w_{\nabla_{y_1}} \tag{2.29}$$

$$\varepsilon_{E_2}=c_2(t)\varepsilon_{x_2},\quad w_{\varepsilon_{E_2}}=c_2(t)w_{\varepsilon_{x_2}},\quad \nabla_{N_2}=c_2(t)\nabla_{y_2},\quad w_{\nabla_{N_2}}=c_2(t)w_{\nabla_{y_2}} \tag{2.30}$$

其中，

$$c_1(t)=\pm 1,\quad c_2(t)=\pm 1 \tag{2.31}$$

两套系统的陀螺常值漂移分别为 ε_{x_1}、ε_{x_2}，加速度计常值零偏分别为 ∇_{y_1}、∇_{y_2}。

至此，系统的状态方程可表示为

$$\begin{bmatrix}\dot{\phi}_{E_{12}}\\ \delta\dot{v}_{N_{12}}\\ \dot{\varepsilon}_{x_1}\\ \dot{\varepsilon}_{x_2}\\ \dot{\nabla}_{y_1}\\ \dot{\nabla}_{y_2}\end{bmatrix}=\begin{bmatrix}0 & -\frac{1}{R} & c_1(t) & -c_2(t) & 0 & 0\\ g & 0 & 0 & 0 & c_1(t) & -c_2(t)\\ 0&0&0&0&0&0\\ 0&0&0&0&0&0\\ 0&0&0&0&0&0\\ 0&0&0&0&0&0\end{bmatrix}\begin{bmatrix}\phi_{E_{12}}\\ \delta v_{N_{12}}\\ \varepsilon_{x_1}\\ \varepsilon_{x_2}\\ \nabla_{y_1}\\ \nabla_{y_2}\end{bmatrix}+\begin{bmatrix}c_1(t) & -c_2(t) & 0 & 0\\ 0 & 0 & c_1(t) & -c_2(t)\\ 0&0&0&0\\ 0&0&0&0\\ 0&0&0&0\\ 0&0&0&0\end{bmatrix}\begin{bmatrix}w_{\varepsilon_{x_1}}\\ w_{\varepsilon_{x_2}}\\ w_{\nabla_{y_1}}\\ w_{\nabla_{y_2}}\end{bmatrix} \tag{2.32}$$

系统的观测方程可表示为

$$z=\begin{bmatrix}0 & 1 & 0 & 0 & 0 & 0\end{bmatrix}\begin{bmatrix}\phi_{E_{12}}\\ \delta v_{N_{12}}\\ \varepsilon_{x_1}\\ \varepsilon_{x_2}\\ \nabla_{y_1}\\ \nabla_{y_2}\end{bmatrix}+v_{12} \tag{2.33}$$

系统矩阵及观测矩阵分别为

$$
\boldsymbol{F}=\begin{bmatrix} 0 & -\frac{1}{R} & c_1(t) & -c_2(t) & 0 & 0 \\ g & 0 & 0 & 0 & c_1(t) & -c_2(t) \\ 0 & 0 & 0 & 0 & 0 & 0 \\ 0 & 0 & 0 & 0 & 0 & 0 \\ 0 & 0 & 0 & 0 & 0 & 0 \\ 0 & 0 & 0 & 0 & 0 & 0 \end{bmatrix}, \boldsymbol{H}=[0 \quad 1 \quad 0 \quad 0 \quad 0 \quad 0] \tag{2.34}
$$

假设两套系统的陀螺、加速度计敏感轴方向按照如下规律变化：

$$
\begin{aligned}
&\boldsymbol{F}=\boldsymbol{F}_1: \quad c_1(t)=1, c_2(t)=1 \quad t\in[0,t_1] \\
&\boldsymbol{F}=\boldsymbol{F}_2: \quad c_1(t)=1, c_2(t)=-1 \quad t\in(t_1,t_2] \\
&\boldsymbol{F}=\boldsymbol{F}_3: \quad c_1(t)=-1, c_2(t)=-1 \quad t\in(t_2,t_3] \\
&\boldsymbol{F}=\boldsymbol{F}_4: \quad c_1(t)=-1, c_2(t)=1 \quad t\in(t_3,t_4]
\end{aligned} \tag{2.35}
$$

可观测矩阵为

$$
\begin{bmatrix} \boldsymbol{H} \\ \boldsymbol{HF}_1 \\ \boldsymbol{HF}_2 \\ \boldsymbol{HF}_3 \\ \boldsymbol{HF}_1^2 \\ \boldsymbol{HF}_2^2 \end{bmatrix} = \begin{bmatrix} 0 & 1 & 0 & 0 & 0 & 0 \\ g & 0 & 0 & 0 & 1 & -1 \\ g & 0 & 0 & 0 & 1 & 1 \\ g & 0 & 0 & 0 & -1 & 1 \\ 0 & -\frac{g}{R} & g & -g & 0 & 0 \\ 0 & -\frac{g}{R} & g & g & 0 & 0 \end{bmatrix} \tag{2.36}
$$

容易验证可观测矩阵是满秩的，即所有状态完全可观。

为了更简明地说明陀螺常值漂移和加速度计常值零偏的估计原理，对系统模型进行简化，忽略地球曲率半径影响和所有系统噪声和观测噪声，则有

$$
\dot{\phi}_{E_{12}}=c_1(t)\varepsilon_{x_1}-c_2(t)\varepsilon_{x_2} \tag{2.37}
$$

$$
\delta\dot{v}_{N_{12}}=g\phi_{E_{12}}+c_1(t)\nabla_{y_1}-c_2(t)\nabla_{y_2} \tag{2.38}
$$

令 $t_1=t_2-t_1=t_3-t_2=t_4-t_3=2T$，对式(2.37)、式(2.38)分段积分，整理化简可以得到：

$$
\phi_{E_{12}}(0.5t_1)=\phi_{E_{12}}(0)+T\varepsilon_{x_1}-T\varepsilon_{x_2} \tag{2.39}
$$

$$
\delta v_{N_{12}}(0.5t_1)=v_{N_{12}}(0)+gT\phi_{E_{12}}(0)+0.5gT\varepsilon_{x_1}-0.5gT^2\varepsilon_{x_2}+T\nabla_{y_1}-T\nabla_{y_2} \tag{2.40}
$$

$$
\phi_{E_{12}}(t_1)=\phi_{E_{12}}(0)+2T\varepsilon_{x_1}-2T\varepsilon_{x_2} \tag{2.41}
$$

$$
\delta v_{N_{12}}(t_1)=v_{N_{12}}(0)+2Tg\phi_{E_{12}}(0)+2T^2g\varepsilon_{x_1}-2T^2g\varepsilon_{x_2}+2T\nabla_{y_1}-2T\nabla_{y_2} \tag{2.42}
$$

$$\phi_{E_{12}}(t_2)=\phi_{E_{12}}(0)+4T\varepsilon_{x_1} \tag{2.43}$$

$$\delta v_{N_{12}}(t_2)=v_{N_{12}}(0)+4Tg\phi_{E_{12}}(0)+8T^2g\varepsilon_{x_1}-4T^2g\varepsilon_{x_2}+4T\nabla_{y_1} \tag{2.44}$$

$$\phi_{E_{12}}(t_3)=\phi_{E_{12}}(0)+2T\varepsilon_{x_1}+2T\varepsilon_{x_2} \tag{2.45}$$

$$\delta v_{N_{12}}(t_3)=v_{N_{12}}(0)+6Tg\phi_{E_{12}}(0)+14T^2g\varepsilon_{x_1}-2T^2g\varepsilon_{x_2}+2T\nabla_{y_1}+2T\nabla_{y_2} \tag{2.46}$$

$$\phi_{E_{12}}(t_4)=\phi_{E_{12}}(0) \tag{2.47}$$

$$\delta v_{N_{12}}(t_4)=v_{N_{12}}(0)+8Tg\phi_{E_{12}}(0)+16T^2g\varepsilon_{x_1} \tag{2.48}$$

根据式(2.39)~式(2.48)可以得到:

$$\begin{bmatrix}\delta v_{N_{12}}(0.5t_1)-v_{N_{12}}(0)\\ \delta v_{N_{12}}(t_1)-v_{N_{12}}(0)\\ \delta v_{N_{12}}(t_2)-v_{N_{12}}(0)\\ \delta v_{N_{12}}(t_3)-v_{N_{12}}(0)\\ \delta v_{N_{12}}(t_4)-v_{N_{12}}(0)\end{bmatrix}=\begin{bmatrix}gT & 0.5gT & -0.5gT^2 & T & -T\\ 2Tg & 2T^2g & -2T^2g & 2T & -2T\\ 4Tg & 8T^2g & -4T^2g & 4T & 0\\ 6T & 14T^2g & -2T^2g & 2T & 2T\\ 8Tg & 16T^2g & 0 & 0 & 0\end{bmatrix}\begin{bmatrix}\phi_{E_{12}}(0)\\ \varepsilon_{x_1}\\ \varepsilon_{x_2}\\ \nabla_{y_1}\\ \nabla_{y_2}\end{bmatrix} \tag{2.49}$$

由式(2.49)可以得到:

$$\begin{bmatrix}\phi_{E_{12}}(0)\\ \varepsilon_{x_1}\\ \varepsilon_{x_2}\\ \nabla_{y_1}\\ \nabla_{y_2}\end{bmatrix}=\begin{bmatrix}gT & 0.5gT & -0.5gT^2 & T & -T\\ 2Tg & 2T^2g & -2T^2g & 2T & -2T\\ 4Tg & 8T^2g & -4T^2g & 4T & 0\\ 6T & 14T^2g & -2T^2g & 2T & 2T\\ 8Tg & 16T^2g & 0 & 0 & 0\end{bmatrix}^{-1}\begin{bmatrix}\delta v_{N_{12}}(0.5t_1)-v_{N_{12}}(0)\\ \delta v_{N_{12}}(t_1)-v_{N_{12}}(0)\\ \delta v_{N_{12}}(t_2)-v_{N_{12}}(0)\\ \delta v_{N_{12}}(t_3)-v_{N_{12}}(0)\\ \delta v_{N_{12}}(t_4)-v_{N_{12}}(0)\end{bmatrix} \tag{2.50}$$

根据式(2.50),即使没有外界速度观测,只要能够观测到两套系统的速度差 $\delta v_{N_{12}}(t)=\delta v_{N_1}(t)-\delta v_{N_2}(t)$,也可以通过联合旋转调制和协同导航,估计出初始姿态偏差的差值 $\phi_{E_{12}}(0)=\phi_{E_1}(0)-\phi_{E_2}(0)$,两套系统的陀螺常值漂移 ε_{x_1}、ε_{x_2} 和加速度计常值零偏 ∇_{y_1}、∇_{y_2}。忽略的系统中的随机噪声 $w_{\varepsilon_{x_1}}$、$w_{\varepsilon_{x_2}}$、$w_{\nabla_{y_1}}$、$w_{\nabla_{y_2}}$ 将影响最终的估计精度。

事实上,旋转使得两套系统误差特性具有了差异互补性,无外界信息观测条件下,通过信息融合可实现两套系统陀螺常值漂移、加速度计常值零偏的估计。

2.2.3 三维运动场景下冗余惯导系统联合误差参数估计

2.2.1 节、2.2.2 节对一维匀速直线运动场景下双加速度计联合误差参数估计、单通道冗余单轴旋转惯导联合误差参数估计进行了研究,结果表明旋转使得系统间的误差特性具有了差异互补性,通过信息融合可实现惯性器件确定性误差的估计。在此基础上,本节针对单轴、双轴旋转调制激光陀螺航海惯导冗余配置的情况,设计联合误差状态卡尔曼滤波器,对两套系统惯性器件确定性误差进行估计。

1. 联合误差状态方程建模

旋转调制激光陀螺航海惯导来源于捷联式惯导,它们的误差模型具有相同的形式,可见 2.1.2 节。以单轴旋转调制激光陀螺航海惯导(编号为 1)与双轴旋转调制激光陀螺航海惯导(编号为 2)间位置误差、速度误差、姿态误差的差值为联合误差状态,将两者各自的误差状态方程作差即可得到联合误差状态方程:

$$\delta\dot{L}_{12}=\frac{1}{R_N+h}\delta v_{N_{12}},\ \delta\dot{\lambda}_{12}=\frac{v_E\cdot\tan L\cdot\sec L}{R_E+h}\delta L_{12}+\frac{\sec L}{R_E+h}\delta v_{E_{12}} \tag{2.51}$$

$$\delta\dot{\boldsymbol{v}}_{12}^n=\boldsymbol{f}^n\times\boldsymbol{\phi}_{12}^n-(2\boldsymbol{\omega}_{ie}^n+\boldsymbol{\omega}_{en}^n)\times\delta\boldsymbol{v}_{12}^n-(2\delta\boldsymbol{\omega}_{ie_{12}}^n+\delta\boldsymbol{\omega}_{en_{12}}^n)\times\boldsymbol{v}^n+\boldsymbol{C}_{b_1}^n\delta\boldsymbol{f}^{b_1}-\boldsymbol{C}_{b_2}^n\delta\boldsymbol{f}^{b_2} \tag{2.52}$$

$$\dot{\boldsymbol{\phi}}_{12}^n=-\boldsymbol{\omega}_{in}^n\times\boldsymbol{\phi}_{12}^n+\delta\boldsymbol{\omega}_{in_{12}}^n-\boldsymbol{C}_{b_1}^n\delta\boldsymbol{\omega}_{ib_1}^{b_1}+\boldsymbol{C}_{b_2}^n\delta\boldsymbol{\omega}_{ib_2}^{b_2} \tag{2.53}$$

其中,

$$\delta L_{12}=\delta L_1-\delta L_2,\ \delta\lambda_{12}=\delta\lambda_1-\delta\lambda_2,\ \delta\boldsymbol{v}_{12}^n=\delta\boldsymbol{v}_1^n-\delta\boldsymbol{v}_2^n,\ \boldsymbol{\phi}_{12}^n=\boldsymbol{\phi}_1^n-\boldsymbol{\phi}_2^n \tag{2.54}$$

$$\delta\boldsymbol{\omega}_{ie_{12}}^n=\delta\boldsymbol{\omega}_{ie_1}^n-\delta\boldsymbol{\omega}_{ie_2}^n=[0\quad -\omega_{ie}\sin L\cdot\delta L_{12}\quad \omega_{ie}\cos L\cdot\delta L_{12}]^{\mathrm{T}} \tag{2.55}$$

$$\begin{aligned}\delta\boldsymbol{\omega}_{en_{12}}^n&=\delta\boldsymbol{\omega}_{en_1}^n-\delta\boldsymbol{\omega}_{en_2}^n\\&=\begin{bmatrix}-\frac{1}{R_N+h}\delta v_{N_{12}} & \frac{1}{R_E+h}\delta v_{E_{12}} & \frac{\tan L}{R_E+h}\delta v_{E_{12}}+\frac{v_E\sec^2 L}{R_E+h}\delta L_{12}\end{bmatrix}^{\mathrm{T}}\end{aligned} \tag{2.56}$$

$$\delta\boldsymbol{\omega}_{in_{12}}^n=\delta\boldsymbol{\omega}_{ie_{12}}^n+\delta\boldsymbol{\omega}_{en_{12}}^n,\ \boldsymbol{\omega}_{in}^n=\boldsymbol{\omega}_{ie}^n+\boldsymbol{\omega}_{en}^n \tag{2.57}$$

$$\delta\boldsymbol{\omega}_{ib_1}^{b_1}=\boldsymbol{\varepsilon}^{b_1}+\boldsymbol{w}_{\varepsilon}^{b_1},\ \delta\boldsymbol{\omega}_{ib_2}^{b_2}=\boldsymbol{\varepsilon}^{b_2}+\boldsymbol{w}_{\varepsilon}^{b_2},\ \delta\boldsymbol{f}^{b_1}=\nabla^{b_1}+\boldsymbol{w}_{\nabla}^{b_1},\ \delta\boldsymbol{f}^{b_2}=\nabla^{b_2}+\boldsymbol{w}_{\nabla}^{b_2} \tag{2.58}$$

其中,各符号意义如下:

δL_{12}:单轴旋转惯导纬度误差 δL_1 与双轴旋转惯导纬度误差 δL_2 的差值;

$\delta\lambda_{12}$:单轴旋转惯导经度误差 $\delta\lambda_1$ 与双轴旋转惯导经度误差 $\delta\lambda_2$ 的差值;

$\delta\boldsymbol{v}_{12}^n$:单轴旋转惯导速度误差 $\delta\boldsymbol{v}_1^n$ 与双轴旋转惯导速度误差 $\delta\boldsymbol{v}_2^n$ 的差值;

$\boldsymbol{\phi}_{12}^n$:单轴旋转惯导姿态误差 $\boldsymbol{\phi}_1^n$ 与双轴旋转惯导姿态误差 $\boldsymbol{\phi}_2^n$ 的差值;

$\delta\boldsymbol{\omega}_{ie_{12}}^n$:单轴旋转惯导与双轴旋转惯导纬度误差差值 δL_{12} 相关的地球自转角速度误差;

$\delta\boldsymbol{\omega}_{en_{12}}^n$:单轴旋转惯导与双轴旋转惯导速度误差差值 $\delta\boldsymbol{v}_{12}^n$ 及纬度误差差值 δL_{12} 相关的转移角速度误差;

$\delta\boldsymbol{\omega}_{ib_1}^{b_1}$:单轴旋转惯导的陀螺输出误差,建模为陀螺常值漂移 $\boldsymbol{\varepsilon}^{b_1}$ 和白噪声 $\boldsymbol{w}_{\varepsilon}^{b_1}$;

$\delta\boldsymbol{\omega}_{ib_2}^{b_2}$:双轴旋转惯导的陀螺输出误差,建模为陀螺常值漂移 $\boldsymbol{\varepsilon}^{b_2}$ 和白噪声 $\boldsymbol{w}_{\varepsilon}^{b_2}$;

$\delta\boldsymbol{f}^{b_1}$:单轴旋转惯导的加速度计输出误差,建模为加速度计常值零偏∇^{b_1}和白噪声 $\boldsymbol{w}_{\nabla}^{b_1}$;

$\delta\boldsymbol{f}^{b_2}$:双轴旋转惯导的加速度计输出误差,建模为加速度计常值零偏∇^{b_2}和白噪声 $\boldsymbol{w}_{\nabla}^{b_2}$;

式(2.51)~式(2.53)中,鉴于单轴、双轴旋转调制激光陀螺航海惯导在舰艇上的安装位置很近(通常小于1m),位置、速度、比力近似反映的是同一点的信息。

此外,将两套系统各自的陀螺常值漂移 $\boldsymbol{\varepsilon}^{b_1}$、$\boldsymbol{\varepsilon}^{b_2}$及加速度计常值零偏$\nabla^{b_1}$、$\nabla^{b_2}$增广为系统状态,相应的动态模型为

$$\dot{\boldsymbol{\varepsilon}}^{b_1}=\boldsymbol{0},\ \dot{\boldsymbol{\varepsilon}}^{b_2}=\boldsymbol{0},\ \dot{\nabla}^{b_1}=\boldsymbol{0},\ \dot{\nabla}^{b_2}=\boldsymbol{0} \tag{2.59}$$

至此,可以确定联合误差状态为

$$\begin{aligned}\boldsymbol{x}(t)=[&\delta L_{12},\delta\lambda_{12},\delta v_{E_{12}},\delta v_{N_{12}},\phi_{E_{12}},\phi_{N_{12}},\phi_{U_{12}},\varepsilon_x^{b_1},\varepsilon_y^{b_1},\\&\varepsilon_z^{b_1},\varepsilon_x^{b_2},\varepsilon_y^{b_2},\varepsilon_z^{b_2},\nabla_x^{b_1},\nabla_y^{b_1},\nabla_x^{b_2},\nabla_y^{b_2}]^{\mathrm{T}}\end{aligned} \tag{2.60}$$

需要说明的是,由于垂向通道与水平通道耦合较弱,且垂向通道可以进行阻尼,因此,式(2.60)中没有考虑与垂向相关的误差状态,如垂向速度、垂向位置、垂向加速度计零偏。

系统噪声为

$$\boldsymbol{w}(t)=[w_{\varepsilon_x}^{b_1},w_{\varepsilon_y}^{b_1},w_{\varepsilon_z}^{b_1},w_{\varepsilon_x}^{b_2},w_{\varepsilon_y}^{b_2},w_{\varepsilon_z}^{b_2},w_{\nabla_x}^{b_1},w_{\nabla_y}^{b_1},w_{\nabla_x}^{b_2},w_{\nabla_y}^{b_2}]^{\mathrm{T}} \tag{2.61}$$

联合误差状态的状态方程为

$$\dot{\boldsymbol{x}}(t)=\boldsymbol{F}(t)\boldsymbol{x}(t)+\boldsymbol{G}(t)\boldsymbol{w}(t) \tag{2.62}$$

根据式(2.51)~式(2.59),可以确定系统状态矩阵 $\boldsymbol{F}(t)$的形式如下:

$$\boldsymbol{F}(t)=\begin{bmatrix}\boldsymbol{F}_{11}(t) & \boldsymbol{F}_{12}(t)\\ \boldsymbol{F}_{21}(t) & \boldsymbol{F}_{22}(t)\end{bmatrix},\ \boldsymbol{F}_{11}(t)=\begin{bmatrix}\boldsymbol{F}_1 & \boldsymbol{F}_2\\ \boldsymbol{F}_3 & \boldsymbol{F}_4\end{bmatrix},\ \boldsymbol{F}_{12}(t)=\begin{bmatrix}0_{2\times3} & 0_{2\times6} & 0_{2\times4}\\ \boldsymbol{F}_5 & 0_{2\times6} & \boldsymbol{F}_6\end{bmatrix} \tag{2.63}$$

$$\boldsymbol{F}_{21}(t)=\begin{bmatrix}\boldsymbol{F}_7 & \boldsymbol{F}_8\\ \multicolumn{2}{c}{0_{10\times4}}\end{bmatrix},\ \boldsymbol{F}_{22}(t)=\begin{bmatrix}\boldsymbol{F}_9 & \boldsymbol{F}_{10} & 0_{3\times4}\\ \multicolumn{3}{c}{0_{10\times13}}\end{bmatrix},\ \boldsymbol{F}_1=\begin{bmatrix}0 & 0\\ \dfrac{v_E\tan L}{(R_E+h)\cos L} & 0\end{bmatrix} \tag{2.64}$$

$$\boldsymbol{F}_2=\begin{bmatrix}0 & \dfrac{1}{R_N+h}\\ \dfrac{1}{(R_E+h)\cos L} & 0\end{bmatrix},\ \boldsymbol{F}_3=\begin{bmatrix}2\omega_{ie}v_N\cos L+\dfrac{v_Nv_E}{(R_E+h)\cos^2 L} & 0\\ -2\omega_{ie}v_E\cos L-\dfrac{v_E^2}{(R_E+h)\cos^2 L} & 0\end{bmatrix} \tag{2.65}$$

$$\boldsymbol{F}_4=\begin{bmatrix}\dfrac{v_N\tan L}{R_E+h} & \dfrac{v_E\tan L}{R_E+h}+2\omega_{ie}\sin L\\ -2\omega_{ie}\sin L-2\dfrac{v_E\tan L}{R_E+h} & 0\end{bmatrix},\ \boldsymbol{F}_5=\begin{bmatrix}0 & -f_U & f_N\\ f_U & 0 & -f_E\end{bmatrix} \tag{2.66}$$

$$\boldsymbol{F}_6=[\overline{\boldsymbol{C}}_{b_1}^n \quad -\overline{\boldsymbol{C}}_{b_2}^n],\ \begin{matrix}\overline{\boldsymbol{C}}_{b_1}^n=\boldsymbol{M}\boldsymbol{C}_{b_1}^n\boldsymbol{M}^{\mathrm{T}}\\ \overline{\boldsymbol{C}}_{b_2}^n=\boldsymbol{M}\boldsymbol{C}_{b_2}^n\boldsymbol{M}^{\mathrm{T}}\end{matrix},\ \boldsymbol{M}=\begin{bmatrix}1 & 0 & 0\\ 0 & 1 & 0\end{bmatrix} \tag{2.67}$$

$$\boldsymbol{F}_7=\begin{bmatrix}0 & 0\\ -\omega_{ie}\sin L & 0\\ \omega_{ie}\cos L+\dfrac{v_E}{(R_E+h)\cos^2 L} & 0\end{bmatrix},\ \boldsymbol{F}_8=\begin{bmatrix}0 & -\dfrac{1}{R_N+h}\\ \dfrac{1}{R_E+h} & 0\\ \dfrac{\tan L}{R_E+h} & 0\end{bmatrix} \tag{2.68}$$

$$\boldsymbol{F}_9=\begin{bmatrix}0 & \dfrac{v_E\tan L}{R_E+h}+\omega_{ie}\sin L & -\omega_{ie}\cos L-\dfrac{v_E}{R_E+h}\\ -\dfrac{v_E\tan L}{R_E+h}-\omega_{ie}\sin L & 0 & -\dfrac{v_N}{R_N+h}\\ \omega_{ie}\cos L+\dfrac{v_E}{R_E+h} & \dfrac{v_N}{R_N+h} & 0\end{bmatrix} \tag{2.69}$$

$$\boldsymbol{F}_{10}=[-\boldsymbol{C}_{b_1}^n \quad \boldsymbol{C}_{b_2}^n]$$

噪声矩阵 $\boldsymbol{G}(t)$ 的形式如下：

$$\boldsymbol{G}(t)=\begin{bmatrix}\multicolumn{4}{c}{0_{2\times 10}}\\ \hline \multicolumn{2}{c|}{0_{2\times 6}} & \overline{\boldsymbol{C}}_{b_1}^n & -\overline{\boldsymbol{C}}_{b_2}^n\\ \hline -\boldsymbol{C}_{b_1}^n & \boldsymbol{C}_{b_2}^n & \multicolumn{2}{|c}{0_{3\times 4}}\\ \hline \multicolumn{4}{c}{0_{10\times 10}}\end{bmatrix} \tag{2.70}$$

2. 观测方程

如图 2.16 所示，单轴、双轴旋转调制激光陀螺航海惯导安装在舰艇的邻近区域，$\boldsymbol{l}_{12}^n$ 表示单轴、双轴旋转调制激光陀螺航海惯导间的安装杆臂。两套系统间的安装杆臂通常小于 1m，且可以精确地标定补偿，安装杆臂的影响可以忽略不计。

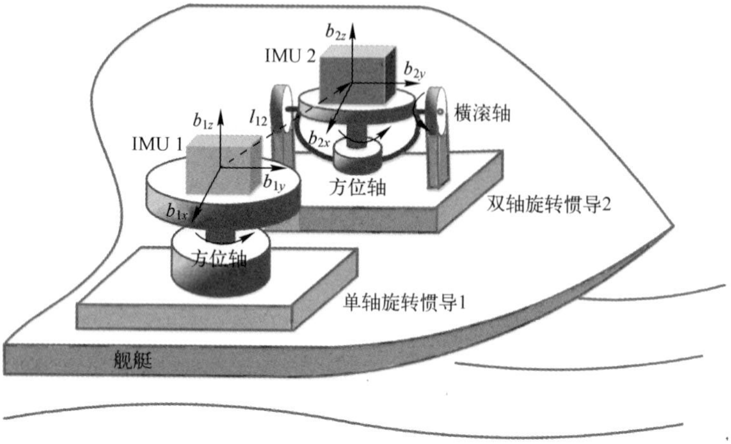

图 2.16　单轴、双轴旋转调制激光陀螺航海惯导冗余配置

因此，单轴、双轴旋转调制激光陀螺航海惯导的导航信息输出满足以下约束：

$$\widetilde{L}_1=L+\delta L_1,\ \widetilde{L}_2=L+\delta L_2 \tag{2.71}$$

$$\widetilde{\lambda}_1=\lambda+\delta\lambda_1,\ \widetilde{\lambda}_2=\lambda+\delta\lambda_2 \tag{2.72}$$

$$\widetilde{v}^n_{E_1}=v^n_{E_1}+\delta v^n_{E_1},\ \widetilde{v}^n_{E_2}=v^n_{E_2}+\delta v^n_{E_2} \tag{2.73}$$

$$\widetilde{v}^n_{N_1}=v^n_{N_1}+\delta v^n_{N_1},\ \widetilde{v}^n_{N_2}=v^n_{N_2}+\delta v^n_{N_2} \tag{2.74}$$

式中：$\widetilde{L}_1$、$\widetilde{L}_2$ 分别为单轴、双轴旋转调制激光陀螺惯导的纬度输出；$\widetilde{\lambda}_1$、$\widetilde{\lambda}_2$ 分别为单轴、双轴旋转调制激光陀螺惯导的经度输出；$\widetilde{v}^n_{E_1}$、$\widetilde{v}^n_{E_2}$ 分别为单轴、双轴旋转调制激光陀螺惯导的东向速度输出；$\widetilde{v}^n_{N_1}$、$\widetilde{v}^n_{N_2}$ 分别为单轴、双轴旋转调制激光陀螺惯导的北向速度输出。

式(2.71)~式(2.74)中的第一个式子分别减去第二个式子可以得到：

$$\delta L_{12}=\widetilde{L}_1-\widetilde{L}_2,\ \delta\lambda_{12}=\widetilde{\lambda}_1-\widetilde{\lambda}_2,\ \delta v_{E_{12}}=\widetilde{v}_{E_1}-\widetilde{v}_{E_2},\ \delta v_{N_{12}}=\widetilde{v}_{N_1}-\widetilde{v}_{N_2} \tag{2.75}$$

因此，观测方程可以表示为

$$\boldsymbol{z}(t)=\boldsymbol{H}(t)\boldsymbol{x}(t)+\boldsymbol{v}(t) \tag{2.76}$$

其中，

$$\boldsymbol{z}(t)=\begin{bmatrix}\delta L_{12} & \delta\lambda_{12} & \delta v_{E_{12}} & \delta v_{N_{12}}\end{bmatrix}^T,\ \boldsymbol{H}(t)=\begin{bmatrix}\boldsymbol{I}_2 & 0_{2\times2} & 0_{2\times13}\\ 0_{2\times2} & \boldsymbol{I}_2 & 0_{2\times13}\end{bmatrix} \tag{2.77}$$

$\boldsymbol{v}(t)$ 为观测噪声。

3. 可观性分析

将联合误差状态 $\boldsymbol{x}(t)$ 分为两部分：

$$\boldsymbol{x}(t)=[\boldsymbol{x}_1^{\mathrm{T}}(t) \;\vdots\; \boldsymbol{x}_2^{\mathrm{T}}(t)]^{\mathrm{T}} \tag{2.78}$$

其中，

$$\begin{aligned}&\boldsymbol{x}_1(t)=[\delta L_{12},\delta\lambda_{12},\delta v_{E_{12}},\delta v_{N_{12}}]^{\mathrm{T}}\\&\boldsymbol{x}_2(t)=[\phi_{E_{12}},\phi_{N_{12}},\phi_{U_{12}},\varepsilon_x^{b_1},\varepsilon_y^{b_1},\varepsilon_z^{b_1},\varepsilon_x^{b_2},\varepsilon_y^{b_2},\varepsilon_z^{b_2},\nabla_x^{b_1},\nabla_y^{b_1},\nabla_x^{b_2},\nabla_y^{b_2}]^{\mathrm{T}}\end{aligned} \tag{2.79}$$

相应地，系统状态方程和观测方程可等价记为

$$\begin{cases}\begin{bmatrix}\dot{\boldsymbol{x}}_1(t)\\ \dot{\boldsymbol{x}}_2(t)\end{bmatrix}=\begin{bmatrix}\boldsymbol{F}_{11}(t) & \boldsymbol{F}_{12}(t)\\ \boldsymbol{F}_{21}(t) & \boldsymbol{F}_{22}(t)\end{bmatrix}\begin{bmatrix}\boldsymbol{x}_1(t)\\ \boldsymbol{x}_2(t)\end{bmatrix}+\boldsymbol{G}(t)\boldsymbol{w}(t)\\ \boldsymbol{z}(t)=\boldsymbol{H}(t)\boldsymbol{x}(t)+\boldsymbol{v}(t)=\boldsymbol{x}_1(t)+\boldsymbol{v}(t)\end{cases} \tag{2.80}$$

确定性的可观性分析不考虑噪声的影响[121, 122]，由于 $\boldsymbol{x}_1(t)$ 可通过观测量 $\boldsymbol{z}(t)$ 获得，式(2.80)描述系统的可观性条件等同于如下降阶系统的可观性条件[123]。

$$\begin{cases}\dot{\boldsymbol{x}}_2(t)=\boldsymbol{F}_{22}(t)\boldsymbol{x}_2(t)+\boldsymbol{F}_{21}(t)\boldsymbol{z}(t)\\ \boldsymbol{y}(t)=\boldsymbol{F}_{12}(t)\boldsymbol{x}_2(t)\end{cases} \tag{2.81}$$

定义：

$$\boldsymbol{A}(t)\triangleq\boldsymbol{F}_{22}(t)=\begin{bmatrix}F_9 & F_{10} & 0_{3\times4}\\ \hline & 0_{10\times13} & \end{bmatrix},\ \boldsymbol{C}(t)\triangleq\boldsymbol{F}_{12}(t)=\begin{bmatrix}0_{2\times3} & 0_{2\times6} & 0_{2\times4}\\ \boldsymbol{F}_5 & 0_{2\times6} & \boldsymbol{F}_6\end{bmatrix} \tag{2.82}$$

其中，

$$\boldsymbol{F}_5=\begin{bmatrix}0 & -f_U & f_N\\ f_U & 0 & -f_E\end{bmatrix},\ \boldsymbol{F}_6=[\overline{\boldsymbol{C}}_{b_1}^n \quad -\overline{\boldsymbol{C}}_{b_2}^n],\ \begin{matrix}\overline{\boldsymbol{C}}_{b_1}^n=\boldsymbol{M}\boldsymbol{C}_{b_1}^n\boldsymbol{M}^{\mathrm{T}}\\ \overline{\boldsymbol{C}}_{b_2}^n=\boldsymbol{M}\boldsymbol{C}_{b_2}^n\boldsymbol{M}^{\mathrm{T}}\end{matrix},\ \boldsymbol{M}=\begin{bmatrix}1 & 0 & 0\\ 0 & 1 & 0\end{bmatrix} \tag{2.83}$$

$$\boldsymbol{F}_9=-[\omega_{in}^n\times],\ \boldsymbol{F}_{10}=[-\boldsymbol{C}_{b_1}^n \quad \boldsymbol{C}_{b_2}^n] \tag{2.84}$$

对于大型舰艇而言，通常航速较低、机动也较少，则下式

$$\boldsymbol{\omega}_{ie}^n\gg\boldsymbol{\omega}_{en}^n\approx0,\ \boldsymbol{f}^n\approx-\boldsymbol{g}^n=[0 \quad 0 \quad g]^{\mathrm{T}} \tag{2.85}$$

在大多数情况下是成立的。将式(2.83)~式(2.85)代入式(2.82)整理可得

$$\boldsymbol{A}(t)\triangleq\boldsymbol{F}_{22}(t)=\begin{bmatrix}-[\omega_{ie}^n\times] & -\boldsymbol{C}_{b_1}^n & \boldsymbol{C}_{b_2}^n & 0_{3\times4}\\ \hline & 0_{10\times13} & & \end{bmatrix},\ \boldsymbol{C}(t)\triangleq\boldsymbol{F}_{12}(t)=\begin{bmatrix}0_{2\times3} & 0_{2\times6} & 0_{2\times4}\\ \boldsymbol{F}_5 & 0_{2\times6} & \boldsymbol{F}_6\end{bmatrix} \tag{2.86}$$

其中，

$$\boldsymbol{F}_5=\begin{bmatrix}0 & -g & 0\\ g & 0 & 0\end{bmatrix},\ \boldsymbol{F}_6=[\overline{\boldsymbol{C}}_{b_1}^n \quad -\overline{\boldsymbol{C}}_{b_2}^n] \tag{2.87}$$

式(2.81)定义的系统满足分段线性定常系统的定义，其可观性矩阵由下式给出：

$$\mathcal{O}(m)=[\mathcal{O}_1^{\mathrm{T}} \mid \mathcal{O}_2^{\mathrm{T}} \mid \cdots \mid \mathcal{O}_m^{\mathrm{T}}]^{\mathrm{T}} \tag{2.88}$$

其中，

$$\mathcal{O}_j=[\boldsymbol{C}^{\mathrm{T}} \mid (\boldsymbol{CA})^{\mathrm{T}} \mid (\boldsymbol{CA}^2)^{\mathrm{T}} \mid \cdots \mid (\boldsymbol{CA}^{12})^{\mathrm{T}}]^{\mathrm{T}};\quad j=1,2,\cdots,m \tag{2.89}$$

其中降阶系统的阶数为13，m 为分段数。

将式(2.86)代入式(2.89)，可以得到 $\boldsymbol{CA}^i(i=1,2,\cdots,12)$ 的通式如下：

$$\boldsymbol{CA}^i=\left[\begin{array}{c}0_{2\times13}\\ \hdashline \boldsymbol{F}_5[(-1)^i[\omega_{ie}^n\times]^i \quad (-1)^i[\omega_{ie}^n\times]^{i-1}\boldsymbol{C}_{b_1}^n \quad (-1)^{i-1}[\omega_{ie}^n\times]^{i-1}\boldsymbol{C}_{b_2}^n \quad 0_{3\times2} \quad 0_{3\times2}]\end{array}\right] \tag{2.90}$$

通过简单的运算可证明 $\boldsymbol{CA}^i(i\geqslant3)$ 是 $\boldsymbol{CA}$ 和 $\boldsymbol{CA}^2$ 的线性组合，故 $\mathcal{O}_j$ 的秩数等同于下式：

$$rank\mathcal{O}_j=rank\overline{\mathcal{O}}_j \tag{2.91}$$

其中，

$$\begin{aligned}rank\overline{\mathcal{O}}_j&=rank\begin{bmatrix}\boldsymbol{C}\\ \boldsymbol{CA}\\ \boldsymbol{CA}^2\end{bmatrix}\\
&=rank\left[\begin{array}{c}[\boldsymbol{F}_5 \quad 0_{2\times3} \quad 0_{2\times3} \quad \overline{\boldsymbol{C}}_{b_1}^n \quad -\overline{\boldsymbol{C}}_{b_2}^n]\\ \hdashline \boldsymbol{F}_5[-[\boldsymbol{\omega}_{ie}^n\times] \quad -\boldsymbol{C}_{b_1}^n \quad \boldsymbol{C}_{b_2}^n \quad 0_{3\times2} \quad 0_{3\times2}]\\ \hdashline \boldsymbol{F}_5[[\boldsymbol{\omega}_{ie}^n\times]^2 \quad [\boldsymbol{\omega}_{ie}^n\times]\boldsymbol{C}_{b_1}^n \quad -[\boldsymbol{\omega}_{ie}^n\times]\boldsymbol{C}_{b_2}^n \quad 0_{3\times2} \quad 0_{3\times2}]\end{array}\right]\\
&=5\end{aligned} \tag{2.92}$$

为了使得 $\mathcal{O}(m)$ 满秩，至少需要三个分段，即 m 至少为3。假设 $m=3$，则有

$$rank\mathcal{O}(3)=rank[\overline{\mathcal{O}}_1^{\mathrm{T}} \quad \overline{\mathcal{O}}_2^{\mathrm{T}} \quad \overline{\mathcal{O}}_3^{\mathrm{T}}]^{\mathrm{T}} \tag{2.93}$$

且有

$$rank\,\overline{\mathcal{O}}_j=rank\underbrace{\begin{bmatrix}\boldsymbol{I}_2 & 0_{2\times3} & 0_{2\times3}\\ 0_{2\times2} & \boldsymbol{F}_5 & 0_{2\times3}\\ 0_{2\times2} & 0_{2\times3} & -\boldsymbol{F}_5[\omega_{ie}^n\times]\end{bmatrix}}_{\boldsymbol{T}}\underbrace{\left[\begin{array}{c}[\boldsymbol{F}_5 \quad 0_{2\times3} \quad 0_{2\times3} \quad \overline{\boldsymbol{C}}_{b_1}^n(t_j) \quad -\overline{\boldsymbol{C}}_{b_2}^n(t_j)]\\ \hdashline [-[\boldsymbol{\omega}_{ie}^n\times] \quad -\boldsymbol{C}_{b_1}^n(t_j) \quad \boldsymbol{C}_{b_2}^n(t_j) \quad 0_{3\times2} \quad 0_{3\times2}]\\ \hdashline [-[\boldsymbol{\omega}_{ie}^n\times] \quad -\boldsymbol{C}_{b_1}^n(t_j) \quad \boldsymbol{C}_{b_2}^n(t_j) \quad 0_{3\times2} \quad 0_{3\times2}]\end{array}\right]}_{\boldsymbol{M}_j} \tag{2.94}$$

式中：$j=1,2,3$。

由于 $\boldsymbol{T}$ 的特殊形式，$\overline{\mathcal{O}}_j$ 的秩决定于 $\boldsymbol{M}_j$，因此我们可以得到下式：

$$rank\mathcal{O}(3)=rank[\boldsymbol{M}_1^T \mid \boldsymbol{M}_2^{\mathrm{T}} \mid \boldsymbol{M}_3^{\mathrm{T}}]^{\mathrm{T}}$$

$$=rank\begin{bmatrix} [\boldsymbol{F}_5 & 0_{2\times3} & 0_{2\times3} & \overline{\boldsymbol{C}}_{b_1}^n(t_1) & -\overline{\boldsymbol{C}}_{b_2}^n(t_1)] \\ \hdashline [\boldsymbol{F}_5 & 0_{2\times3} & 0_{2\times3} & \overline{\boldsymbol{C}}_{b_1}^n(t_2) & -\overline{\boldsymbol{C}}_{b_2}^n(t_2)] \\ \hdashline [\boldsymbol{F}_5 & 0_{2\times3} & 0_{2\times3} & \overline{\boldsymbol{C}}_{b_1}^n(t_3) & -\overline{\boldsymbol{C}}_{b_2}^n(t_3)] \\ \hdashline [-[\boldsymbol{\omega}_{ie}^n\times] & -\boldsymbol{C}_{b_1}^n(t_1) & \boldsymbol{C}_{b_2}^n(t_1) & 0_{3\times2} & 0_{3\times2}] \\ \hdashline [-[\boldsymbol{\omega}_{ie}^n\times] & -\boldsymbol{C}_{b_1}^n(t_2) & \boldsymbol{C}_{b_2}^n(t_2) & 0_{3\times2} & 0_{3\times2}] \\ \hdashline [-[\boldsymbol{\omega}_{ie}^n\times] & -\boldsymbol{C}_{b_1}^n(t_3) & \boldsymbol{C}_{b_2}^n(t_3) & 0_{3\times2} & 0_{3\times2}] \end{bmatrix}$$

$$=rank\begin{bmatrix} [\boldsymbol{F}_5 & 0_{2\times3} & 0_{2\times3} & \overline{\boldsymbol{C}}_{b_1}^n(t_1) & -\overline{\boldsymbol{C}}_{b_2}^n(t_1)] \\ \hdashline [\boldsymbol{F}_5 & 0_{2\times3} & 0_{2\times3} & \overline{\boldsymbol{C}}_{b_1}^n(t_2) & -\overline{\boldsymbol{C}}_{b_2}^n(t_2)] \\ \hdashline [\boldsymbol{F}_5 & 0_{2\times3} & 0_{2\times3} & \overline{\boldsymbol{C}}_{b_1}^n(t_3) & -\overline{\boldsymbol{C}}_{b_2}^n(t_3)] \\ \hdashline [-[\boldsymbol{\omega}_{ie}^n\times] & -\boldsymbol{C}_{b_1(t_0)}^n\boldsymbol{C}_{b_1(t_1)}^{b_1(t_0)} & \boldsymbol{C}_{b_2(t_0)}^n\boldsymbol{C}_{b_2(t_1)}^{b_2(t_0)} & 0_{3\times2} & 0_{3\times2}] \\ \hdashline [0_{3\times3} & -\boldsymbol{C}_{b_1(t_0)}^n(\boldsymbol{C}_{b_1(t_2)}^{b_1(t_0)}-\boldsymbol{C}_{b_1(t_1)}^{b_1(t_0)}) & \boldsymbol{C}_{b_2(t_0)}^n(\boldsymbol{C}_{b_2(t_2)}^{b_2(t_0)}-\boldsymbol{C}_{b_2(t_1)}^{b_2(t_0)}) & 0_{3\times2} & 0_{3\times2}] \\ \hdashline [0_{3\times3} & -\boldsymbol{C}_{b_1(t_0)}^n(\boldsymbol{C}_{b_1(t_3)}^{b_1(t_0)}-\boldsymbol{C}_{b_1(t_1)}^{b_1(t_0)}) & \boldsymbol{C}_{b_2(t_0)}^n(\boldsymbol{C}_{b_2(t_3)}^{b_2(t_0)}-\boldsymbol{C}_{b_2(t_1)}^{b_2(t_0)}) & 0_{3\times2} & 0_{3\times2}] \\ \hdashline \end{bmatrix} \tag{2.95}$$

且有

$$\boldsymbol{C}_{b_1}^n(t)\triangleq\boldsymbol{C}_{b_1(t)}^n=\boldsymbol{C}_{b_1(t_0)}^n\boldsymbol{C}_{b_1(t)}^{b_1(t_0)},\ \boldsymbol{C}_{b_2}^n(t)\triangleq\boldsymbol{C}_{b_2(t)}^n=\boldsymbol{C}_{b_2(t_0)}^n\boldsymbol{C}_{b_2(t)}^{b_2(t_0)} \tag{2.96}$$

$$\boldsymbol{C}_{b_1(t_0)}^n\approx\begin{bmatrix} \cos\varphi_1(t_0) & \sin\varphi_1(t_0) & -\gamma_1(t_0) \\ -\sin\varphi_1(t_0) & \cos\varphi_1(t_0) & \theta_1(t_0) \\ \gamma_1(t_0)\cos\varphi_1(t_0)+\theta_1(t_0)\sin\varphi_1(t_0) & \gamma_1(t_0)\sin\varphi_1(t_0)-\theta_1(t_0)\cos\varphi_1(t_0) & 1 \end{bmatrix} \tag{2.97}$$

$$\boldsymbol{C}_{b_2(t_0)}^n\approx\begin{bmatrix} \cos\varphi_2(t_0) & \sin\varphi_2(t_0) & -\gamma_2(t_0) \\ -\sin\varphi_2(t_0) & \cos\varphi_2(t_0) & \theta_2(t_0) \\ \gamma_2(t_0)\cos\varphi_2(t_0)+\theta_2(t_0)\sin\varphi_2(t_0) & \gamma_2(t_0)\sin\varphi_2(t_0)-\theta_2(t_0)\cos\varphi_2(t_0) & 1 \end{bmatrix} \tag{2.98}$$

$$\boldsymbol{C}_{b_1(t)}^{b_1(t_0)}=\begin{bmatrix}\cos\varphi_1(t) & -\sin\varphi_1(t) & 0\\ \sin\varphi_1(t) & \cos\varphi_1(t) & 0\\ 0 & 0 & 1\end{bmatrix} \tag{2.99}$$

$$\boldsymbol{C}_{b_2(t)}^{b_2(t_0)}=\begin{bmatrix}\cos\varphi_2(t)\cos\gamma_2(t) & -\sin\varphi_2(t) & \cos\varphi_2(t)\sin\gamma_2(t)\\ \sin\varphi_2(t)\cos\gamma_2(t) & \cos\varphi_2(t) & \sin\varphi_2(t)\sin\gamma_2(t)\\ -\sin\gamma_2(t) & 0 & \cos\gamma_2(t)\end{bmatrix} \tag{2.100}$$

式中：$b_1(t_0)$和$b_2(t_0)$分别为初始时刻（t_0时刻）单轴旋转调制激光陀螺航海惯导与双轴旋转调制激光陀螺航海惯导的IMU坐标系，此时两套系统的旋转机构均回归零位；$\varphi_1(t_0)$、$\theta_1(t_0)$、$\gamma_1(t_0)$分别为初始时刻$b_1(t_0)$系相对于地理系n的方位角、俯仰角、横滚角，其中$\theta_1(t_0)$、$\gamma_1(t_0)$满足小角假设（大型舰艇水平姿态大部分情况下变化不大）；$\varphi_2(t_0)$、$\theta_2(t_0)$、$\gamma_2(t_0)$分别为初始时刻$b_2(t_0)$系相对于地理系n的方位角、俯仰角、横滚角，其中$\theta_2(t_0)$、$\gamma_2(t_0)$满足小角假设；$\varphi_1(t)$为t时刻单轴旋转调制激光陀螺航海惯导的方位旋转机构相对其零位转动的角度；$\varphi_2(t)$、$\gamma_2(t)$分别为双轴旋转调制激光陀螺航海惯导的方位旋转机构、横滚轴向旋转机构相对它们各自的零位转动的角度。

降阶系统的系统状态数为13，若$\mathcal{O}(3)$的秩数为13，则系统完全可观。观察式（2.95）不难发现，若$\boldsymbol{C}_{b_1}^n$或$\boldsymbol{C}_{b_2}^n$任意一个保持不变，则$\mathcal{O}(3)$的秩数必小于13，即系统状态不完全可观。

此外，在分段1~3内，如果$b_1(t)$和$b_2(t)$只存在绕方位轴向的相对姿态变化，即双轴旋转调制激光陀螺航海惯导沿横滚轴未旋转，则$\mathcal{O}(3)$的秩为12。为了对此进行说明，假定在1~3分段内，$\gamma_2(t)=0°$或$\gamma_2(t)=180°$保持不变，即双轴旋转调制激光陀螺航海惯导沿横滚轴未旋转。则有

$$\begin{aligned}\boldsymbol{C}_{b_1(t_2)}^{b_1(t_0)}-\boldsymbol{C}_{b_1(t_1)}^{b_1(t_0)}&=\begin{bmatrix}\cos\varphi_1(t_2)-\cos\varphi_1(t_1) & -\sin\varphi_1(t_2)+\sin\varphi_1(t_1) & 0\\ \sin\varphi_1(t_2)-\sin\varphi_1(t_1) & \cos\varphi_1(t_2)-\cos\varphi_1(t_1) & 0\\ 0 & 0 & 0\end{bmatrix}\\ \boldsymbol{C}_{b_1(t_3)}^{b_1(t_0)}-\boldsymbol{C}_{b_1(t_1)}^{b_1(t_0)}&=\begin{bmatrix}\cos\varphi_1(t_3)-\cos\varphi_1(t_1) & -\sin\varphi_1(t_3)+\sin\varphi_1(t_1) & 0\\ \sin\varphi_1(t_3)-\sin\varphi_1(t_1) & \cos\varphi_1(t_3)-\cos\varphi_1(t_1) & 0\\ 0 & 0 & 0\end{bmatrix}\end{aligned} \tag{2.101}$$

$$\begin{aligned}\boldsymbol{C}_{b_2(t_2)}^{b_2(t_0)}-\boldsymbol{C}_{b_2(t_1)}^{b_2(t_0)}&=\begin{bmatrix}\cos\varphi_2(t_2)-\cos\varphi_2(t_1) & -\sin\varphi_2(t_2)+\sin\varphi_2(t_1) & 0\\ \sin\varphi_2(t_2)-\sin\varphi_2(t_1) & \cos\varphi_2(t_2)-\cos\varphi_2(t_1) & 0\\ 0 & 0 & 0\end{bmatrix}\\ \boldsymbol{C}_{b_2(t_3)}^{b_2(t_0)}-\boldsymbol{C}_{b_2(t_1)}^{b_2(t_0)}&=\begin{bmatrix}\cos\varphi_2(t_3)-\cos\varphi_2(t_1) & -\sin\varphi_2(t_3)+\sin\varphi_2(t_1) & 0\\ \sin\varphi_2(t_3)-\sin\varphi_2(t_1) & \cos\varphi_2(t_3)-\cos\varphi_2(t_1) & 0\\ 0 & 0 & 0\end{bmatrix}\end{aligned} \tag{2.102}$$

其中，t_1、t_2、t_3 分别为分段 1~3 内的某时刻。将式(2.97)、式(2.98)、式(2.101)、式(2.102)分别代入式(2.95)，忽略小角度的影响，即 $\theta_1(t_0)\approx 0$，$\gamma_1(t_0)\approx 0$，$\theta_2(t_0)\approx 0$，$\gamma_2(t_0)\approx 0$，此时 $rank\mathcal{O}(3)=12$，存在一个不可观状态。事实上，此时 $\mathcal{O}(3)$ 的第 6 列为 $[0_{1\times 8} \vdots -1 \vdots 0_{1\times 6}]^{\mathrm{T}}$，第 9 列为 $[0_{1\times 8} \vdots 1 \vdots 0_{1\times 6}]^{\mathrm{T}}$，这两列此时线性相关，单轴旋转调制激光陀螺航海惯导的方位陀螺常值漂移 $\varepsilon_z^{b_1}$ 与双轴旋转调制激光陀螺航海惯导的方位陀螺常值漂移 $\varepsilon_z^{b_2}$ 不可分离估计，只有两者的差值 $\varepsilon_z^{b_1}-\varepsilon_z^{b_2}$ 可以估计。

如果在分段 1~3 内，$b_1(t)$ 和 $b_2(t)$ 存在绕方位轴向和横滚轴向的相对姿态变化，$\mathcal{O}(3)$ 的秩为 13。对于双轴旋转调制激光陀螺航海惯导而言，由于其横滚轴旋转机构周期性地旋转其 IMU，在足够长时间段内，这个条件是容易满足的，即联合误差状态方程总是能满足完全可观条件的。以上仅分析了匀速直线运动条件下的可观性，其他的运动如加减速机动、转弯机动将会进一步改善系统的可观性。

同一维匀速直线运动场景下双加速度计联合误差参数估计、单通道冗余单轴旋转惯导系统联合误差参数估计原理相同，旋转使得惯导系统间的误差特性具有了差异互补性，可实现无外界基准信息条件下冗余惯导系统联合误差参数的估计。

2.3　冗余旋转调制激光陀螺航海惯导协同定位方法

2.2.3 节设计了联合误差状态卡尔曼滤波器，可观性分析表明包括单轴旋转调制激光陀螺航海惯导方位陀螺漂移在内的惯性器件确定性误差都可以得到估计。在双航海惯导冗余配置结构中，单轴旋转调制激光陀螺航海惯导由于其更高的可靠性，通常作为双轴旋转调制激光陀螺航海惯导的备份系统，一旦双轴系统故障，单轴系统继续输出定位信息，但由于单轴系统不能调制方位陀螺常值漂移的影响，双轴系统故障情况下由单轴系统提供的定位输出精度将会降低。如何利用 2.2.3 节估计得到单轴系统方位陀螺常值漂移对单轴系统的定位误差进行校正补偿，以提高故障情况下备份系统的定位精度是本节研究的重点。

2.3.1　单轴旋转调制激光陀螺航海惯导定位误差预测模型

单轴旋转调制激光陀螺航海惯导的误差状态可以表示为

$$\boldsymbol{x}_1(t)=[\delta L_1,\delta\lambda_1,\delta v_{E_1},\delta v_{N_1},\phi_{E_1},\phi_{N_1},\phi_{U_1}]^{\mathrm{T}} \tag{2.103}$$

相应地,其误差状态动态模型可以表示为

$$\dot{\boldsymbol{x}}_1(t)=\boldsymbol{A}(t)\boldsymbol{x}_1(t)+\boldsymbol{B}(t)\boldsymbol{u}_1(t)+\boldsymbol{G}(t)\boldsymbol{w}_1(t) \tag{2.104}$$

其中,

$$\boldsymbol{A}(t)=\begin{bmatrix}\boldsymbol{A}_1 & \boldsymbol{A}_2 & 0_{2\times3}\\ \boldsymbol{A}_3 & \boldsymbol{A}_4 & \boldsymbol{A}_5\\ \boldsymbol{A}_6 & \boldsymbol{A}_7 & \boldsymbol{A}_8\end{bmatrix},\ \boldsymbol{B}(t)=\begin{bmatrix}0_{2\times3} & 0_{2\times2}\\ 0_{2\times3} & \overline{\boldsymbol{C}}_{b_1}^{n}\\ -\boldsymbol{C}_{b_1}^{n} & 0_{3\times2}\end{bmatrix},\ \boldsymbol{G}(t)=\begin{bmatrix}0_{2\times3} & 0_{2\times2}\\ 0_{2\times3} & \overline{\boldsymbol{C}}_{b_1}^{n}\\ -\boldsymbol{C}_{b_1}^{n} & 0_{3\times2}\end{bmatrix} \tag{2.105}$$

$$\boldsymbol{u}_1(t)=[\varepsilon_x^{b_1},\varepsilon_y^{b_1},\varepsilon_z^{b_1},\nabla_x^{b_1},\nabla_y^{b_1}]^{\mathrm{T}},\ \boldsymbol{w}_1(t)=[w_{\varepsilon_x}^{b_1},w_{\varepsilon_y}^{b_1},w_{\varepsilon_z}^{b_1},w_{\nabla_x}^{b_1},w_{\nabla_y}^{b_1}]^{\mathrm{T}} \tag{2.106}$$

相关子矩阵定义如下:

$$\boldsymbol{A}_1=\begin{bmatrix}0 & 0\\ \dfrac{v_E\tan L}{(R_E+h)\cos L} & 0\end{bmatrix},\ \boldsymbol{A}_2=\begin{bmatrix}0 & \dfrac{1}{R_N+h}\\ \dfrac{1}{(R_E+h)\cos L} & 0\end{bmatrix} \tag{2.107}$$

$$\boldsymbol{A}_3=\begin{bmatrix}2\omega_{ie}v_N\cos L+\dfrac{v_Nv_E}{(R_E+h)\cos^2L} & 0\\ -2\omega_{ie}v_E\cos L-\dfrac{v_E^2}{(R_E+h)\cos^2L} & 0\end{bmatrix},\ \boldsymbol{A}_5=\begin{bmatrix}0 & -f_U & f_N\\ f_U & 0 & -f_E\end{bmatrix}$$

$$\boldsymbol{A}_4=\begin{bmatrix}\dfrac{v_N\tan L}{R_E+h} & \dfrac{v_E\tan L}{R_E+h}+2\omega_{ie}\sin L\\ -2\omega_{ie}\sin L-2\dfrac{v_E\tan L}{R_E+h} & 0\end{bmatrix} \tag{2.108}$$

$$\boldsymbol{A}_6=\begin{bmatrix}0 & 0\\ -\omega_{ie}\sin L & 0\\ \omega_{ie}\cos L+\dfrac{v_E}{(R_E+h)\cos^2L} & 0\end{bmatrix},\ \boldsymbol{A}_7=\begin{bmatrix}0 & -\dfrac{1}{R_N+h}\\ \dfrac{1}{R_E+h} & 0\\ \dfrac{\tan L}{R_E+h} & 0\end{bmatrix} \tag{2.109}$$

$$\boldsymbol{A}_8=\begin{bmatrix}0 & \dfrac{v_E\tan L}{R_E+h}+\omega_{ie}\sin L & -\omega_{ie}\cos L-\dfrac{v_E}{R_E+h}\\ -\dfrac{v_E\tan L}{R_E+h}-\omega_{ie}\sin L & 0 & -\dfrac{v_N}{R_N+h}\\ \omega_{ie}\cos L+\dfrac{v_E}{R_E+h} & \dfrac{v_N}{R_N+h} & 0\end{bmatrix} \tag{2.110}$$

式中：$\boldsymbol{u}_1(t)$ 为确定性的输入误差。

离散化式(2.104)，同时忽略随机噪声的影响(随机性误差不能预测)，即可得到单轴旋转调制激光陀螺航海惯导的系统性定位误差预测模型如下：

$$\hat{\boldsymbol{x}}_1(k+1)=\boldsymbol{\Phi}(k+1,k)\hat{\boldsymbol{x}}_1(k)+\boldsymbol{\Gamma}(k)\hat{\boldsymbol{u}}_1(k) \tag{2.111}$$

其中，

$$\boldsymbol{\Phi}(k+1,k)=e^{A\Delta t},\ \boldsymbol{\Gamma}(k)=\boldsymbol{\Phi}(k+1,k)\int_0^{\Delta t}e^{-A\tau}\mathrm{d}\tau\boldsymbol{B},$$
$$\hat{\boldsymbol{u}}_1(k)=\begin{bmatrix}\hat{\varepsilon}_x^{b_1}(k) & \hat{\varepsilon}_y^{b_1}(k) & \hat{\varepsilon}_z^{b_1}(k) & \hat{\nabla}_x^{b_1}(k) & \hat{\nabla}_y^{b_1}(k)\end{bmatrix}^{\mathrm{T}} \tag{2.112}$$

式中：$\hat{\boldsymbol{x}}_1(k)$ 为 t_k 时刻的误差状态预测值，其初值设为 $\hat{\boldsymbol{x}}_1(0)=\mathbf{0}$；$\hat{\boldsymbol{u}}_1(k)$ 为陀螺常值漂移、加速度计常值零偏的估计值，由联合误差状态卡尔曼滤波器估计得到；Δt 为离散化步长；将定位误差预测值从单轴系统的定位信息输出中扣除，即能得到补偿过系统性误差的定位结果输出，补偿方式为输出校正。

$$\bar{L}_1=\tilde{L}_1-\delta\hat{L}_1,\ \bar{\lambda}_1=\tilde{\lambda}_1-\delta\hat{\lambda}_1,\ \bar{v}_{E_1}=\tilde{v}_{E_1}-\delta\hat{v}_{E_1},\ \bar{v}_{N_1}=\tilde{v}_{N_1}-\delta\hat{v}_{N_1} \tag{2.113}$$

式中：上标“-”和“^”分别为修正值和误差预测值。

2.3.2　冗余旋转调制激光陀螺航海惯导协同定位方案设计

图 2.17 为一种单轴、双轴旋转调制激光陀螺航海惯导冗余配置示意图。在单轴、双轴旋转调制激光陀螺航海惯导系统间构建联合误差状态卡尔曼滤波器，该滤波器以两套系统导航参数输出量的差值为观测量，对两套系统各自惯性器件的确定性误差进行估计。

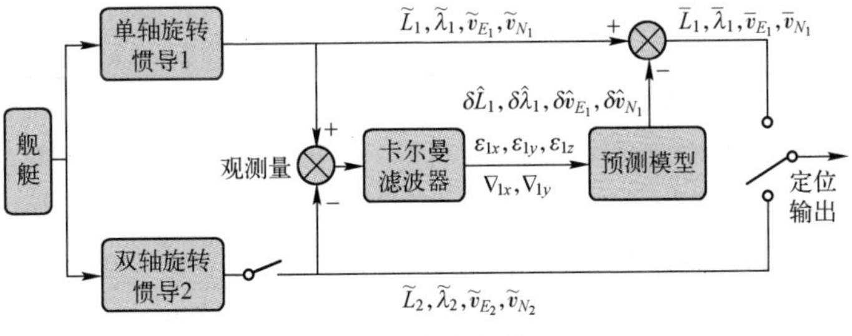

图 2.17　双航海惯导配置

虽然单轴系统水平方向的陀螺漂移和加速度计零偏、双轴系统所有方向的陀螺漂移和加速度计零偏对各自定位的影响均被调制，但可用于监控惯导系统中惯性器件的工作状态以进行故障诊断。正常情况下对单轴系统方位陀螺漂移进行估计(2.2.3 节)，同时对其造成的系统性的长期定位误差进行预测补偿(2.3.1 节)，补偿方式为输出校正，无需改动现有惯导系统的导航算法内部架构，保证了系统的冗余可靠性，同时补偿后的单轴系统定位误差主要为陀螺角度随机游走造成的随机性误差。单轴系统的可靠性通常高于双轴系统，即使双轴系统出现故障，单轴系统输出的补偿过系统性误差的定位结果仍能保证较高的定位精度。该方案对两套系统的相对安装关系没有要求，具有实施简单的优点；同时实现了舰艇搭载的冗余旋转调制激光陀螺航海惯导系统间导航信息的融合利用，这样的配置既保证了可靠性，又能保证故障情况下的定位精度，同时节约了成本。

2.4 仿真与实验验证

分别通过半实物仿真实验、实验室静态测试实验、海上实验验证 2.2 节、2.3 节提出的方法。

2.4.1 仿真实验

联合旋转调制策略设置：单轴旋转调制激光陀螺航海惯导绕方位轴周期性地进行 4 位置转停[8, 25]，双轴旋转调制激光陀螺航海惯导绕横滚轴、方位轴周期性地进行 16 次序转停[42]。纬度、经度分别为 28.222°N，112.993°E。

两套系统的惯性器件误差如表 2.1 所示。其中，惯性器件确定性误差设定值假定为单轴、双轴旋转调制激光陀螺航海惯导长时间对准结束时各漂移、零偏项估计补偿后的残余部分，需要说明的是单轴旋转调制激光陀螺航海惯导的方位陀螺漂移以定位精度优于 1nm/72h 的误差分配方案中对方位陀螺的精度要求为基准[43]。

表 2.1 惯性器件误差

参数	数值
单轴系统陀螺常值漂移	0.003°/h，-0.002°/h，0.0005°/h
双轴系统陀螺常值漂移	0.004°/h，-0.005°/h，0.003°/h
单轴系统加速度计常值零偏	20μg，-40μg
双轴系统加速度计常值零偏	20μg，-30μg
陀螺角随机游走	$<0.001°/\sqrt{h}$
加速度计噪声功率谱密度	$<20\mu g/\sqrt{Hz}$

陀螺、加速度计噪声数据为两套高精度激光陀螺航海惯导静态测试去均值后所得，该噪声数据可以反映实际惯性器件的噪声水平。陀螺角随机游走均优于 $0.001°/\sqrt{h}$，加速度计随机噪声的功率谱密度方根值均优于 $20\mu g/\sqrt{Hz}$。需

要说明的是由于垂向通道与水平通道的弱耦合性,垂向通道的相关误差均被忽略,如垂向通道加速度计零偏。

联合误差状态卡尔曼滤波器的初始协方差矩阵设定为

$$\boldsymbol{P}_0=\mathrm{diag}\begin{cases}(10\mathrm{m})^2(10\mathrm{m})^2(0.05\mathrm{m/s})^2(0.05\mathrm{m/s})^2(100'')^2(100'')^2(100'')^2\\(0.01°/\mathrm{h})^2(0.01°/\mathrm{h})^2(0.01°/\mathrm{h})^2(0.01°/\mathrm{h})^2(0.01°/\mathrm{h})^2(0.01°/\mathrm{h})^2\\(50\mu\mathrm{g})^2(50\mu\mathrm{g})^2(50\mu\mathrm{g})^2(50\mu\mathrm{g})^2\end{cases} \tag{2.114}$$

观测噪声功率谱密度设定为

$$\boldsymbol{R}=\mathrm{diag}(0.2\mathrm{m}/\sqrt{\mathrm{Hz}})^2(0.2\mathrm{m}/\sqrt{\mathrm{Hz}})^2(0.02\mathrm{m/s}/\sqrt{\mathrm{Hz}})^2(0.02\mathrm{m/s}/\sqrt{\mathrm{Hz}})^2 \tag{2.115}$$

系统噪声功率谱密度设定为

$$\boldsymbol{Q}=\mathrm{diag}\begin{cases}(0.001°/\sqrt{\mathrm{h}})^2(0.001°/\sqrt{\mathrm{h}})^2(0.001°/\sqrt{\mathrm{h}})^2\\(0.001°/\sqrt{\mathrm{h}})^2(0.001°/\sqrt{\mathrm{h}})^2(0.001°/\sqrt{\mathrm{h}})^2\\(20\mu\mathrm{g}/\sqrt{\mathrm{Hz}})^2(20\mu\mathrm{g}/\sqrt{\mathrm{Hz}})^2(20\mu\mathrm{g}/\sqrt{\mathrm{Hz}})^2(20\mu\mathrm{g}/\sqrt{\mathrm{Hz}})^2\end{cases} \tag{2.116}$$

通过联合误差状态卡尔曼滤波器对两套旋转调制激光陀螺航海惯导系统的惯性器件确定性误差进行估计,该估计值同时可用于惯性器件工作状态的实时在线监控。如果在线故障诊断装置根据惯性器件确定性误差的估计值判定双轴旋转调制激光陀螺航海惯导系统故障,则联合误差状态卡尔曼滤波器停止工作,但单轴旋转调制激光陀螺航海惯导系统的定位误差预测补偿模型继续工作,对其方位陀螺常值漂移造成的系统性定位误差预测补偿,并由单轴旋转调制激光陀螺航海惯导系统输出补偿后的定位信息。

假定在线故障诊断系统在第 16h 时诊断双轴系统故障,此后由单轴系统输出定位信息。整个测试时长为 120h。图 2.18 是单轴旋转调制激光陀螺航海惯导的陀螺常值漂移估计误差曲线及其 3σ 界限,图 2.19 是双轴旋转调制激光陀螺航海惯导的陀螺常值漂移估计误差曲线及其 3σ 界限,从这两幅图可以看出,单轴系统的两个水平陀螺常值漂移估计误差及双轴系统的三个陀螺常值漂移估计误差均小于 0.001°/h,单轴系统的方位陀螺常值漂移估计误差小于 0.0001°/h,且所有陀螺的常值漂移估计误差曲线均位于 3σ 界限以内。与单轴系统的方位陀螺常值漂移估计误差相比,其水平陀螺常值漂移及双轴系统的陀螺常值漂移估计误差相对较大,主要原因在于:经旋转调制后,单轴系统的水平陀螺常值漂移及双轴系统的陀螺常值漂移均被调制掉,其对定位误差的影响不明显,而单轴系统的方位陀螺常值漂移会造成与导航时间成正比的系统性误差,其影响作用持续存在。一个极端的例子是如果联合误差状态卡尔曼滤波器观测量的更新周期与联合旋转调制的周期恰好相同,即每个联合旋转调制周期内观测只更新一次,在这种情况下只有单轴系统方位陀螺常值漂移对定位的影响能够表现出来,也只有单轴系统的方位陀螺常值漂移可以估计出来。此外,通过观察可以发现单轴系统的方位陀螺常值漂移需要 12 小时的时间(半个地球周期),其估计精度才能达到 0.0001°/h,这与单轴旋转调制激光陀螺航海惯导系泊对准的用时差不多。

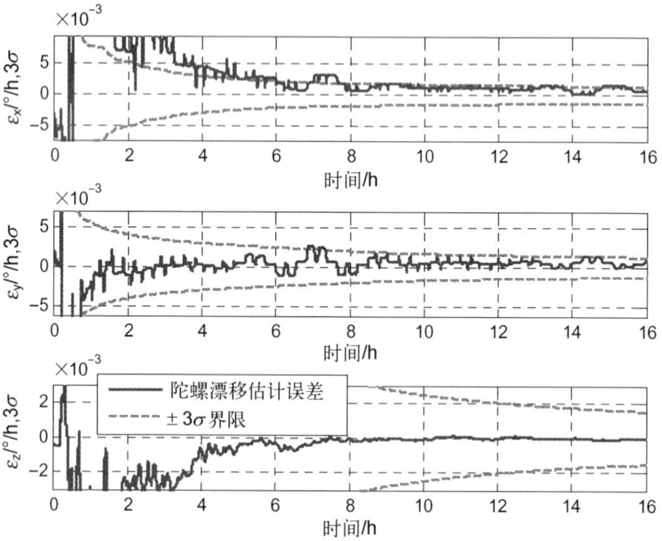

图 2.18　单轴系统陀螺常值漂移估计误差

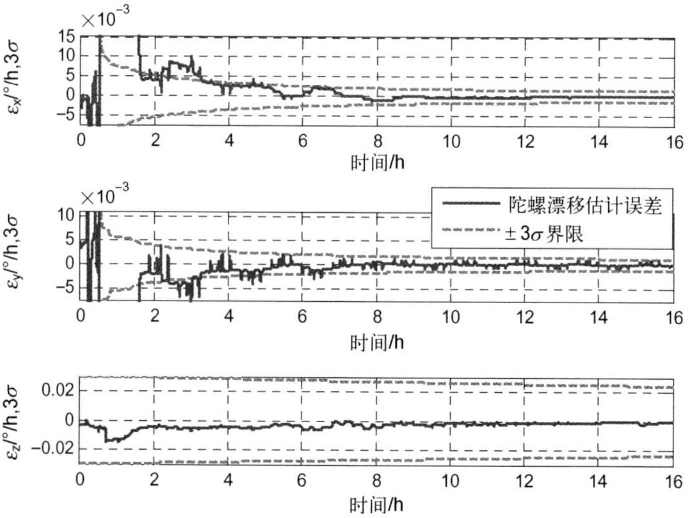

图 2.19　双轴系统陀螺常值漂移估计误差

图2.20是单轴旋转调制激光陀螺航海惯导的加速度计常值零偏估计误差曲线及其3σ界限,图2.21是双轴旋转调制激光陀螺航海惯导的加速度计常值零偏估计误差曲线及其3σ界限。从图中可以看出,所有加速度计常值零偏的估计误差均优于1μg,并且估计误差曲线均位于3σ界限以内。

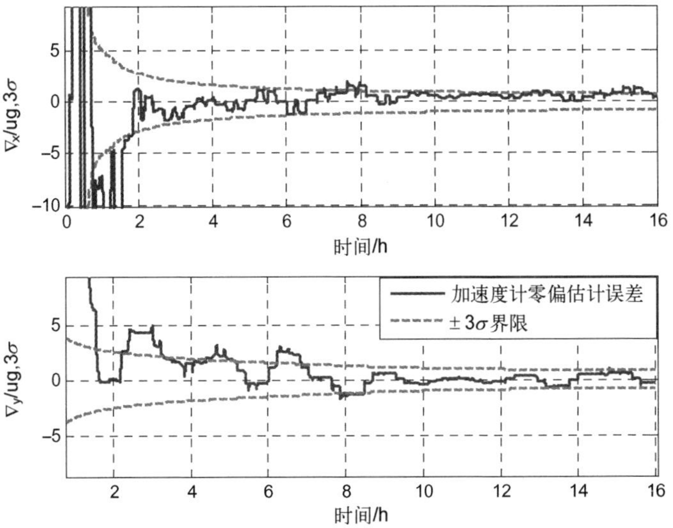

图2.20 单轴系统加速度计常值零偏估计误差

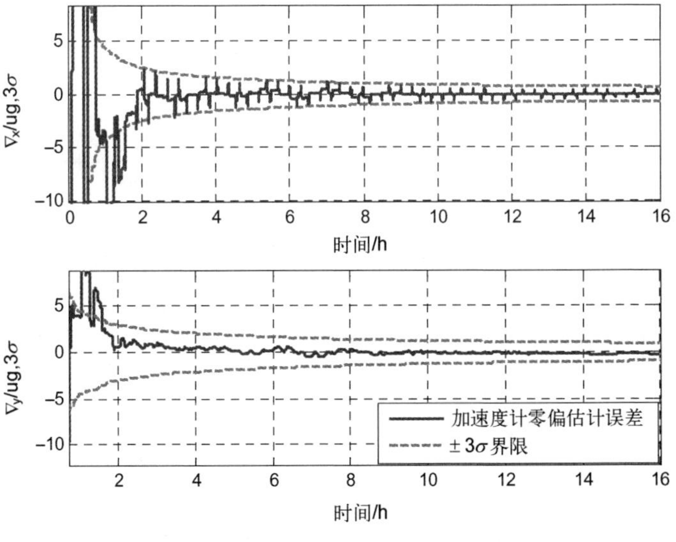

图2.21 双轴系统加速度计常值零偏估计误差

图 2.22 描绘了 120h 导航时间内单轴旋转调制激光陀螺航海惯导的纬度误差、经度误差曲线，首先基于联合误差状态卡尔曼滤波器估计得到单轴系统的惯性器件确定性误差，进一步根据单轴系统的定位误差预测模型对惯性器件确定性误差造成的系统性偏差进行预测。图 2.22 中同时给出了纬度误差、经度误差的预测值。从图中可以发现，定位误差预测模型表现良好，特别是对经度误差的预测，经度误差的发散趋势得到了很好的预测。

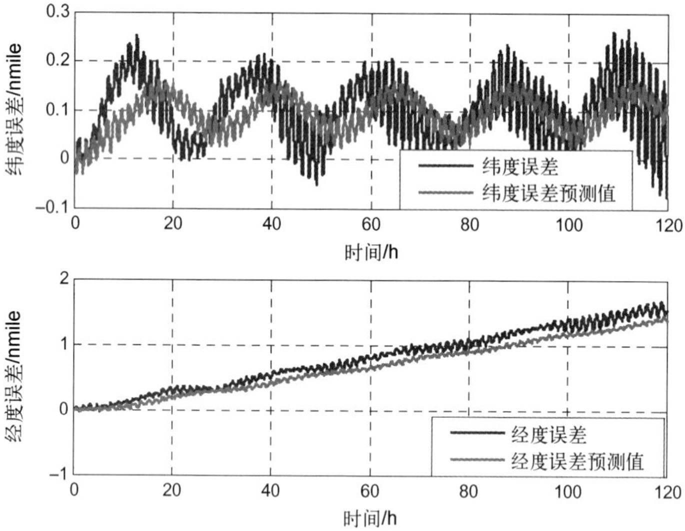

图 2.22　单轴系统的定位误差及其预测值(仿真一组)

图 2.23 给出了单轴旋转调制激光陀螺航海惯导系统性误差补偿前后的径向位置误差对比，补偿过系统性定位误差之后，误差减小了 30%以上。作为对比，图中虚线给出了双轴系统不存在假定故障时的径向位置误差，将其与补偿过系统性定位误差后的单轴系统定位误差曲线对比可以发现两者精度相当。因此，通过两套系统间的信息融合，提高了故障情况下的导航定位精度。

为进一步验证本章所提算法，再次进行半实物仿真实验，所不同的是本次仿真实验中惯性器件的实际噪声采用的是另外两套航海惯导静态测试去均值后所得。此处主要分析单轴旋转调制激光陀螺航海惯导的定位误差改善情况。图 2.24 描绘了 120h 导航时间内单轴旋转调制激光陀螺航海惯导的纬度误差、经度误差曲线，首先基于联合误差状态卡尔曼滤波器估计得到单轴系统的惯性器件确定性误差，进一步根据单轴系统的定位误差预测模型对惯性器件确定性误差造成的系统性偏差进行预测。图 2.24 中同时给出了纬度误差、经度误差的预测值。从图中可以发现，定位误差预测模型表现良好，特别是对经度误差的预测,经度误差的发散趋势得到了很好的预测。

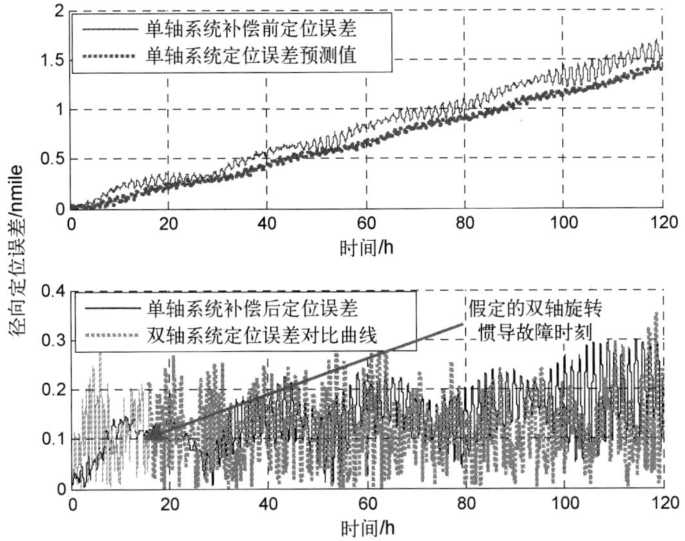

图 2.23　单轴系统径向定位误差对比(仿真一组)

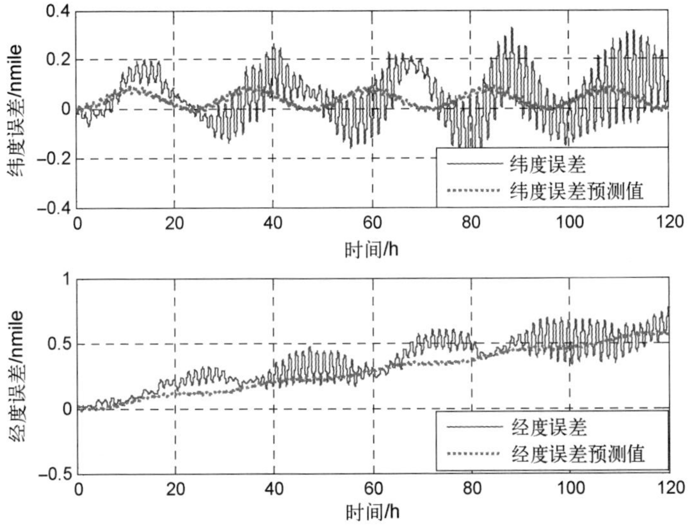

图 2.24　单轴系统的定位误差及其预测值(仿真二组)

图 2.25 给出了单轴旋转调制激光陀螺航海惯导系统性误差补偿前后的径向位置误差对比,补偿过系统性定位误差之后,误差减小了 30%以上,并且优于无故障情况下双轴系统的定位精度,这与半实物仿真一中的结果不同。出现这

种情况的原因在于:单轴系统补偿过方位陀螺常值漂移造成的系统性定位误差之后,剩余部分主要是陀螺角度随机游走造成的随机性误差,若其陀螺角度随机游走小于双轴系统的陀螺角度随机游走,其定位精度将优于双轴系统的定位精度。因此,通过两套系统间的信息融合,提高了故障情况下的导航定位精度。

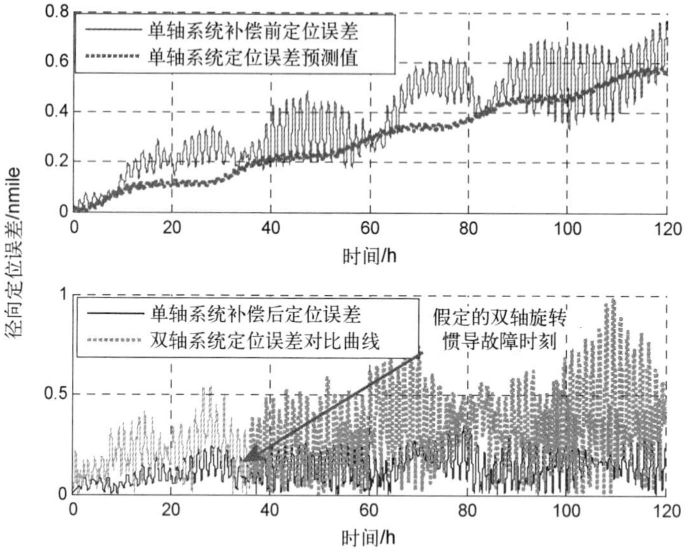

图 2.25 单轴系统径向定位误差对比(仿真二组)

2.4.2 静态实验

利用三套高精度单轴旋转调制激光陀螺航海惯导分别与三套高精度双轴旋转调制激光陀螺航海惯导进行实验室静态旋转调制实验,激光陀螺组件的零偏稳定性优于 0.003°/h(1σ),石英挠性加速度计的零偏稳定性优于 20μg(1σ)。对准结束后系统均工作于纯惯导状态,没有任何外界信息对惯导系统进行校准。三组实验的测试时间分别为 144h(6 天),168h(7 天),72h(3 天)。分别假定三组实验中双轴旋转调制激光陀螺航海惯导在第 24 小时、第 40 小时及第 12 小时故障。故障时刻后由单轴旋转调制激光陀螺航海惯导继续输出定位信息。表 2.2 列出了三组实验的结果统计情况,评价指标为单轴系统定位误差补偿前后的百分比,计算方式为

$$\eta=(\delta r-\delta r_{\text{com}})/\delta r\times 100\% \tag{2.117}$$

式中:δr、δr_{com}分别为补偿前后的最大定位误差值(归一化)。

表 2.2　三组实验结果统计

组次	导航时间	故障时刻	单轴系统定位误差/归一化		定位误差改善百分比
			补偿前	补偿后	
1	144h	24h	0.865	0.466	46.1%
2	168h	40h	0.690	0.201	70.9%
3	72h	12h	0.650	0.304	53.2%

图 2.26 为第一组静态测试的单轴旋转调制激光陀螺航海惯导系统的定位误差及其预测值(所有实际实验的位置误差均作归一化处理),从图中可看出,虽然定位误差的预测值相较于其实际值在时间上存在一定的相位差,纬度误差预测相位差明显一些,但是经度方向的定位误差预测值基本反映了实际定位误差的变化趋势。

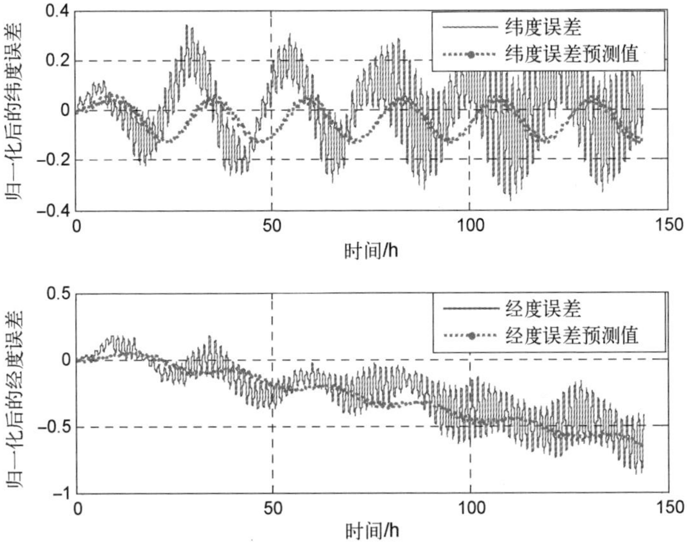

图 2.26　单轴系统的定位误差及其预测值

图 2.27 给出了第一组静态测试中单轴旋转调制激光陀螺航海惯导系统性误差补偿前后的径向位置误差对比,补偿过系统性定位误差之后,误差减小了30%以上。作为对比,图中虚线给出了双轴系统不存在假定故障时的径向定位误差,将其与补偿过系统性定位误差后的单轴系统定位误差曲线对比可以发现两者精度相当。因此,通过两套系统间的信息融合,提高了故障情况下的导航定位精度。

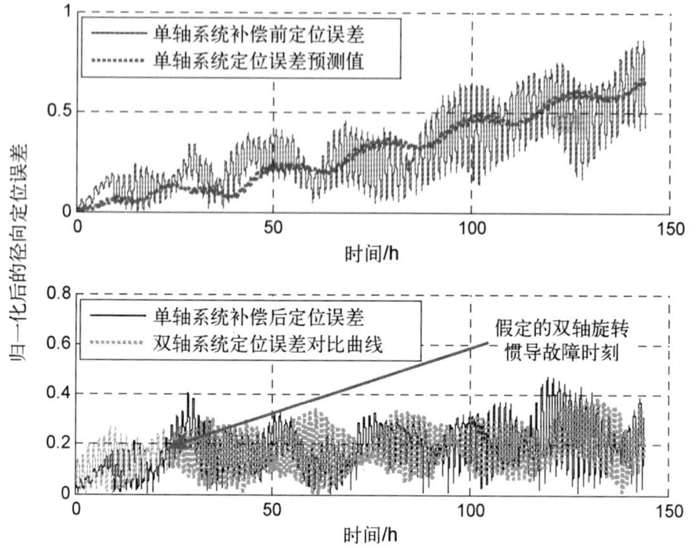

图 2.27　单轴系统径向定位误差对比(静态测试一组)

图 2.28 为第二组静态测试的单轴旋转调制激光陀螺航海惯导系统的定位误差及其预测值,从图中可以看出,虽然定位误差的预测值相较于其实际值在时间上存在一定的相位差,纬度误差预测相位差明显一些,但是经度方向的定位误差预测值基本反映了实际定位误差的变化趋势。

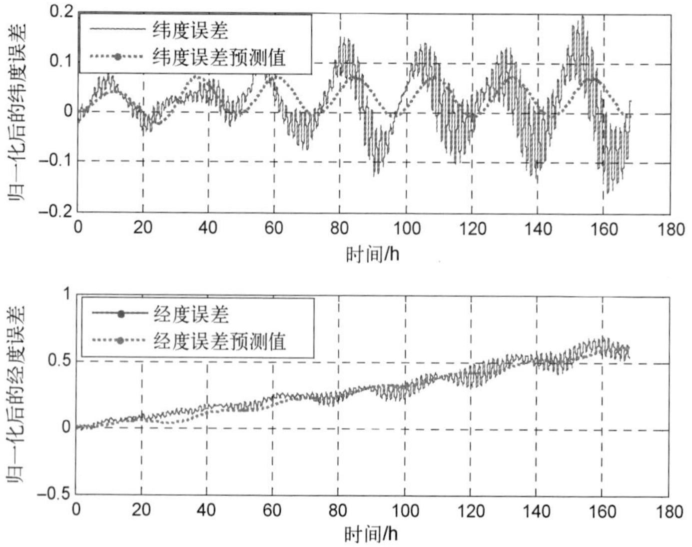

图 2.28　单轴系统的定位误差及其预测值

图 2.29 给出了第二组静态测试中单轴旋转调制激光陀螺航海惯导系统性误差补偿前后的径向位置误差对比，补偿过系统性定位误差之后，误差减小了 30%以上。作为对比，图中虚线给出了双轴系统不存在假定故障时的径向定位误差，将其与补偿过系统性定位误差后的单轴系统定位误差曲线对比可以发现：补偿过系统性误差后，单轴系统的定位精度优于无故障情况下双轴系统的定位精度。出现这种情况的原因在于：单轴系统补偿过方位陀螺常值漂移造成的系统性定位误差之后，剩余部分主要是陀螺角度随机游走造成的随机性误差，若其陀螺角度随机游走小于双轴系统的陀螺角度随机游走，其定位精度将优于双轴系统的定位精度，这也与半实物仿真二的结果相一致。因此，通过两套系统间的信息融合，提高了故障情况下的导航定位精度。

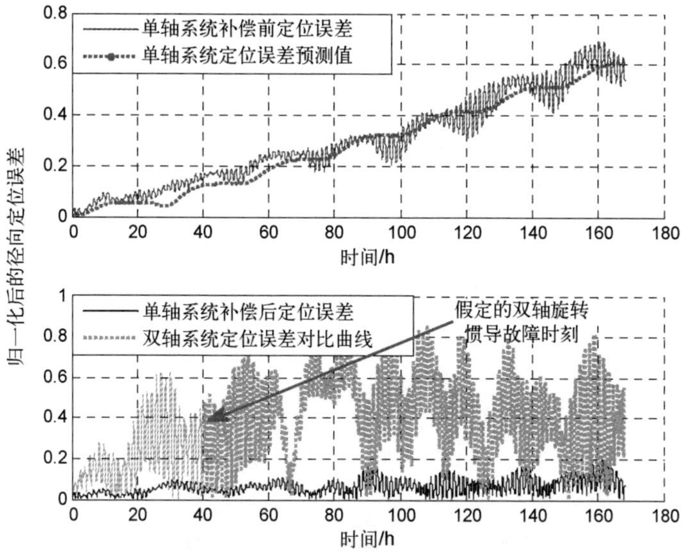

图 2.29　单轴系统径向定位误差对比（静态测试二组）

图 2.30 为第三组静态测试的单轴旋转调制激光陀螺航海惯导系统的定位误差及其预测值，从图中可以看出，虽然定位误差的预测值相较于其实际值在时间上存在一定的相位差，纬度误差预测相位差明显一些，但是经度方向的定位误差预测值基本反映了实际定位误差的变化趋势。

图 2.31 给出了第三组静态测试中单轴旋转调制激光陀螺航海惯导系统性误差补偿前后的径向位置误差对比，补偿过系统性定位误差之后，误差减小了 30%以上。作为对比，图中虚线给出了双轴系统不存在假定故障时的径向定位误差，将其与补偿过系统性定位误差后的单轴系统定位误差曲线对比可以发现两者精度相当。因此，通过两套系统间的信息融合，提高了故障情况下的导航

定位精度。

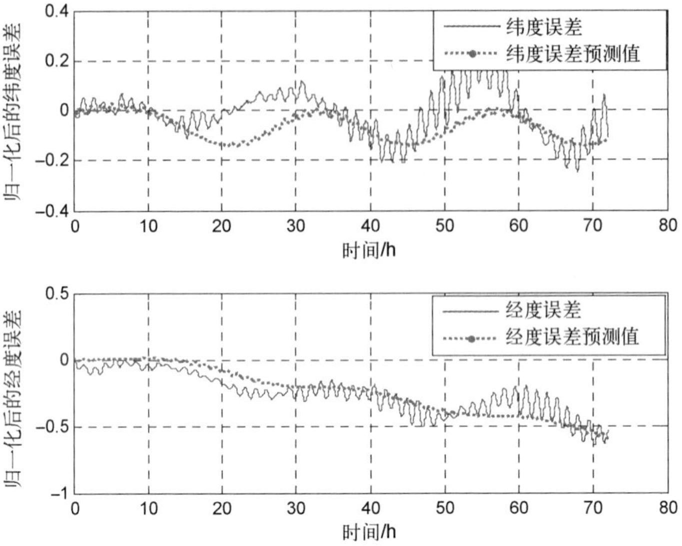

图 2.30 单轴系统的定位误差及其预测值

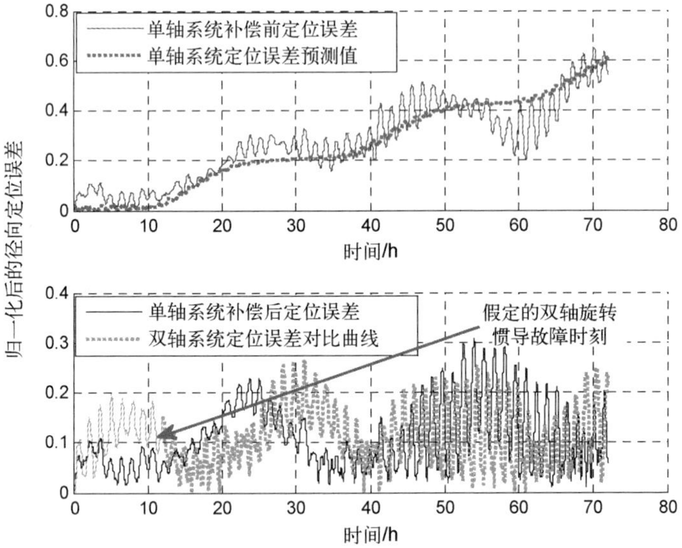

图 2.31 单轴系统径向定位误差对比(静态测试三组)

2.4.3 海上实验

利用一套高精度单轴旋转调制激光陀螺航海惯导与一套高精度双轴旋转

调制激光陀螺航海惯导进行了海上实验，测试时长约为72h(3天)，测试过程中由GPS提供外界参考位置基准。航海惯导激光陀螺组件的零偏稳定性优于$0.003°/h(1\sigma)$，激光陀螺的角随机游走优于$0.001°/\sqrt{h}$，石英挠性加速度计的零偏稳定性优于$20\mu g\ (1\sigma)$，加速度计噪声功率谱密度优于$20\mu g/\sqrt{Hz}$。两套系统对准结束后均工作于纯惯导状态，没有任何外界信息对惯导系统进行校准。假定双轴旋转调制激光陀螺航海惯导在第12小时故障。故障时刻后由单轴旋转调制激光陀螺航海惯导继续输出定位信息。

图2.32给出了海上实验的单轴旋转调制激光陀螺航海惯导系统的定位误差及其预测值，从图中可以看出，定位误差的预测值相较于其实际值在时间上存在一定的相位差，纬度误差预测相位差更明显一些。总体来看，定位误差预测值可在一定程度上反映实际的定位误差变化趋势，但是未达到仿真实验、静态试验的效果，原因在于动态条件下系统的误差源较多，定位误差预测模型未考虑安装误差、惯性器件慢变漂移等因素的影响，存在一定的模型误差。

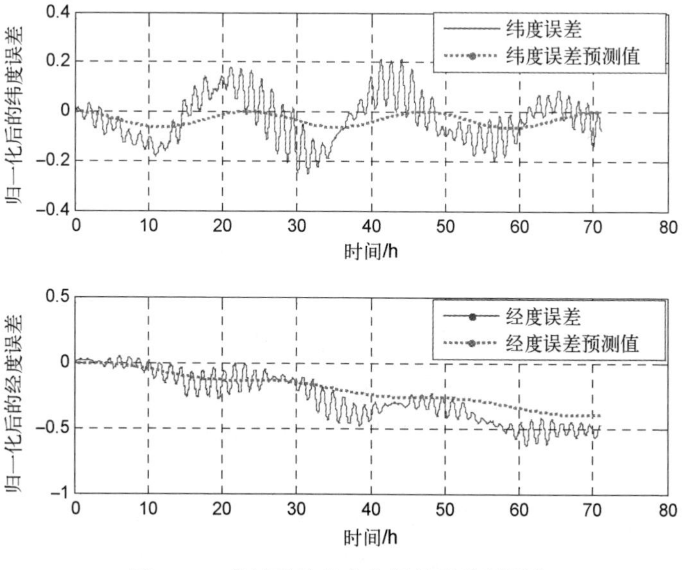

图2.32　单轴系统的定位误差及其预测值

图2.33给出了海上实验中单轴旋转调制激光陀螺航海惯导系统性误差补偿前后的径向位置误差对比，补偿过系统性定位误差之后，精度提升明显，并优于无故障情况下双轴系统的定位精度。出现这种情况的原因在于：单轴系统补偿过方位陀螺常值漂移造成的系统性定位误差之后，剩余部分主要是陀螺角度随机游走造成的随机性误差，若其陀螺角度随机游走小于双轴系统的陀螺角度

随机游走,其定位精度将优于双轴系统的定位精度。与半实物仿真二、静态测试二组的结果相一致。因此,通过两套系统间的信息融合,提高了故障情况下的导航定位精度。

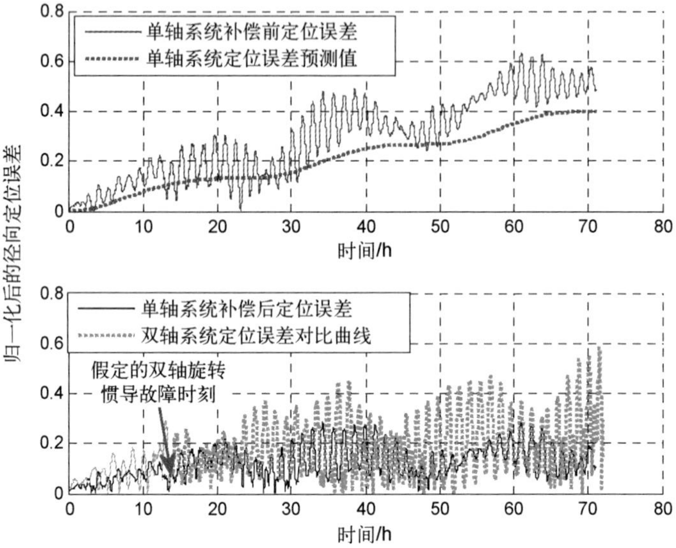

图 2.33 单轴系统径向定位误差对比(海上实验)

2.5 本章小结

本章提出了一种新的基于联合旋转调制的多惯导系统联合误差参数估计滤波算法,以两套惯导之间姿态、速度、位置误差之差为滤波状态,以惯导系统间的速度、位置之差为观测量,在惯导系统间的误差特性呈现局部差异互补性的条件下,可以估计出惯导系统的陀螺、加速度计确定性误差。一方面可以根据估计出的陀螺常值漂移、加速度计常值零偏监控惯导系统的工作状态;另一方面通过输出校正的方式,补偿单轴旋转调制激光陀螺航海惯导的系统性定位误差。补偿过系统性定位误差后,单轴系统的定位精度提升明显,与双轴系统定位精度相当(甚至优于双轴系统的定位精度)。因此,通过两套系统间的信息融合,提高了主惯导故障情况下的导航定位精度,满足了航海惯导高可靠性、高精度的定位需求。

第3章　极区冗余旋转调制激光陀螺航海惯导协同定位方法

第2章在当地水平地理坐标系下构建了联合误差状态卡尔曼滤波器，对冗余配置的旋转惯导系统的惯性器件确定性误差进行估计，并对单轴旋转调制激光陀螺航海惯导的定位误差进行预测补偿。航海导航的不断发展对惯性导航系统提出了更高的要求，需要惯性导航系统在极区具备导航能力，以适应全球导航的需求。但是由于子午线在极点密集的交汇，传统的导航坐标系（当地水平地理坐标系）在极区将失效[124]。为了保证极区航行的安全，惯性导航算法需要在极区可用的导航坐标系下重新进行编排，如格网坐标系、横坐标系[125-128]。舰艇一旦进入极区，导航坐标系将由当地水平地理坐标系切换为格网坐标系或横坐标系。

同样地，为适应舰艇的全球导航能力，第2章提出的联合误差状态卡尔曼滤波器也需要在极区可用坐标系下重新设计，以使得该算法具有全纬度适应性，避免极区子午线汇聚带来的经度以及真北方位的计算问题。本章基于格网坐标系重新设计了联合误差状态卡尔曼滤波器，同时建立了联合误差状态卡尔曼滤波器在当地水平地理坐标系与格网坐标系间的相互转换关系；单轴旋转调制激光陀螺航海惯导的定位误差预测模型在格网坐标系下进行了重新构建，同时建立了定位误差预测模型在当地水平地理坐标系与格网坐标系间的相互转换关系；针对极点附近联合误差状态中的方位角姿态误差差值、单轴系统及双轴系统的方位陀螺常值漂移不可观的问题，为避免状态估计的不一致性，极点附近将卡尔曼滤波器转换为Schmidt-Kalman滤波器，零化不可观状态子空间的增益矩阵。

3.1　基于格网系的惯性导航编排及其误差方程

本节给出了格网坐标系的定义，在此基础上提出了格网坐标系下的惯性导航编排，最后推导了格网坐标系下的惯导误差方程。

3.1.1　格网坐标系的定义

图3.1为格网坐标系的示意图。

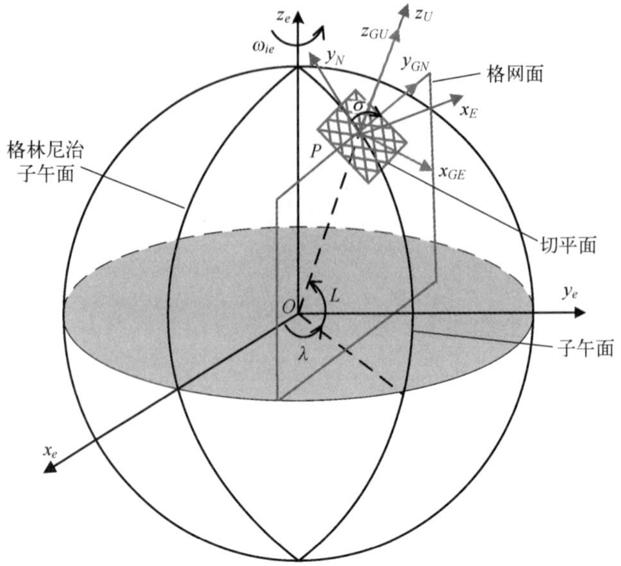

图 3.1　格网坐标系示意图

格网坐标系（G 系）：z_{GU}轴与当地水平地理坐标系的 z_U 轴重合，格网北向 y_{GN}轴为格网面与当地水平面的交线，格网东向 x_{GE}轴与 y_{GN}轴、z_{GU}轴构成右手正交坐标系；以舰艇所在位置点 P 处平行于格林尼治子午面的平面为格网面，格网面穿过舰艇位置点 P 且平行于格林尼治子午面。当地水平地理坐标系的定义采用第二章中“东-北-天”定义（n 系）。格网坐标系的使用有效解决了传统的当地水平地理坐标系以真北作为方向基准时在极区失效的问题。

格网北向 y_{GN}与地理北向 y_N 的夹角为格网角 σ，顺时针为正方向。格网角 σ 的正弦值、余弦值由下式给出[129]：

$$\sin\sigma=\frac{\sin L\sin\lambda}{\sqrt{1-\cos^2 L\sin^2\lambda}},\ \cos\sigma=\frac{\cos\lambda}{\sqrt{1-\cos^2 L\sin^2\lambda}} \tag{3.1}$$

舰艇的位置 P 采用位置矩阵的方式定义，或者可以采用 ECEF 坐标系下的矢径定义[127]。舰艇位置矩阵表示为 $\boldsymbol{C}_e^G$，其定义由下式给出：

$$\boldsymbol{C}_e^G=\boldsymbol{C}_n^G\boldsymbol{C}_e^n=\begin{bmatrix}-\cos\sigma\sin\lambda+\sin\sigma\sin L\cos\lambda & \cos\sigma\cos\lambda+\sin\sigma\sin L\sin\lambda & -\sin\sigma\cos L\\ -\sin\sigma\sin\lambda-\cos\sigma\sin L\cos\lambda & \sin\sigma\cos\lambda-\cos\sigma\sin L\sin\lambda & \cos\sigma\cos L\\ \cos L\cos\lambda & \cos L\sin\lambda & \sin L\end{bmatrix}$$

$$=\begin{bmatrix}c_{11} & c_{12} & c_{13}\\ c_{21} & c_{22} & c_{23}\\ c_{31} & c_{32} & c_{33}\end{bmatrix} \tag{3.2}$$

其中，格网坐标系 G 与地理坐标系 n 间的转换矩阵 $\boldsymbol{C}_n^G$ 由下式给出：

$$\boldsymbol{C}_n^G=\begin{bmatrix}\cos\sigma & -\sin\sigma & 0\\ \sin\sigma & \cos\sigma & 0\\ 0 & 0 & 1\end{bmatrix} \tag{3.3}$$

地理坐标系 n 与地球坐标系 e 间的转换矩阵 $\boldsymbol{C}_e^n$ 由两次连续的转动得到：第一次转动为绕 z_e 轴转动 $\pi/2+\lambda$，第二次转动为绕第一次转动后得到的 x'_e 轴旋转 $\pi/2-L$，两次转动过程用方向余弦矩阵表示为

$$\boldsymbol{C}_e^n=\boldsymbol{C}(x'_e)\boldsymbol{C}(z_e) \tag{3.4}$$

其中，

$$\begin{aligned}\boldsymbol{C}(z_e)&=\begin{bmatrix}\cos(\pi/2+\lambda) & \sin(\pi/2+\lambda) & 0\\ -\sin(\pi/2+\lambda) & \cos(\pi/2+\lambda) & 0\\ 0 & 0 & 1\end{bmatrix}\\ \boldsymbol{C}(x'_e)&=\begin{bmatrix}1 & 0 & 0\\ 0 & \cos(\pi/2-L) & \sin(\pi/2-L)\\ 0 & -\sin(\pi/2-L) & \cos(\pi/2-L)\end{bmatrix}\end{aligned} \tag{3.5}$$

3.1.2　格网坐标系下的惯性导航编排

格网坐标系下的惯性导航系统力学编排同样由姿态方向余弦矩阵更新方程、速度更新方程及位置更新方程组成，可以表述如下[130]：

(1) 姿态更新方程：

$$\dot{\boldsymbol{C}}_b^G=\boldsymbol{C}_b^G[\boldsymbol{\omega}_{ib}^b\times]-[\boldsymbol{\omega}_{iG}^G\times]\boldsymbol{C}_b^G \tag{3.6}$$

其中，$\boldsymbol{C}_b^G$ 的初值根据舰艇进入极区时的方向余弦矩阵和当地水平地理坐标系与格网坐标系间的坐标转换矩阵（式(3.3)）计算得到：

$$\boldsymbol{C}_b^G(t_0)=\boldsymbol{C}_n^G(t_0)\boldsymbol{C}_b^n(t_0) \tag{3.7}$$

$\boldsymbol{\omega}_{iG}^G$ 由下式计算得到：

$$\boldsymbol{\omega}_{iG}^G=\boldsymbol{\omega}_{ie}^G+\boldsymbol{\omega}_{eG}^G=\boldsymbol{C}_e^G\boldsymbol{\omega}_{ie}^e+\boldsymbol{\omega}_{eG}^G \tag{3.8}$$

其中，

$$\boldsymbol{\omega}_{ie}^e=\begin{bmatrix}0\\0\\\omega_{ie}\end{bmatrix},\quad \boldsymbol{\omega}_{eG}^G=\begin{bmatrix}\omega_{eG_E}^G\\ \omega_{eG_N}^G\\ \omega_{eG_U}^G\end{bmatrix}=\begin{bmatrix}\dfrac{1}{\tau_f} & -\dfrac{1}{R_y}\\ \dfrac{1}{R_x} & -\dfrac{1}{\tau_f}\\ \dfrac{\kappa}{\tau_f} & -\dfrac{\kappa}{R_y}\end{bmatrix}\begin{bmatrix}v_E^G\\ v_N^G\end{bmatrix} \tag{3.9}$$

式中：R_x 为格网东向的曲率半径；R_y 为格网北向的曲率半径；τ_f 为扭曲半径。$\boldsymbol{v}^G=[v_E^G \quad v_N^G \quad v_U^G]^{\mathrm{T}}$ 为格网坐标系下表示的舰艇速度。以上符号中下标"E、N、U"分别表示格网东向、格网北向、格网天向分量。式(3.9)相关量的值为[127]

$$\begin{cases}\dfrac{1}{R_x}=\dfrac{\sin^2\sigma}{R_M+h}+\dfrac{\cos^2\sigma}{R_N+h},\ \dfrac{1}{R_y}=\dfrac{\cos^2\sigma}{R_M+h}+\dfrac{\sin^2\sigma}{R_N+h}\\ \dfrac{1}{\tau_f}=\left(\dfrac{1}{R_M+h}-\dfrac{1}{R_N+h}\right)\sin\sigma\cos\sigma,\ \kappa=\dfrac{\cos L\sin\lambda}{\sqrt{1-\cos^2 L\sin^2\lambda}}\end{cases} \tag{3.10}$$

式中：R_M 为地球的子午面曲率半径；R_N 为地球的卯酉圈曲率半径；h 为舰艇高度。

(2) 速度更新方程：

$$\dot{\boldsymbol{v}}^G=\boldsymbol{C}_b^G\boldsymbol{f}^b-(2\boldsymbol{\omega}_{ie}^G+\boldsymbol{\omega}_{eG}^G)\times\boldsymbol{v}^G+\boldsymbol{g}^G \tag{3.11}$$

其中，$\boldsymbol{v}^G$ 的初值根据舰艇进入极区时当地水平地理坐标系下的速度 $\boldsymbol{v}^n$ 由坐标转换矩阵 $\boldsymbol{C}_n^G$ 转换得到：

$$\boldsymbol{v}^G(t_0)=\boldsymbol{C}_n^G\boldsymbol{v}^n(t_0) \tag{3.12}$$

(3) 位置矩阵更新方程：

$$\dot{\boldsymbol{C}}_e^G=-[\boldsymbol{\omega}_{eG}^G\times]\boldsymbol{C}_e^G \tag{3.13}$$

其中，$\boldsymbol{C}_e^G$ 的初值根据舰艇进入极区时当地水平地理坐标系下的经纬度由式(3.2)得到。

垂向通道为独立通道，可对垂向加速度两次积分得到高度信息。

3.1.3 格网坐标系下的惯性导航误差方程

姿态误差采用 $\boldsymbol{\phi}^G$ 角定义，其微分方程为

$$\dot{\boldsymbol{\phi}}^G=-[\boldsymbol{\omega}_{iG}^G\times]\boldsymbol{\phi}^G+\delta\boldsymbol{\omega}_{iG}^G-\boldsymbol{C}_b^G\delta\boldsymbol{\omega}_{ib}^b \tag{3.14}$$

速度误差微分方程为

$$\delta\dot{\boldsymbol{v}}^G=[\boldsymbol{f}^G\times]\boldsymbol{\phi}^G+\boldsymbol{v}^G\times(2\delta\boldsymbol{\omega}_{ie}^G+\delta\boldsymbol{\omega}_{eG}^G)-(2\boldsymbol{\omega}_{ie}^G+\boldsymbol{\omega}_{eG}^G)\times\delta\boldsymbol{v}^G+\boldsymbol{C}_b^G\delta\boldsymbol{f}^b \tag{3.15}$$

舰艇惯性导航系统的实际输出位置矩阵 $\widetilde{\boldsymbol{C}}_e^G$ 可以表示为

$$\widetilde{\boldsymbol{C}}_e^G=[\boldsymbol{I}-\boldsymbol{\theta}^G\times]\boldsymbol{C}_e^G \tag{3.16}$$

由上式可得

$$\begin{aligned}\widetilde{\boldsymbol{C}}_e^G-\boldsymbol{C}_e^G&=-[\boldsymbol{\theta}^G\times]\boldsymbol{C}_e^G\\ \delta\boldsymbol{C}_e^G&=-[\boldsymbol{\theta}^G\times]\boldsymbol{C}_e^G\end{aligned} \tag{3.17}$$

式(3.16)中 $\boldsymbol{\theta}^G$ 表示位置误差角，根据式(3.2)，有

$$\boldsymbol{C}_e^G=\boldsymbol{C}_n^G\boldsymbol{C}(x_e')\boldsymbol{C}(z_e) \tag{3.18}$$

对式(3.18)两侧扰动，有

$$\delta\boldsymbol{C}_e^G=\delta\boldsymbol{C}_n^G\boldsymbol{C}(x_e')\boldsymbol{C}(z_e)+\boldsymbol{C}_n^G\delta\boldsymbol{C}(x_e')\boldsymbol{C}(z_e)+\boldsymbol{C}_n^G\boldsymbol{C}(x_e')\delta\boldsymbol{C}(z_e) \tag{3.19}$$

整理上式有

$$\begin{aligned}-[\boldsymbol{\theta}^G\times]\boldsymbol{C}_e^G=&-[\boldsymbol{\theta}_\sigma^G\times]\boldsymbol{C}_n^G\boldsymbol{C}(x_e')\boldsymbol{C}(z_e)-\boldsymbol{C}_n^G[\boldsymbol{\theta}_L^{x_e'}\times]\boldsymbol{C}(x_e')\boldsymbol{C}(z_e)\\&-\boldsymbol{C}_n^G\boldsymbol{C}(x_e')[\boldsymbol{\theta}_\lambda^{z_e}\times]\boldsymbol{C}(z_e)\end{aligned} \tag{3.20}$$

$$[\boldsymbol{\theta}^G\times]=[\boldsymbol{\theta}_\sigma^G\times]+\boldsymbol{C}_n^G[\boldsymbol{\theta}_L^{x_e'}\times](\boldsymbol{C}_n^G)^{\mathrm{T}}+\boldsymbol{C}_n^G\boldsymbol{C}(x_e')[\boldsymbol{\theta}_\lambda^{z_e}\times][\boldsymbol{C}_n^G\boldsymbol{C}(x_e')]^{\mathrm{T}}$$

整理式(3.20)有

$$\boldsymbol{\theta}^G=\boldsymbol{\theta}_\sigma^G+\boldsymbol{C}_n^G\boldsymbol{\theta}_L^{x_e'}+\boldsymbol{C}_n^G\boldsymbol{C}(x_e')\boldsymbol{\theta}_\lambda^{z_e} \tag{3.21}$$

其中，

$$\boldsymbol{\theta}_\sigma^G=\begin{bmatrix}0\\0\\-\delta\sigma\end{bmatrix},\ \boldsymbol{\theta}_L^{x_e'}=\begin{bmatrix}-\delta L\\0\\0\end{bmatrix},\ \boldsymbol{\theta}_\lambda^{z_e}=\begin{bmatrix}0\\0\\\delta\lambda\end{bmatrix} \tag{3.22}$$

需注意格网角 σ 顺时针为正方向。

则根据式(3.21)，$\boldsymbol{\theta}^G$ 可表示为

$$\boldsymbol{\theta}^G=\begin{bmatrix}0\\0\\-\delta\sigma\end{bmatrix}+\boldsymbol{C}_n^G\begin{bmatrix}-\delta L\\0\\0\end{bmatrix}+\boldsymbol{C}_g^G\boldsymbol{C}(x_e')\begin{bmatrix}0\\0\\\delta\lambda\end{bmatrix} \tag{3.23}$$

根据式(3.1)有

$$\tan\sigma=\frac{\sin L\sin\lambda}{\cos\lambda} \tag{3.24}$$

对式(3.24)两侧扰动，有

$$\frac{1}{\cos^2\sigma}\delta\sigma=\tan\lambda\cos L\delta L+\frac{\sin L}{\cos^2\lambda}\delta\lambda \tag{3.25}$$

整理式(3.25)，可得

$$\begin{aligned}\delta\sigma&=\cos^2\sigma\tan\lambda\cos L\delta L+\cos^2\sigma\ \frac{\sin L}{\cos^2\lambda}\delta\lambda\\&=\frac{\sin\lambda\cos\lambda\cos L}{1-\cos^2L\sin^2\lambda}\delta L+\frac{\sin L}{1-\cos^2L\sin^2\lambda}\delta\lambda\\&=\frac{\sin\sigma\cos\sigma\cos L}{\sin L}\delta L+\frac{1}{\sin L}\ \frac{\sin^2L}{1-\cos^2L\sin^2\lambda}\delta\lambda\\&=\frac{\sin\sigma\cos\sigma\cos L}{\sin L}\delta L+\frac{1}{\sin L}\ \frac{1-\cos^2L\sin^2\lambda-\cos^2L\cos^2\lambda}{1-\cos^2L\sin^2\lambda}\delta\lambda\\&=\frac{\sin\sigma\cos\sigma\cos L}{\sin L}\delta L+\frac{1-\cos^2L\cos^2\sigma}{\sin L}\delta\lambda\end{aligned} \tag{3.26}$$

根据式(3.26),$\delta\sigma$ 可记为

$$\delta\sigma=\frac{\delta\lambda}{\sin L}+\frac{\delta L\cos L\sin\sigma\cos\sigma-\delta\lambda\cos^2 L\cos^2\sigma}{\sin L} \tag{3.27}$$

将式(3.4)、式(3.5)、式(3.27)代入式(3.23)并整理可得

$$\boldsymbol{\theta}^G=\begin{bmatrix}\theta_E^G\\ \theta_N^G\\ \theta_U^G\end{bmatrix}=\begin{bmatrix}-\cos\sigma & -\sin\sigma\\ -\sin\sigma & \cos\sigma\\ -\cot L\sin\sigma\cos\sigma & -\cot L\sin^2\sigma\end{bmatrix}\begin{bmatrix}\delta L\\ \delta\lambda\cos L\end{bmatrix} \tag{3.28}$$

因此,可以得到

$$\theta_U^G=[-\cot L\sin\sigma\cos\sigma \quad -\cot L\sin^2\sigma]\begin{bmatrix}\delta L\\ \delta\lambda\cos L\end{bmatrix} \tag{3.29}$$

且有

$$\begin{bmatrix}\delta L\\ \delta\lambda\cos L\end{bmatrix}=\begin{bmatrix}-\cos\sigma & -\sin\sigma\\ -\sin\sigma & \cos\sigma\end{bmatrix}\begin{bmatrix}\theta_E^G\\ \theta_N^G\end{bmatrix} \tag{3.30}$$

将式(3.30)代入式(3.29),并将相关量用 $\boldsymbol{C}_e^G$ 的元素代替,有

$$\theta_U^G=[\cot L\sin\sigma \quad 0]\begin{bmatrix}\theta_E^G\\ \theta_N^G\end{bmatrix}=\begin{bmatrix}-\dfrac{c_{13}}{c_{33}} & 0\end{bmatrix}\begin{bmatrix}\theta_E^G\\ \theta_N^G\end{bmatrix} \tag{3.31}$$

其中,c_{ij} 为 $\boldsymbol{C}_e^G$ 的 i 行 j 列元素。

因此,$\boldsymbol{\theta}^G$ 可表示为

$$\boldsymbol{\theta}^G=\begin{bmatrix}\theta_E^G\\ \theta_N^G\\ \theta_U^G\end{bmatrix}=\begin{bmatrix}1 & 0\\ 0 & 1\\ -\dfrac{c_{13}}{c_{33}} & 0\end{bmatrix}\begin{bmatrix}\theta_E^G\\ \theta_N^G\end{bmatrix} \tag{3.32}$$

由式(3.32)也不难看出,θ_U^G 可由 θ_E^G 线性表示,$\boldsymbol{\theta}^G$ 可由其格网东向分量 θ_E^G 和格网北向分量 θ_N^G 完全确定。

此外,由式(3.16)有

$$[\boldsymbol{\theta}^G\times]=\boldsymbol{I}-\widetilde{\boldsymbol{C}}_e^G(\boldsymbol{C}_e^G)^{\mathrm{T}} \tag{3.33}$$

对式(3.33)两侧微分,并整理有

$$\begin{aligned}[\dot{\boldsymbol{\theta}}^G\times]&=-\dot{\widetilde{\boldsymbol{C}}}_e^G(\boldsymbol{C}_e^G)^{\mathrm{T}}-\widetilde{\boldsymbol{C}}_e^G(\dot{\boldsymbol{C}}_e^G)^{\mathrm{T}}\\ &=[\widetilde{\boldsymbol{\omega}}_{eG}^G\times]\widetilde{\boldsymbol{C}}_e^G(\boldsymbol{C}_e^G)^{\mathrm{T}}+\widetilde{\boldsymbol{C}}_e^G(\boldsymbol{C}_e^G)^{\mathrm{T}}[\boldsymbol{\omega}_{eG}^G\times]^{\mathrm{T}}\\ &=[(\boldsymbol{\omega}_{eG}^G+\delta\boldsymbol{\omega}_{eG}^G)\times][\boldsymbol{I}-\boldsymbol{\theta}^G\times]\boldsymbol{C}_e^G(\boldsymbol{C}_e^G)^{\mathrm{T}}+[\boldsymbol{I}-\boldsymbol{\theta}^G\times]\boldsymbol{C}_e^G(\boldsymbol{C}_e^G)^{\mathrm{T}}[\boldsymbol{\omega}_{eG}^G\times]^{\mathrm{T}}\\ &\approx(\boldsymbol{\omega}_{eG}^G\times)+(\delta\boldsymbol{\omega}_{eG}^G\times)-(\boldsymbol{\omega}_{eG}^G\times\boldsymbol{\theta}^G\times)-(\boldsymbol{\omega}_{eG}^G\times)+(\boldsymbol{\theta}^G\times\boldsymbol{\omega}_{eG}^G\times)\\ &=-[(\boldsymbol{\omega}_{eG}^G\times\boldsymbol{\theta}^G)\times]+[\delta\boldsymbol{\omega}_{eG}^G\times]\end{aligned} \tag{3.34}$$

由上式可得

$$\dot{\boldsymbol{\theta}}^G=-\boldsymbol{\omega}_{eG}^G\times\boldsymbol{\theta}^G+\delta\boldsymbol{\omega}_{eG}^G \tag{3.35}$$

式(3.35)即舰艇的位置误差角微分方程。

以上,式(3.14)、式(3.15)、式(3.35)分别表示了格网坐标系下惯导的姿态误差微分方程、速度误差微分方程、位置误差角微分方程。

3.2 基于格网系的冗余旋转调制激光陀螺航海惯导联合误差参数估计

本节在 3.1 节基础上构建格网坐标系下表示的冗余旋转调制激光陀螺航海惯导联合误差状态卡尔曼滤波器,并对可观性情况进行分析,此外还对联合误差状态卡尔曼滤波器在极点附近的可观性情况进行了特别讨论。

3.2.1 格网坐标系下表示的联合误差状态方程

舰艇上冗余配置的单轴旋转调制激光陀螺航海惯导(编号为 1)、双轴旋转调制激光陀螺航海惯导(编号为 2)相互之间的安装位置通常小于 1m,且可以对其安装杆臂进行精确地标定,因此,两者的速度、位置、比力加速度的差异很小。基于此,以单轴系统的姿态误差 $\boldsymbol{\phi}_1^G$、速度误差 $\delta\boldsymbol{v}_1^G$、位置误差角 $\boldsymbol{\theta}_1^G$ 与双轴系统的姿态误差 $\boldsymbol{\phi}_2^G$、速度误差 $\delta\boldsymbol{v}_2^G$、位置误差角 $\boldsymbol{\theta}_2^G$ 的差值为系统状态,同时增广单轴系统、双轴系统各自的陀螺常值漂移 $\boldsymbol{\varepsilon}^{b_1}$ 和 $\boldsymbol{\varepsilon}^{b_2}$、加速度计常值零偏 ∇^{b_1} 和 ∇^{b_2} 为联合误差状态。相应的误差状态微分方程为:

$$\dot{\boldsymbol{\phi}}_{12}^G=-[\boldsymbol{\omega}_{iG}^G\times]\boldsymbol{\phi}_{12}^G+\delta\boldsymbol{\omega}_{iG_{12}}^G-\boldsymbol{C}_{b_1}^G\delta\boldsymbol{\omega}_{ib_1}^{b_1}+\boldsymbol{C}_{b_2}^G\delta\boldsymbol{\omega}_{ib_2}^{b_2} \tag{3.36}$$

$$\delta\dot{\boldsymbol{v}}_{12}^G=[\boldsymbol{f}^G\times]\boldsymbol{\phi}_{12}^G+\boldsymbol{v}^G\times(2\delta\boldsymbol{\omega}_{ie_{12}}^G+\delta\boldsymbol{\omega}_{eG_{12}}^G)-(2\boldsymbol{\omega}_{ie}^G+\boldsymbol{\omega}_{eG}^G)\times\delta\boldsymbol{v}_{12}^G+\boldsymbol{C}_{b_1}^G\delta\boldsymbol{f}^{b_1}-\boldsymbol{C}_{b_2}^G\delta\boldsymbol{f}^{b_2} \tag{3.37}$$

$$\dot{\boldsymbol{\theta}}_{12}^G=-\boldsymbol{\omega}_{eG}^G\times\boldsymbol{\theta}_{12}^G+\delta\boldsymbol{\omega}_{eG_{12}}^G \tag{3.38}$$

其中,式(3.36)~式(3.38)可由式(3.14)、式(3.15)、式(3.35)得到。下标 1、2 分别表示单轴系统、双轴系统各自对应的物理量,下标 12 表示单轴系统 1 与双轴系统 2 之间相关物理量的差值。相关物理量的含义如下:

$$\boldsymbol{\phi}_{12}^G=\boldsymbol{\phi}_1^G-\boldsymbol{\phi}_2^G,\delta\boldsymbol{v}_{12}^G=\delta\boldsymbol{v}_1^G-\delta\boldsymbol{v}_2^G,\boldsymbol{\theta}_{12}^G=\boldsymbol{\theta}_1^G-\boldsymbol{\theta}_2^G \tag{3.39}$$

$$\delta\boldsymbol{\omega}_{ie12}^G=\delta\boldsymbol{\omega}_{ie1}^G-\delta\boldsymbol{\omega}_{ie2}^G,\delta\boldsymbol{\omega}_{eG12}^G=\delta\boldsymbol{\omega}_{eG1}^G-\delta\boldsymbol{\omega}_{eG2}^G \tag{3.40}$$

$$\delta\boldsymbol{\omega}_{ie12}^G=\delta\boldsymbol{\omega}_{ie1}^G-\delta\boldsymbol{\omega}_{ie2}^G,\delta\boldsymbol{\omega}_{eG12}^G=\delta\boldsymbol{\omega}_{eG1}^G-\delta\boldsymbol{\omega}_{eG2}^G \tag{3.41}$$

$$\begin{aligned}\delta\boldsymbol{\omega}_{ib_1}^{b_1}&=\boldsymbol{\varepsilon}^{b_1}+\boldsymbol{w}_{\varepsilon}^{b_1},\delta\boldsymbol{f}^{b_1}=\nabla^{b_1}+\boldsymbol{w}_{\nabla}^{b_1}\\ \delta\boldsymbol{\omega}_{ib_2}^{b_2}&=\boldsymbol{\varepsilon}^{b_2}+\boldsymbol{w}_{\varepsilon}^{b_2},\delta\boldsymbol{f}^{b_2}=\nabla^{b_2}+\boldsymbol{w}_{\nabla}^{b_2}\end{aligned} \tag{3.42}$$

且有

$$\dot{\boldsymbol{\varepsilon}}^{b_1}=\mathbf{0},\dot{\boldsymbol{\varepsilon}}^{b_2}=\mathbf{0},\dot{\nabla}^{b_1}=\mathbf{0},\dot{\nabla}^{b_2}=\mathbf{0} \tag{3.43}$$

式中：b_1、b_2 分别为单轴系统、双轴系统的 IMU 坐标系；$\boldsymbol{v}^G=[\boldsymbol{v}_E^G \quad \boldsymbol{v}_N^G \quad \boldsymbol{v}_U^G]^{\mathrm{T}}$ 为格网坐标系下表示的舰艇的真实速度；$\boldsymbol{f}^G=[f_E^G \quad f_N^G \quad f_U^G]^{\mathrm{T}}$ 为格网坐标系下表示的比力加速度信息。

以下给出 $\delta\boldsymbol{\omega}_{ie12}^G$、$\delta\boldsymbol{\omega}_{eG12}^G$、$\delta\boldsymbol{\omega}_{iG_{12}}^G$，以构建联合误差状态卡尔曼滤波器。

$$\delta\boldsymbol{\omega}_{ie_{12}}^G=\delta\boldsymbol{C}_{e_{12}}^G\boldsymbol{\omega}_{ie}^e=-[\boldsymbol{\theta}_{12}^G\times]\boldsymbol{C}_e^G\boldsymbol{\omega}_{ie}^e=[(\boldsymbol{C}_e^G\boldsymbol{\omega}_{ie}^e)\times]\boldsymbol{\theta}_{12}^G \tag{3.44}$$

根据式(3.9)，$\delta\boldsymbol{\omega}_{eG12}^G$可表示为

$$\delta\boldsymbol{\omega}_{eG_{12}}^G=\begin{bmatrix}\dfrac{1}{\tau_f} & -\dfrac{1}{R_y}\\ \dfrac{1}{R_x} & -\dfrac{1}{\tau_f}\\ \dfrac{\kappa}{\tau_f} & -\dfrac{\kappa}{R_y}\end{bmatrix}\begin{bmatrix}\delta v_{E_{12}}^G\\ \delta v_{N_{12}}^G\end{bmatrix}+\begin{bmatrix}\delta\left(\dfrac{1}{\tau_f}\right) & -\delta\left(\dfrac{1}{R_y}\right)\\ \delta\left(\dfrac{1}{R_x}\right) & -\delta\left(\dfrac{1}{\tau_f}\right)\\ \delta\left(\dfrac{\kappa}{\tau_f}\right) & -\delta\left(\dfrac{\kappa}{R_y}\right)\end{bmatrix}\begin{bmatrix}v_E^G\\ v_N^G\end{bmatrix} \tag{3.45}$$

另一方面，将式(3.10)按二阶泰勒级数展开，有

$$\frac{1}{R_x}=\frac{\sin^2\sigma}{R_M+h}+\frac{\cos^2\sigma}{R_N+h}\approx\sin^2\sigma\left(\frac{1}{R_M}-\frac{h}{R_M^2}\right)+\cos^2\sigma\left(\frac{1}{R_N}-\frac{h}{R_N^2}\right) \tag{3.46}$$

$$\frac{1}{R_y}=\frac{\cos^2\sigma}{R_M+h}+\frac{\sin^2\sigma}{R_N+h}\approx\cos^2\sigma\left(\frac{1}{R_M}-\frac{h}{R_M^2}\right)+\sin^2\sigma\left(\frac{1}{R_N}-\frac{h}{R_N^2}\right) \tag{3.47}$$

$$\frac{1}{\tau_f}=\left(\frac{1}{R_M+h}-\frac{1}{R_N+h}\right)\sin\sigma\cos\sigma\approx\left(\frac{1}{R_M}-\frac{1}{R_N}-\frac{h}{R_M^2}+\frac{h}{R_N^2}\right)\sin\sigma\cos\sigma \tag{3.48}$$

其中，地球的子午面曲率及卯酉圈曲率可采用 $\boldsymbol{C}_e^G$ 的相关元素表示[131]：

$$\frac{1}{R_N}=\frac{1}{R}(1-f\sin^2L),\frac{1}{R_M}=\frac{1}{R}(1+2f-3f\sin^2L) \tag{3.49}$$

将式(3.49)分别代入式(3.46)~式(3.48)，并将 $\boldsymbol{\kappa}$ 使用 $\boldsymbol{C}_e^G$ 的相关元素表示，有

$$\begin{cases}\dfrac{1}{R_x}=\dfrac{1}{R}(1-fc_{33}^2+2fc_{13}^2)-\dfrac{h}{R^2}[(1-fc_{33}^2)^2+4f(1+f-2fc_{33}^2)c_{13}^2]\\ \dfrac{1}{R_y}=\dfrac{1}{R}(1-fc_{33}^2+2fc_{23}^2)-\dfrac{h}{R^2}[(1-fc_{33}^2)^2+4f(1+f-2fc_{33}^2)c_{23}^2]\\ \dfrac{1}{\tau_f}=-\dfrac{2fc_{13}c_{23}}{R}+\dfrac{4hfc_{13}c_{23}}{R^2}(1+f-2fc_{33}^2),\kappa=\dfrac{c_{32}}{\sqrt{1-c_{32}^2}}\end{cases} \tag{3.50}$$

对式(3.50)相关表达式进行扰动，可以得到

$$
\begin{aligned}
&\delta\left(\frac{1}{R_x}\right) \approx \frac{1}{R}(-2fc_{33}\delta c_{33}+4fc_{13}\delta c_{13})-\frac{\delta h}{R^2}\\
&\delta\left(\frac{1}{R_y}\right) \approx \frac{1}{R}(-2fc_{33}\delta c_{33}+4fc_{23}\delta c_{23})-\frac{\delta h}{R^2}\\
&\delta\left(\frac{1}{\tau_f}\right) \approx -\frac{2fc_{23}}{R}\delta c_{13}-\frac{2fc_{13}}{R}\delta c_{23}+\frac{4fc_{13}c_{23}}{R^2}\delta h,\delta\kappa=\frac{\delta c_{32}}{(1-c_{32}^2)^{3/2}}
\end{aligned}
\tag{3.51}
$$

此外，

$$
\delta\left(\frac{\kappa}{\tau_f}\right)=\kappa\delta\left(\frac{1}{\tau_f}\right)+\frac{\delta\kappa}{\tau_f},\delta\left(\frac{\kappa}{R_y}\right)=\kappa\delta\left(\frac{1}{R_y}\right)+\frac{\delta\kappa}{R_y}
\tag{3.52}
$$

另外，根据式(3.17)，即 $\delta\boldsymbol{C}_e^G=-[\boldsymbol{\theta}^G\times]\boldsymbol{C}_e^G$，并将式(3.32)代入，可以得到

$$
\begin{bmatrix}\delta c_{11} & \delta c_{12} & \delta c_{13}\\ \delta c_{21} & \delta c_{22} & \delta c_{23}\\ \delta c_{31} & \delta c_{32} & \delta c_{33}\end{bmatrix}=\begin{bmatrix}0 & -\dfrac{c_{13}}{c_{33}}\theta_E^G & -\theta_N^G\\ \dfrac{c_{13}}{c_{33}}\theta_E^G & 0 & \theta_E^G\\ \theta_N^G & -\theta_E^G & 0\end{bmatrix}\begin{bmatrix}c_{11} & c_{12} & c_{13}\\ c_{21} & c_{22} & c_{23}\\ c_{31} & c_{32} & c_{33}\end{bmatrix}
\tag{3.53}
$$

根据式(3.53)可以得到

$$
\begin{aligned}
&\delta c_{13}=\begin{bmatrix}-\dfrac{c_{13}c_{23}}{c_{33}} & -c_{33}\end{bmatrix}\begin{bmatrix}\theta_E^G\\ \theta_N^G\end{bmatrix},\delta c_{23}=\begin{bmatrix}\dfrac{c_{13}^2}{c_{33}}+c_{33} & 0\end{bmatrix}\begin{bmatrix}\theta_E^G\\ \theta_N^G\end{bmatrix}\\
&\delta c_{32}=\begin{bmatrix}-c_{22} & c_{12}\end{bmatrix}\begin{bmatrix}\theta_E^G\\ \theta_N^G\end{bmatrix},\delta c_{33}=\begin{bmatrix}-c_{23} & c_{13}\end{bmatrix}\begin{bmatrix}\theta_E^G\\ \theta_N^G\end{bmatrix}
\end{aligned}
\tag{3.54}
$$

将式(3.54)代入式(3.51)、式(3.52)进行整理，并将整理后的式子代入式(3.45)，可以得到 $\delta\boldsymbol{\omega}_{eG12}^G$ 的表达式如下：

$$
\delta\boldsymbol{\omega}_{eG12}^G \approx \begin{bmatrix}\dfrac{1}{\tau_f} & -\dfrac{1}{R_y}\\ \dfrac{1}{R_x} & -\dfrac{1}{\tau_f}\\ \dfrac{\kappa}{\tau_f} & -\dfrac{\kappa}{R_y}\end{bmatrix}\begin{bmatrix}\delta v_{E_{12}}^G\\ \delta v_{N_{12}}^G\end{bmatrix}+\boldsymbol{M}_{\omega p}\begin{bmatrix}v_E^G\\ v_N^G\end{bmatrix}
\tag{3.55}
$$

其中，$\boldsymbol{M}_{\omega p}$ 的元素 m_{ij} 分别为

$$\begin{aligned}
m_{11} &= \frac{2fc_{13}v_E^G}{Rc_{33}}(c_{23}^2-c_{13}^2-c_{33}^2)-\frac{2fc_{23}v_N^G}{Rc_{33}}(3c_{33}^2+2c_{13}^2)\\
m_{12} &= \frac{2fc_{23}c_{33}v_E^G}{R}+\frac{2fc_{13}c_{33}v_N^G}{R}\\
m_{13} &= \frac{4fc_{13}c_{23}v_E^G}{R^2}+\frac{v_N^G}{R^2}
\end{aligned}\tag{3.56}$$

$$\begin{aligned}
m_{21} &= \frac{2fc_{23}v_E^G}{Rc_{33}}(c_{33}^2-2c_{13}^2)-\frac{2fc_{13}v_N^G}{Rc_{33}}(c_{23}^2-c_{13}^2-c_{33}^2)\\
m_{22} &= -\frac{6fc_{13}c_{33}}{R}v_E^G-\frac{2fc_{23}c_{33}}{R}v_N^G\\
m_{23} &= -\frac{1}{R^2}v_E^G-\frac{4fc_{13}c_{23}}{R^2}v_N^G
\end{aligned}\tag{3.57}$$

$$\begin{aligned}
m_{31} &= \frac{2\kappa fc_{13}v_E^G}{Rc_{33}}(c_{23}^2-c_{13}^2-c_{33}^2)-\frac{2\kappa fc_{23}v_N^G}{Rc_{33}}(3c_{33}^2+2c_{13}^2)+\frac{c_{22}}{(1-c_{32}^2)^{3/2}}\left(\frac{v_N^G}{R_y}-\frac{v_E^G}{\tau_f}\right)\\
m_{32} &= \frac{2\kappa fc_{33}}{R}(c_{23}v_E^G+c_{13}v_N^G)+\frac{c_{12}}{(1-c_{32}^2)^{3/2}}\left(\frac{v_E^G}{\tau_f}-\frac{v_N^G}{R_y}\right)\\
m_{33} &= \frac{4\kappa fc_{13}c_{23}}{R^2}v_E^G+\frac{\kappa}{R^2}v_N^G
\end{aligned}\tag{3.58}$$

$\delta\boldsymbol{\omega}_{iG_{12}}^G$可以根据$\delta\boldsymbol{\omega}_{ie_{12}}^G$、$\delta\boldsymbol{\omega}_{eG_{12}}^G$得到,表示为

$$\delta\boldsymbol{\omega}_{iG_{12}}^G=\delta\boldsymbol{\omega}_{ie_{12}}^G+\delta\boldsymbol{\omega}_{eG_{12}}^G$$

至此,$\delta\boldsymbol{\omega}_{ie_{12}}^G$、$\delta\boldsymbol{\omega}_{eG_{12}}^G$及$\delta\boldsymbol{\omega}_{iG_{12}}^G$完全确定,均表示为与$\delta\boldsymbol{v}_{12}^G$、$\boldsymbol{\theta}_{12}^G$相关的物理量。进一步,可以确定联合误差状态为

$$\begin{aligned}
\boldsymbol{x}^G(t)=[&\phi_{E_{12}}^G,\phi_{N_{12}}^G,\phi_{U_{12}}^G,\delta v_{E_{12}}^G,\delta v_{N_{12}}^G,\theta_{E_{12}}^G,\theta_{N_{12}}^G,\\
&\varepsilon_x^{b_1},\varepsilon_y^{b_1},\varepsilon_z^{b_1},\varepsilon_x^{b_2},\varepsilon_y^{b_2},\varepsilon_z^{b_2},\nabla_x^{b_1},\nabla_y^{b_1},\nabla_x^{b_2},\nabla_y^{b_2}]^{\mathrm{T}}
\end{aligned}\tag{3.59}$$

需要说明的是,由于垂向通道与水平通道间的耦合比较弱,并且可以对垂向通道误差进行阻尼,因此忽略了与垂向通道相关的物理量,包括高度误差、垂向加速度计零偏;此外,单轴系统与双轴系统的位置误差角差值$\boldsymbol{\theta}_{12}^G$可由其格网东向分量$\theta_{E_{12}}^G$、格网北向分量$\theta_{N_{12}}^G$完全确定,故联合误差状态中未考虑格网天向分量$\theta_{U_{12}}^G$。

进一步,联合误差状态的状态方程可表示为

$$\dot{\boldsymbol{x}}^G(t)=\boldsymbol{F}(t)\boldsymbol{x}^G(t)+\boldsymbol{G}(t)\boldsymbol{w}(t)\tag{3.60}$$

其中,系统噪声 $\boldsymbol{w}(t)$ 为

$$\boldsymbol{w}(t)=[w_{\varepsilon_x}^{b_1},w_{\varepsilon_y}^{b_1},w_{\varepsilon_z}^{b_1},w_{\varepsilon_x}^{b_2},w_{\varepsilon_y}^{b_2},w_{\varepsilon_z}^{b_2},w_{\nabla_x}^{b_1},w_{\nabla_y}^{b_1},w_{\nabla_x}^{b_2},w_{\nabla_y}^{b_2}]^{\mathrm{T}} \tag{3.61}$$

系统状态矩阵 $\boldsymbol{F}(t)$ 为

$$\boldsymbol{F}(t)=\begin{bmatrix} \boldsymbol{F}_1 & \boldsymbol{F}_2 & \boldsymbol{F}_3 & \boldsymbol{F}_4 & 0_{3\times4} \\ \boldsymbol{F}_5 & \boldsymbol{F}_6 & \boldsymbol{F}_7 & 0_{2\times6} & \boldsymbol{F}_8 \\ 0_{2\times3} & \boldsymbol{F}_9 & \boldsymbol{F}_{10} & 0_{2\times6} & 0_{2\times4} \\ \hdashline & & 0_{10\times17} & & \end{bmatrix} \tag{3.62}$$

$$\boldsymbol{F}_1=\begin{bmatrix} 0 & \omega_{iG_U}^G & -\omega_{iG_N}^G \\ -\omega_{iG_U}^G & 0 & \omega_{iG_E}^G \\ \omega_{iG_N}^G & -\omega_{iG_E}^G & 0 \end{bmatrix},\boldsymbol{F}_2=\begin{bmatrix} \dfrac{1}{\tau_f} & -\dfrac{1}{R_y} \\ \dfrac{1}{R_x} & -\dfrac{1}{\tau_f} \\ \dfrac{\kappa}{\tau_f} & -\dfrac{\kappa}{R_y} \end{bmatrix} \tag{3.63}$$

$$\boldsymbol{F}_3=\begin{bmatrix} -\dfrac{c_{13}}{c_{33}}\omega_{ie_N}^G+m_{11} & -\omega_{ie_U}^G+m_{12} \\ \omega_{ie_U}^G+\dfrac{c_{13}}{c_{33}}\omega_{ie_E}^G+m_{21} & m_{22} \\ -\omega_{ie_N}^G+m_{31} & \omega_{ie_E}^G+m_{32} \end{bmatrix},\boldsymbol{F}_4=\begin{bmatrix}-\boldsymbol{C}_{b_1}^G & \boldsymbol{C}_{b_2}^G\end{bmatrix},\boldsymbol{F}_5=\begin{bmatrix} 0 & -f_U^G & f_N^G \\ f_U^G & 0 & -f_E^G \end{bmatrix} \tag{3.64}$$

$$\boldsymbol{F}_6=\begin{bmatrix} \dfrac{\kappa}{\tau_f}v_N^G & -\dfrac{\kappa}{R_y}v_N^G+(2\omega_{ie_U}^G+\omega_{eG_U}^G) \\ -\dfrac{\kappa}{\tau_f}v_E^G-(2\omega_{ie_U}^G+\omega_{eG_U}^G) & \dfrac{\kappa}{R_y}v_E^G \end{bmatrix},\boldsymbol{F}_7=\begin{bmatrix} -2\omega_{ie_N}^G v_N^G & 2\omega_{ie_E}^G v_N^G \\ 2\omega_{ie_N}^G v_E^G & 2\omega_{ie_E}^G v_E^G \end{bmatrix} \tag{3.65}$$

$$\boldsymbol{F}_8=\begin{bmatrix}\hat{\boldsymbol{C}}_{b_1}^G & -\hat{\boldsymbol{C}}_{b_2}^G\end{bmatrix},\hat{\boldsymbol{C}}_{b_1}^G=\boldsymbol{M}\boldsymbol{C}_{b_1}^G\boldsymbol{M}^{\mathrm{T}},\hat{\boldsymbol{C}}_{b_2}^G=\boldsymbol{M}\boldsymbol{C}_{b_2}^G\boldsymbol{M}^{\mathrm{T}},\boldsymbol{M}=\begin{bmatrix} 1 & 0 & 0 \\ 0 & 1 & 0 \end{bmatrix} \tag{3.66}$$

$$\boldsymbol{F}_9=\begin{bmatrix} \dfrac{1}{\tau_f} & -\dfrac{1}{R_y} \\ \dfrac{1}{R_x} & -\dfrac{1}{\tau_f} \end{bmatrix},\boldsymbol{F}_{10}=\begin{bmatrix} \dfrac{c_{13}}{c_{33}}\omega_{eG_N}^G+m_{11} & \omega_{eG_U}^G+m_{12} \\ -\dfrac{c_{13}}{c_{33}}\omega_{eG_E}^G-\omega_{eG_U}^G+m_{21} & m_{22} \end{bmatrix} \tag{3.67}$$

系统噪声矩阵 $\boldsymbol{G}(t)$ 为

$$
\boldsymbol{G}(t)=\left[\begin{array}{cc:cc} -\boldsymbol{C}_{b_1}^{G} & \boldsymbol{C}_{b_2}^{G} & \multicolumn{2}{c}{0_{3\times 4}} \\ \hdashline \multicolumn{2}{c:}{0_{2\times 6}} & \widehat{\boldsymbol{C}}_{b_1}^{G} & -\widehat{\boldsymbol{C}}_{b_2}^{G} \\ \hdashline \multicolumn{4}{c}{0_{12\times 10}} \end{array}\right] \tag{3.68}
$$

3.2.2 格网坐标系下表示的观测方程

图3.2为冗余配置旋转调制激光陀螺航海惯导示意图。单轴系统的输出速度$\widetilde{\boldsymbol{v}}_1^G$、双轴系统的输出速度$\widetilde{\boldsymbol{v}}_2^G$满足以下约束关系：

$$
\widetilde{\boldsymbol{v}}_1^G=\boldsymbol{v}^G+\delta\boldsymbol{v}_1^G,\widetilde{\boldsymbol{v}}_2^G=\boldsymbol{v}^G+\delta\boldsymbol{v}_2^G+\boldsymbol{\omega}_{b_1b_2}^G\times\boldsymbol{l}_{12}^G \tag{3.69}
$$

式中：$\boldsymbol{\omega}_{b_1b_2}^G$为单轴系统IMU坐标系$b_1$、双轴系统IMU坐标系$b_2$间的相对角速度；$\boldsymbol{l}_{12}^G$为两者间的安装杆臂，可以标定补偿。

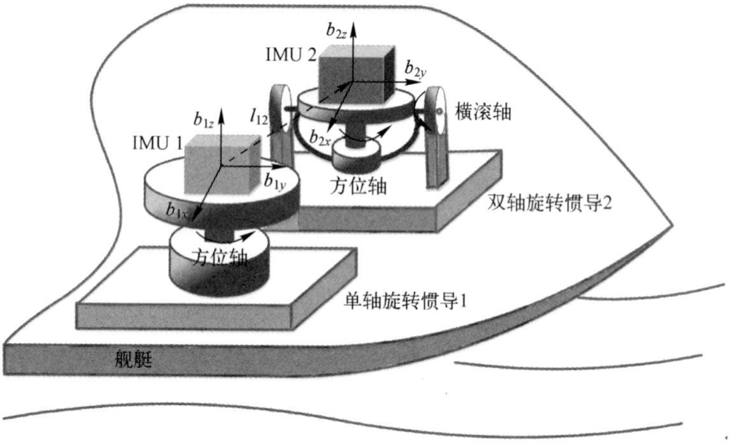

图3.2 单轴、双轴旋转调制激光陀螺航海惯导冗余配置

补偿安装杆臂后，将式(3.69)中的两个式子相减，可以得到

$$
\delta\boldsymbol{v}_{12}^G=\delta\boldsymbol{v}_1^G-\delta\boldsymbol{v}_2^G=\widetilde{\boldsymbol{v}}_1^G-\widetilde{\boldsymbol{v}}_2^G \tag{3.70}
$$

单轴系统的位置输出矩阵$\widetilde{\boldsymbol{C}}_e^{G_1}$与双轴系统的位置输出矩阵$\widetilde{\boldsymbol{C}}_e^{G_2}$满足以下约束：

$$
\begin{aligned}
\widetilde{\boldsymbol{C}}_e^{G_2}(\widetilde{\boldsymbol{C}}_e^{G_1})^{\mathrm{T}} &=[\boldsymbol{I}-\boldsymbol{\theta}_2^G\times]\boldsymbol{C}_e^G\boldsymbol{C}_G^e[\boldsymbol{I}+\boldsymbol{\theta}_1^G\times] \\
&\approx\boldsymbol{I}+[(\boldsymbol{\theta}_1^G-\boldsymbol{\theta}_2^G)\times] \\
&=\boldsymbol{I}+[\boldsymbol{\theta}_{12}^G\times]
\end{aligned}
$$

$$=\begin{bmatrix}1 & -\theta_{U_{12}}^G & \theta_{N_{12}}^G\\ \theta_{U_{12}}^G & 1 & -\theta_{E_{12}}^G\\ -\theta_{N_{12}}^G & \theta_{E_{12}}^G & 1\end{bmatrix}\triangleq \Xi \tag{3.71}$$

将式(3.70)、式(3.71)写为标量形式，如下：

$$\delta v_{E_{12}}^G=\delta v_{E_1}^G-\delta v_{E_2}^G=\tilde{v}_{E_1}^G-\tilde{v}_{E_2}^G,\ \delta v_{N_{12}}^G=\delta v_{N_1}^G-\delta v_{N_2}^G=\tilde{v}_{N_1}^G-\tilde{v}_{N_2}^G \tag{3.72}$$

$$\theta_{E_{12}}^G=\theta_{E_1}^G-\theta_{E_2}^G=0.5(\Xi_{32}-\Xi_{23}),\ \theta_{N_{12}}^G=\theta_{N_1}^G-\theta_{N_2}^G=0.5(\Xi_{13}-\Xi_{31}) \tag{3.73}$$

观测方程可表示为

$$\boldsymbol{z}^G(t)=\boldsymbol{H}\boldsymbol{x}^G(t)+\boldsymbol{v}(t) \tag{3.74}$$

其中，

$$z(t)=\begin{bmatrix}\delta v_{E_{12}}^G & \delta v_{N_{12}}^G & \theta_{E_{12}}^G & \theta_{N_{12}}^G\end{bmatrix}^{\mathrm{T}} \tag{3.75}$$

$$\boldsymbol{H}=\begin{bmatrix}0_{2\times3} & \boldsymbol{I}_{2\times2} & 0_{2\times2} & 0_{2\times10}\\ 0_{2\times3} & 0_{2\times2} & \boldsymbol{I}_{2\times2} & 0_{2\times10}\end{bmatrix} \tag{3.76}$$

$\boldsymbol{v}(t)$为观测噪声。

3.2.3 可观性分析

卡尔曼滤波器的可观性决定了其对状态的估计能力。对于航速较慢、机动较少的大型舰艇而言，以下两个条件在大多数情况下容易满足：$\boldsymbol{\omega}_{ie}^G\gg\boldsymbol{\omega}_{eG}^G\approx\boldsymbol{0}$、$\boldsymbol{f}^G\approx-\boldsymbol{g}^G$。因此，可观性分析在舰艇匀速直线运动场景假设下进行，其他的机动将会进一步改善状态的可观性。观察联合误差状态卡尔曼滤波器的状态方程式(3.60)不难发现系统$(\boldsymbol{F}(t),\boldsymbol{H})$的可观性与$\boldsymbol{C}_{b_1}^G$、$\boldsymbol{C}_{b_2}^G$密切相关，$\boldsymbol{C}_{b_1}^G$、$\boldsymbol{C}_{b_2}^G$可以表示为

$$\boldsymbol{C}_{b_1}^G(t)=\boldsymbol{C}_{b_1(t_0)}^G\boldsymbol{C}_{b_1(t)}^{b_1(t_0)},\boldsymbol{C}_{b_2}^G(t)=\boldsymbol{C}_{b_2(t_0)}^G\boldsymbol{C}_{b_2(t)}^{b_2(t_0)} \tag{3.77}$$

其中，

$$\boldsymbol{C}_{b_1(t_0)}^G\approx\begin{bmatrix}\cos\varphi_1(t_0) & \sin\varphi_1(t_0) & o(\gamma_1(t_0),\theta_1(t_0))\\ -\sin\varphi_1(t_0) & \cos\varphi_1(t_0) & o(\gamma_1(t_0),\theta_1(t_0))\\ o(\gamma_1(t_0),\theta_1(t_0)) & o(\gamma_1(t_0),\theta_1(t_0)) & 1\end{bmatrix} \tag{3.78}$$

$$\boldsymbol{C}_{b_2(t_0)}^G\approx\begin{bmatrix}\cos\varphi_2(t_0) & \sin\varphi_1(t_0) & o(\gamma_2(t_0),\theta_2(t_0))\\ -\sin\varphi_2(t_0) & \cos\varphi_1(t_0) & o(\gamma_2(t_0),\theta_2(t_0))\\ o(\gamma_2(t_0),\theta_2(t_0)) & o(\gamma_2(t_0),\theta_2(t_0)) & 1\end{bmatrix} \tag{3.79}$$

$$C_{b_1(t)}^{b_1(t_0)}=\begin{bmatrix}\cos\varphi_1(t) & -\sin\varphi_1(t) & 0\\ \sin\varphi_1(t) & \cos\varphi_1(t) & 0\\ 0 & 0 & 1\end{bmatrix} \tag{3.80}$$

$$C_{b_2(t)}^{b_2(t_0)}=\begin{bmatrix}\cos\varphi_2(t)\cos\gamma_2(t) & -\sin\varphi_2(t) & \cos\varphi_2(t)\sin\gamma_2(t)\\ \sin\varphi_2(t)\cos\gamma_2(t) & \cos\varphi_2(t) & \sin\varphi_2(t)\sin\gamma_2(t)\\ -\sin\gamma_2(t) & 0 & \cos\gamma_2(t)\end{bmatrix} \tag{3.81}$$

式中：$b_1(t_0)$、$b_2(t_0)$分别为联合旋转调制开始 t_0 时刻单轴系统及双轴系统的IMU 坐标系，此时两套系统的旋转机构均回归零位；$b_1(t)$、$b_2(t)$分别为 t 时刻两者的 IMU 坐标系；$\varphi_1(t_0)$、$\varphi_2(t_0)$分别为 $b_1(t_0)$、$b_2(t_0)$对应的初始方位角；$o(\gamma_1(t_0),\theta_1(t_0))$、$o(\gamma_2(t_0),\theta_2(t_0))$分别为与 $b_1(t_0)$、$b_2(t_0)$的初始水平倾斜角相关的量，均为小量，可以忽略；$C_{b_1(t)}^{b_1(t_0)}$ 为由单轴系统的方位旋转机构引入的 $b_1(t)$的姿态变化，$\varphi_1(t)$为单轴系统 IMU 相对其方位旋转机构的零位转过的角度；$C_{b_2(t)}^{b_2(t_0)}$ 为由双轴系统的方位旋转机构、横滚旋转机构引入的 $b_2(t)$的姿态变化，$\varphi_2(t)$、$\gamma_2(t)$分别为双轴系统 IMU 相对其方位旋转机构、横滚旋转机构的零位转过的角度。

对于单轴系统而言，其 IMU 相对其方位旋转机构零位周期性地在四个正交位置(0°, 180°, 270°, 90°)停留，即 $\varphi_1(t)$的取值为 0°,180°,270°,90°；对于双轴系统而言，其 IMU 相对其方位旋转机构、横滚旋转机构零位周期性地在两个正交位置(0°, 180°)停留，即 $\varphi_2(t)$、$\gamma_2(t)$的取值为 0°,180°。因此，系统($\boldsymbol{F}(t),\boldsymbol{H}$)满足分段线性定常系统的定义，其可观性矩阵由下式给出：

$$\begin{aligned}\boldsymbol{Q}(r)&=[\boldsymbol{Q}_1^{\mathrm T}\quad \boldsymbol{Q}_2^{\mathrm T}\quad \cdots\quad \boldsymbol{Q}_r^{\mathrm T}]^{\mathrm T}\\ \boldsymbol{Q}_i&=[\boldsymbol{H}^{\mathrm T}\quad (\boldsymbol{HF})^{\mathrm T}\quad \cdots\quad (\boldsymbol{HF}^{16})^{\mathrm T}]^{\mathrm T}\end{aligned} \tag{3.82}$$

式中：$i\ (1,2,\cdots,r)$为分段数。

事实上，只有 $b_1(t)$、$b_2(t)$两者之间的相对姿态存在绕水平方向及方位方向的变化，$\boldsymbol{Q}(r)$的秩数才能为 17，系统状态才能完全可观。以上的事实通过对式(3.82)进行秩检验很容易得到验证。下面给出一个简单的例子，假设分段数为 3，$\varphi_1(t)$、$\varphi_2(t)$、$\gamma_2(t)$的取值如表 3.1 所示：

表 3.1 角位置

分段数	$\varphi_1(t)$	$\varphi_2(t)$	$\gamma_2(t)$
1	0°	0°	0°
2	180°	0°	180°
3	270°	180°	180°

将表 3.1 中各值代入式(3.78)~式(3.81),同时计算相应的可观性矩阵 $\boldsymbol{Q}(3)$ 的秩数,不难发现 $\boldsymbol{Q}(3)$ 的秩为 17,即系统状态完全可观。然而,如果 $\gamma_2(t)$ 在此段时间内保持不变,那么 $\boldsymbol{Q}(3)$ 的秩将为 16。事实上,此时单轴系统的方位陀螺常值漂移 $\varepsilon_z^{b_1}$ 和双轴系统的方位陀螺常值漂移 $\varepsilon_z^{b_2}$ 不能分离估计。

此外,需要注意的是:在极点附近的区域,不管 $\varphi_1(t)$、$\varphi_2(t)$、$\gamma_2(t)$ 如何变化,$\boldsymbol{Q}(r)$ 的秩数总是 14。事实上,$\boldsymbol{\omega}_{ie}^G$ 的水平分量在极点附近为 0,观察式(3.60)不难发现,$\phi_{U_{12}}^G$、$\varepsilon_z^{b_1}$、$\varepsilon_z^{b_2}$ 将与其他状态完全解耦,这三个状态不可观。针对此情况,在极点附近通过零化不可观状态子空间的卡尔曼滤波器增益,将卡尔曼滤波器转化为 Schmidt-Kalman 滤波器,以保证状态估计的一致性,3.3 节将对此讨论。

3.3 极区冗余旋转调制激光陀螺航海惯导协同定位方法

3.2 节在格网坐标系下设计了联合误差状态卡尔曼滤波器,可观性分析表明包括单轴旋转调制激光陀螺航海惯导方位陀螺漂移在内的惯性器件确定性误差都可以得到估计。在双航海惯导冗余配置结构中,单轴旋转调制激光陀螺航海惯导由于其更高的可靠性,通常作为双轴旋转调制激光陀螺航海惯导的备份系统,一旦双轴系统故障,单轴系统继续输出定位信息,但由于单轴系统不能调制方位陀螺常值漂移的影响,双轴系统故障情况下单轴系统的定位精度将会降低。如何利用估计得到的单轴系统方位陀螺常值漂移对单轴系统的定位误差进行校正补偿,以提高故障情况下备份系统的定位精度是本节研究的重点。

此外,舰艇通常由非极区进入极区,完成任务后驶离极区,导航坐标系将会在当地水平地理坐标系与格网坐标系间完成相互转换。相应地,联合误差状态卡尔曼滤波器也需要完成在当地水平地理坐标系与格网坐标系之间的相互转换。针对 3.2.3 节指出的极点附近联合误差状态存在不可观子空间的情况,设计 Schmidt-Kalman 滤波器以保证状态估计的一致性。

3.3.1 格网系下表示的单轴旋转激光陀螺航海惯导定位误差预测模型

单轴旋转调制激光陀螺航海惯导系统误差状态可以表示为

$$\boldsymbol{x}_1^G(t)=[\phi_{E_1}^G \quad \phi_{N_1}^G \quad \phi_{U_1}^G \quad \delta v_{E_1}^G \quad \delta v_{N_1}^G \quad \theta_{E_1}^G \quad \theta_{N_1}^G]^{\mathrm{T}} \tag{3.83}$$

相应地,其误差状态动态模型可以表示为

$$\dot{\boldsymbol{x}}_1^G(t)=\boldsymbol{A}(t)\boldsymbol{x}_1^G(t)+\boldsymbol{B}(t)\boldsymbol{u}_1(t)+\boldsymbol{G}(t)\boldsymbol{w}_1(t) \tag{3.84}$$

其中,

$$\boldsymbol{A}(t)=\begin{bmatrix}\boldsymbol{A}_1 & \boldsymbol{A}_2 & \boldsymbol{A}_3\\ \boldsymbol{A}_4 & \boldsymbol{A}_5 & \boldsymbol{A}_6\\ 0_{2\times3} & \boldsymbol{A}_7 & \boldsymbol{A}_8\end{bmatrix},\boldsymbol{B}(t)=\begin{bmatrix}-\boldsymbol{C}_{b_1}^G & 0_{3\times2}\\ 0_{2\times3} & \widehat{\boldsymbol{C}}_{b_1}^G\\ 0_{2\times3} & 0_{2\times2}\end{bmatrix},\boldsymbol{G}(t)=\begin{bmatrix}-\boldsymbol{C}_{b_1}^G & 0_{3\times2}\\ 0_{2\times3} & \widehat{\boldsymbol{C}}_{b_1}^G\\ 0_{2\times3} & 0_{2\times2}\end{bmatrix} \tag{3.85}$$

$$\boldsymbol{u}_1(t)=[\varepsilon_x^{b_1},\varepsilon_y^{b_1},\varepsilon_z^{b_1},\nabla_x^{b_1},\nabla_y^{b_1}]^{\mathrm{T}},\ \boldsymbol{w}_1(t)=[w_{\varepsilon_x}^{b_1},w_{\varepsilon_y}^{b_1},w_{\varepsilon_z}^{b_1},w_{\nabla_x}^{b_1},w_{\nabla_y}^{b_1}]^{\mathrm{T}} \tag{3.86}$$

相关子矩阵定义如下:

$$\boldsymbol{A}_1=\begin{bmatrix}0 & \omega_{iG_U}^G & -\omega_{iG_N}^G\\ -\omega_{iG_U}^G & 0 & \omega_{iG_E}^G\\ \omega_{iG_N}^G & -\omega_{iG_E}^G & 0\end{bmatrix},\boldsymbol{A}_2=\begin{bmatrix}\dfrac{1}{\tau_f} & -\dfrac{1}{R_y}\\ \dfrac{1}{R_x} & -\dfrac{1}{\tau_f}\\ \dfrac{\kappa}{\tau_f} & -\dfrac{\kappa}{R_y}\end{bmatrix} \tag{3.87}$$

$$\boldsymbol{A}_3=\begin{bmatrix}-\dfrac{c_{13}}{c_{33}}\omega_{ie_N}^G+m_{11} & -\omega_{ie_U}^G+m_{12}\\ \omega_{ie_U}^G+\dfrac{c_{13}}{c_{33}}\omega_{ie_E}^G+m_{21} & m_{22}\\ -\omega_{ie_N}^G+m_{31} & \omega_{ie_E}^G+m_{32}\end{bmatrix},\boldsymbol{A}_4=\begin{bmatrix}0 & -f_U^G & f_N^G\\ f_U^G & 0 & -f_E^G\end{bmatrix} \tag{3.88}$$

$$\boldsymbol{A}_5=\begin{bmatrix}\dfrac{\kappa}{\tau_f}v_N^G & -\dfrac{\kappa}{R_y}v_N^G+(2\omega_{ie_U}^G+\omega_{eG_U}^G)\\ -\dfrac{\kappa}{\tau_f}v_E^G-(2\omega_{ie_U}^G+\omega_{eG_U}^G) & \dfrac{\kappa}{R_y}v_E^G\end{bmatrix},A_6=\begin{bmatrix}-2\omega_{ie_N}^G v_N^G & 2\omega_{ie_E}^G v_N^G\\ 2\omega_{ie_N}^G v_E^G & 2\omega_{ie_E}^G v_E^G\end{bmatrix} \tag{3.89}$$

$$\boldsymbol{A}_7=\begin{bmatrix}\dfrac{1}{\tau_f} & -\dfrac{1}{R_y}\\ \dfrac{1}{R_x} & -\dfrac{1}{\tau_f}\end{bmatrix},A_8=\begin{bmatrix}\dfrac{c_{13}}{c_{33}}\omega_{eG_N}^G+m_{11} & \omega_{eG_U}^G+m_{12}\\ -\dfrac{c_{13}}{c_{33}}\omega_{eG_E}^G-\omega_{eG_U}^G+m_{21} & m_{22}\end{bmatrix} \tag{3.90}$$

式中:$\boldsymbol{u}_1(t)$为确定性的输入误差。

离散化式(3.84),同时忽略随机噪声的影响(随机性误差不能预测),即得到格网坐标系下表示的单轴旋转调制激光陀螺航海惯导的系统性定位误差预测模型:

$$\hat{\boldsymbol{x}}_1^G(k+1)=\boldsymbol{\Phi}(k+1,k)\hat{\boldsymbol{x}}_1^G(k)+\boldsymbol{\Gamma}(k)\hat{\boldsymbol{u}}_1(k) \tag{3.91}$$

其中，

$$\begin{aligned}&\boldsymbol{\Phi}(k+1,k)=e^{A\Delta t},\ \boldsymbol{\Gamma}(k)=\boldsymbol{\Phi}(k+1,k)\int_0^{\Delta t}e^{-A\tau}\mathrm{d}\boldsymbol{\tau}\boldsymbol{B},\\&\hat{\boldsymbol{u}}_1(k)=\begin{bmatrix}\hat{\boldsymbol{\varepsilon}}_x^{b_1}(k) & \hat{\boldsymbol{\varepsilon}}_y^{b_1}(k) & \hat{\boldsymbol{\varepsilon}}_z^{b_1}(k) & \hat{\nabla}_{x'}^{b_1}(k) & \hat{\nabla}_{y'}^{b_1}(k)\end{bmatrix}^{\mathrm{T}}\end{aligned} \tag{3.92}$$

式中：$\hat{\boldsymbol{x}}_1^G(k)$为 t_k 时刻的误差状态预测值，其初值设为$\hat{\boldsymbol{x}}_1^G(0)=0$；$\hat{\boldsymbol{u}}_1(k)$为陀螺常值漂移、加速度计常值零偏的估计值，由联合误差状态卡尔曼滤波器估计得到；Δt 为离散化步长。将定位误差预测值从单轴系统的定位输出信息中扣除，即能得到补偿过系统性误差的定位结果输出，补偿方式为输出校正，补偿方法如下：

$$\overline{\boldsymbol{C}}_e^{G_1}=\widetilde{\boldsymbol{C}}_e^{G_1}-\delta\,\hat{\boldsymbol{C}}_e^{G_1} \tag{3.93}$$

$$\delta\,\hat{\boldsymbol{C}}_e^{G_1}=-[\hat{\boldsymbol{\theta}}_1^G\times]\widetilde{\boldsymbol{C}}_e^{G_1},\hat{\boldsymbol{\theta}}_1^G=\begin{bmatrix}1 & 0\\0 & 1\\-c_{13}/c_{33} & 0\end{bmatrix}\begin{bmatrix}\hat{\theta}_{E_1}^G\\\hat{\theta}_{N_1}^G\end{bmatrix} \tag{3.94}$$

其中，上标‘-’和‘^’分别表示修正值和误差预测值。

3.3.2　极区冗余旋转调制激光陀螺航海惯导协同定位方案设计

图 3.3 为一种冗余单轴、双轴旋转调制激光陀螺航海惯导配置示意图。在单轴、双轴旋转调制激光陀螺航海惯导系统间构建格网系下表示的联合误差状态卡尔曼滤波器，该滤波器以两套系统导航参数输出的差异为观测量，对两套系统各自的惯性器件的确定性误差进行估计。

虽然单轴系统水平方向的陀螺漂移和加速度计零偏、双轴系统所有方向的陀螺漂移和加速度计零偏对各自定位的影响均被调制，但可用于监控惯导系统中惯性器件的工作状态以进行故障诊断。正常情况下对单轴系统方位陀螺漂移进行估计（3.2 节），同时对其造成的系统性的长期定位误差进行预测补偿（3.3.1 节），补偿方式为输出校正，无需改动现有惯导系统的导航算法内部架构，保证了系统的冗余可靠性，同时补偿后的单轴系统定位误差主要为陀螺角度随机游走造成的随机性误差。单轴系统的可靠性通常高于双轴系统，即使双轴系统出现故障，单轴系统输出的补偿过系统性误差的定位结果仍能保证较高的定位精度。该方案对两套系统的相对安装关系没有要求，具有实施简单的优点；同时实现了舰艇搭载的冗余旋转调制激光陀螺航海惯导系统间导航信息的融合利用，这样的配置既保证了可靠性，又能保证故障情况下的定位精度，同时节约了成本。

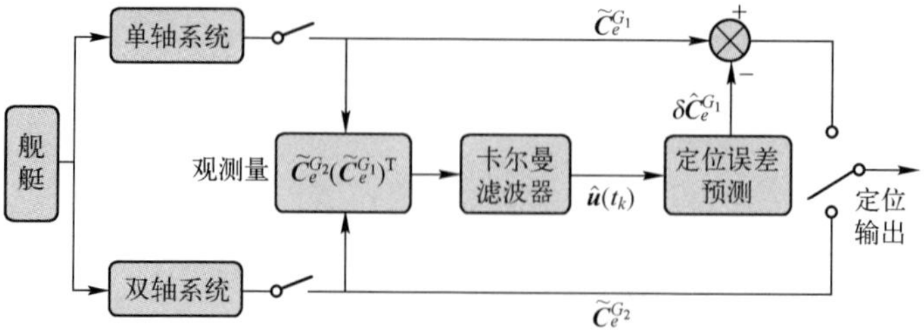

图 3.3 双航海惯导配置

3.3.3 联合误差状态卡尔曼滤波器极区应用的几个问题

舰艇通常由非极区进入极区,完成任务后驶离极区,导航坐标系将会在当地水平地理坐标系与格网坐标系间完成相互转换。相应地,联合误差状态卡尔曼滤波器也需要完成在当地水平地理坐标系与格网坐标系之间的相互转换,本节将建立联合误差状态卡尔曼滤波器在两个坐标系间的转换关系,以实现协同定位方法在全球范围内的适用性。此外,针对 3.2.3 节指出的极点附近联合误差状态存在不可观子空间的情况,设计 Schmidt-Kalman 滤波器以保证状态估计的一致性,本节同时给出 Schmidt-Kalman 滤波器的详细内容。

1. 联合误差状态方程及定位误差预测模型在地理系与格网系间的转换

当地水平地理坐标系 n 下表示的联合误差状态为

$$\begin{aligned}\boldsymbol{x}_1^n(t)=[&\phi_{E_{12}}^n,\phi_{N_{12}}^n,\phi_{U_{12}}^n,\delta v_{E_{12}}^n,\delta v_{N_{12}}^n,\delta L_{12},\delta\lambda_{12},\varepsilon_x^{b_1},\varepsilon_y^{b_1},\varepsilon_z^{b_1},\\&\varepsilon_x^{b_2},\varepsilon_y^{b_2},\varepsilon_z^{b_2},\nabla_x^{b_1},\nabla_y^{b_1},\nabla_x^{b_2},\nabla_y^{b_2}]^{\mathrm{T}}\end{aligned}\tag{3.95}$$

其中,姿态误差差值 $\boldsymbol{\phi}_{12}^n$、速度误差差值 $\delta\boldsymbol{v}_{12}^n$、位置误差 δL_{12} 和 $\delta\lambda_{12}$ 在当地水平地理坐标系与格网坐标系下的表示不同,两套系统的陀螺常值漂移 $\boldsymbol{\varepsilon}^{b_1}$、$\boldsymbol{\varepsilon}^{b_2}$,加速度计常值零偏$\nabla^{b_1}$、$\nabla^{b_2}$均为 IMU 坐标系下表示,与当地水平地理坐标系、格网坐标系无关。

当舰艇驶入极区后,导航坐标系完成从当地水平地理坐标系 n 到格网坐标系 G 的转换,联合误差状态在格网坐标系下表示为

$$\begin{aligned}\boldsymbol{x}_1^G(t)=[&\phi_{E_{12}}^G,\phi_{N_{12}}^G,\phi_{U_{12}}^G,\delta v_{E_{12}}^G,\delta v_{N_{12}}^G,\theta_{E_{12}}^G,\theta_{N_{12}}^G,\varepsilon_x^{b_1},\varepsilon_y^{b_1},\varepsilon_z^{b_1},\\&\varepsilon_x^{b_2},\varepsilon_y^{b_2},\varepsilon_z^{b_2},\nabla_x^{b_1},\nabla_y^{b_1},\nabla_x^{b_2},\nabla_y^{b_2}]^{\mathrm{T}}\end{aligned}\tag{3.96}$$

姿态误差差值由 $\boldsymbol{\phi}_{12}^n$ 转换为 $\boldsymbol{\phi}_{12}^G$,转换关系推导如下:

$$\begin{aligned}\delta\boldsymbol{C}_{b_{12}}^G&=-[\boldsymbol{\phi}_{12}^G\times]\boldsymbol{C}_b^G\\&=\delta\boldsymbol{C}_{n_{12}}^G\boldsymbol{C}_b^n+\boldsymbol{C}_n^G\delta\boldsymbol{C}_{b_{12}}^n\\&=-[\varsigma_{12}^G\times]\boldsymbol{C}_n^G\boldsymbol{C}_b^n-\boldsymbol{C}_n^G[\boldsymbol{\phi}_{12}^n\times]\boldsymbol{C}_b^n\end{aligned}\tag{3.97}$$

根据式(3.97),可以得到

$$\boldsymbol{\phi}_{12}^{G}=\boldsymbol{C}_{n}^{G}\boldsymbol{\phi}_{12}^{n}+\varsigma_{12}^{G},\ \varsigma_{12}^{G}=[0\quad 0\quad -\delta\sigma_{12}]^{\mathrm{T}} \tag{3.98}$$

其中,

$$\varsigma_{12}^{G}=\boldsymbol{T}_{a}\begin{bmatrix}\delta L_{12}\\ \delta\lambda_{12}\end{bmatrix}$$

$$\boldsymbol{T}_{a}=\begin{bmatrix}0 & 0\\ 0 & 0\\ -\dfrac{\cos L\sin\sigma\cos\sigma}{\sin L} & -\dfrac{1-\cos^{2}L\cos^{2}\sigma}{\sin L}\end{bmatrix} \tag{3.99}$$

速度误差差值由 $\delta\boldsymbol{v}_{12}^{n}$ 转换为 $\delta\boldsymbol{v}_{12}^{G}$,转换关系推导如下:

$$\begin{aligned}\delta\boldsymbol{v}_{12}^{G}&=\boldsymbol{C}_{n}^{G}\delta\boldsymbol{v}_{12}^{n}+\delta\boldsymbol{C}_{n_{12}}^{G}\boldsymbol{v}^{n}\\&=\boldsymbol{C}_{n}^{G}\delta\boldsymbol{v}_{12}^{n}-[\varsigma_{12}^{G}\times]\boldsymbol{C}_{n}^{G}\boldsymbol{v}^{n}\\&=\boldsymbol{C}_{n}^{G}\delta\boldsymbol{v}_{12}^{n}+\boldsymbol{T}_{b}\begin{bmatrix}\delta L_{12}\\ \delta\lambda_{12}\end{bmatrix}\end{aligned} \tag{3.100}$$

其中,

$$\boldsymbol{T}_{b}=[(\boldsymbol{C}_{n}^{G}\boldsymbol{v}^{n})\times]\boldsymbol{T}_{a} \tag{3.101}$$

位置误差差值由 δL_{12}、$\delta\lambda_{12}$ 转换为 $\theta_{E_{12}}^{G}$、$\theta_{N_{12}}^{G}$,转换关系如下:

$$\begin{bmatrix}\theta_{E_{12}}^{G}\\ \theta_{N_{12}}^{G}\end{bmatrix}=\boldsymbol{T}_{c}\begin{bmatrix}\delta L_{12}\\ \delta\lambda_{12}\end{bmatrix},\boldsymbol{T}_{c}=\begin{bmatrix}-\cos\sigma & -\sin\sigma\cos L\\ -\sin\sigma & \cos\sigma\cos L\end{bmatrix} \tag{3.102}$$

根据式(3.98)、式(3.100)、式(3.102),可得联合误差状态的转换关系如下:

$$\boldsymbol{x}^{G}(t)=\Lambda\boldsymbol{x}^{n}(t),\boldsymbol{x}^{n}(t)=\Lambda^{-1}\boldsymbol{x}^{G}(t)$$

$$\Lambda=\left[\begin{array}{c:c}\boldsymbol{T} & 0_{7\times10}\\ \hdashline 0_{10\times7} & \boldsymbol{I}_{10\times10}\end{array}\right],\boldsymbol{T}=\begin{bmatrix}\boldsymbol{C}_{n}^{G} & 0_{3\times2} & \boldsymbol{T}_{a}\\ 0_{2\times3} & \boldsymbol{M}\boldsymbol{C}_{n}^{G}\boldsymbol{M}^{\mathrm{T}} & \boldsymbol{M}\boldsymbol{T}_{b}\\ 0_{2\times3} & 0_{2\times2} & \boldsymbol{T}_{c}\end{bmatrix},\boldsymbol{M}=\begin{bmatrix}1 & 0 & 0\\ 0 & 1 & 0\end{bmatrix} \tag{3.103}$$

联合误差状态卡尔曼滤波器的协方差矩阵转换关系为

$$\begin{aligned}\boldsymbol{P}^{G}(t)&=\boldsymbol{E}\{(\widetilde{\boldsymbol{x}}^{G}(t)-\boldsymbol{x}^{G}(t))(\widetilde{\boldsymbol{x}}^{G}(t)-\boldsymbol{x}^{G}(t))^{\mathrm{T}}\}\\&=\boldsymbol{E}\{\Lambda(\widetilde{\boldsymbol{x}}^{n}(t)-\boldsymbol{x}^{n}(t))(\widetilde{\boldsymbol{x}}^{n}(t)-\boldsymbol{x}^{n}(t))^{\mathrm{T}}\Lambda^{\mathrm{T}}\}\\&=\Lambda\boldsymbol{E}\{(\widetilde{\boldsymbol{x}}^{n}(t)-\boldsymbol{x}^{n}(t))(\widetilde{\boldsymbol{x}}^{n}(t)-\boldsymbol{x}^{n}(t))^{\mathrm{T}}\}\Lambda^{\mathrm{T}}\\&=\Lambda\boldsymbol{P}^{n}(t)\Lambda^{\mathrm{T}}\end{aligned} \tag{3.104}$$

类似地,

$$\boldsymbol{P}^n(t)=\boldsymbol{\Lambda}^{-1}\boldsymbol{P}^G(t)\boldsymbol{\Lambda}^{-\mathrm{T}} \tag{3.105}$$

相应的单轴旋转调制激光陀螺航海惯导的误差状态的预测值转换关系为

$$\hat{\boldsymbol{x}}_1^G(t_k)=\boldsymbol{T}\hat{\boldsymbol{x}}_1^n(t_k),\hat{\boldsymbol{x}}_1^n(t_k)=\boldsymbol{T}^{-1}\hat{\boldsymbol{x}}_1^G(t_k) \tag{3.106}$$

图 3.4 给出了联合误差状态卡尔曼滤波器在不同坐标系之间的转换关系示意图。舰艇在中低纬度航行时，导航坐标系为 n 系，惯导在此坐标系下进行编排，相应的联合误差状态卡尔曼滤波器也在此坐标系下构建；当舰艇驶入极区后，导航坐标系为 G 系，惯导在此坐标系下进行编排，相应的联合误差状态卡尔曼滤波器也在格网坐标系下构建，滤波器的转换关系如图所示；当舰艇驶离极区后，导航坐标系再次转换为 n 系，惯导编排再次进行坐标系转换，联合误差状态卡尔曼滤波器相应地也进行转换。若主惯导工作正常，那么定位结果输出采用其结果输出；若主惯导故障，定位结果输出采用补偿过系统性误差的单轴系统的定位输出。

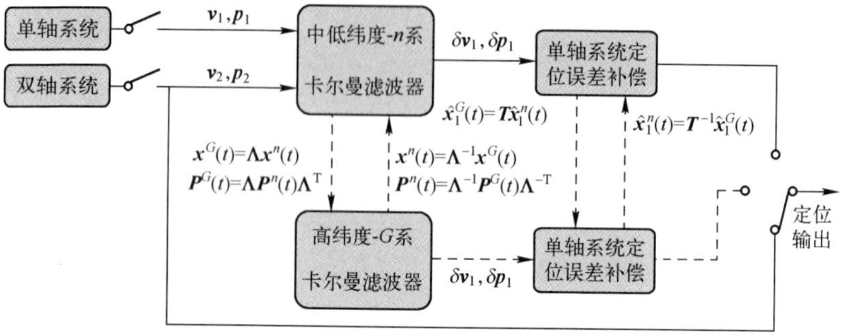

图 3.4 联合误差状态卡尔曼滤波器在坐标系之间的转换

2. Schmidt-Kalman 滤波器在极点处的应用

3.2.3 节分析了联合误差状态卡尔曼滤波器的可观性，并指出了在极点附近，$\phi_{U_{12}}^G$、$\varepsilon_z^{b_1}$、$\varepsilon_z^{b_2}$ 三个状态将会与其他状态完全解耦，这三个状态不可观，为了保证滤波器状态估计的一致性，在极点附近可将不可观状态子空间对应的卡尔曼滤波器增益置 0，即将卡尔曼滤波器转换为 Schmidt-Kalman 滤波器，当舰艇驶离极点附近区域后，滤波器再次转换为一般卡尔曼滤波器。

卡尔曼滤波器的基本原理如下[132]：

$$\begin{aligned}
&\hat{\boldsymbol{X}}_{k/k-1}=\boldsymbol{\Phi}_{k/k-1}\hat{\boldsymbol{X}}_{k-1}\\
&\boldsymbol{P}_{k/k-1}=\boldsymbol{\Phi}_{k/k-1}\boldsymbol{P}_{k-1}\boldsymbol{\Phi}_{k/k-1}^{\mathrm{T}}+\boldsymbol{\Gamma}_{k-1}\boldsymbol{Q}_{k-1}\boldsymbol{\Gamma}_{k-1}^{\mathrm{T}}\\
&\boldsymbol{K}_{opt}=\boldsymbol{P}_{k/k-1}H\boldsymbol{\Phi}_{k/k-1}^{\mathrm{T}}+\boldsymbol{\Gamma}_{k-1}\boldsymbol{Q}_{k-1}\boldsymbol{\Gamma}_{k-1}^{\mathrm{T}}\\
&\boldsymbol{P}_k=(\boldsymbol{I}-\boldsymbol{K}_{opt}\boldsymbol{H}_k)\boldsymbol{P}_{k/k-1}\\
&\hat{\boldsymbol{X}}_k=\hat{\boldsymbol{X}}_{k/k-1}+\boldsymbol{K}_{opt}(\boldsymbol{Z}_k-\boldsymbol{H}_k\hat{\boldsymbol{X}}_{k/k-1})
\end{aligned} \tag{3.107}$$

式中：$\boldsymbol{K}_{opt}$ 为最优卡尔曼滤波增益。

Schmidt-Kalman 滤波器的原理如下[133]：

$$
\begin{aligned}
&\hat{\boldsymbol{X}}_{k/k-1}=\boldsymbol{\Phi}_{k/k-1}\hat{\boldsymbol{X}}_{k-1}\\
&\boldsymbol{P}_{k/k-1}=\boldsymbol{\Phi}_{k/k-1}\boldsymbol{P}_{k-1}\boldsymbol{\Phi}_{k/k-1}^{\mathrm{T}}+\boldsymbol{\Gamma}_{k-1}\boldsymbol{Q}_{k-1}\boldsymbol{\Gamma}_{k-1}^{\mathrm{T}}\\
&\boldsymbol{K}_{\mathrm{Schmidt}}=\boldsymbol{P}_{k/k-1}\boldsymbol{H}\boldsymbol{\Phi}_{k/k-1}^{\mathrm{T}}+\boldsymbol{\Gamma}_{k-1}\boldsymbol{Q}_{k-1}\boldsymbol{\Gamma}_{k-1}^{\mathrm{T}}\\
&\boldsymbol{P}_{k}=(\boldsymbol{I}-\boldsymbol{K}_{\mathrm{Schmidt}}\boldsymbol{H}_{k})\boldsymbol{P}_{k/k-1}\\
&\hat{\boldsymbol{X}}_{k}=\hat{\boldsymbol{X}}_{k/k-1}+\boldsymbol{K}_{\mathrm{Schmidt}}(\boldsymbol{Z}_{k}-\boldsymbol{H}_{k}\hat{\boldsymbol{X}}_{k/k-1})
\end{aligned}
\tag{3.108}
$$

式中：$\boldsymbol{K}_{\mathrm{Schmidt}}$ 为 Schmidt-Kalman 滤波增益。其形式如下：

$$
\boldsymbol{K}_{\mathrm{Schmidt}}=\begin{bmatrix}\boldsymbol{K}_{s}\\ \boldsymbol{0}\end{bmatrix}
\tag{3.109}
$$

即将不可观状态子空间的增益零化，将 $\boldsymbol{K}_{\mathrm{Schmidt}}$ 替换 $\boldsymbol{K}_{opt}$ 即可得到 Schmidt-Kalman 滤波器。实质上，Schmidt-Kalman 滤波器零化不可观状态滤波增益后，不可观状态的协方差将不再更新。Schmidt-Kalman 滤波器为次优滤波器，但可以保证不可观状态估计的一致性，避免估计发散。

3.4　仿真与实验验证

分别通过仿真实验、静态实验、海上实验验证 3.2 节和 3.3 节提出的方法。

3.4.1　仿真实验

仿真实验由两部分组成，仿真实验一考察基于格网坐标系的联合误差状态卡尔曼滤波器的运行情况，仿真实验二考察联合误差状态卡尔曼滤波器在当地水平地理坐标系与格网坐标系间的转换情况。

1. 仿真实验一

联合旋转调制策略设置：单轴旋转调制激光陀螺航海惯导绕方位轴周期性地进行 4 位置转停[8, 25]，双轴旋转调制激光陀螺航海惯导绕横滚轴、方位轴周期性地进行 16 次序转停[42]。

舰艇的初始纬度为 35°N，舰艇以 15m/s 的速度沿子午线向极区航行，当舰艇到达 86°N 后停留 24h，然后沿相同的路径返回，整个航行时间为 168h。

两套系统的惯性器件误差如表 3.2 所示。其中，惯性器件确定性误差设定值假定为单轴、双轴旋转调制激光陀螺航海惯导长时间对准结束时各漂移、零偏项估计补偿后的残余部分，需要说明的是单轴旋转调制激光陀螺航海惯导的方位陀螺漂移以定位精度优于 1nm/72h 的误差分配方案中对方位陀螺的精度要求为基准[43]。

表 3.2 惯性器件误差

参　数	数　值
单轴系统陀螺常值漂移	0.003°/h,-0.002°/h,0.0003°/h
双轴系统陀螺常值漂移	0.004°/h,-0.005°/h,0.003°/h
单轴系统加速度计常值零偏	20μg,-40μg
双轴系统加速度计常值零偏	20μg,-30μg
陀螺角随机游走	$<0.001°/\sqrt{h}$
加速度计噪声功率谱密度	$<20\mu g/\sqrt{Hz}$

陀螺、加速度计噪声数据为两套高精度激光陀螺航海惯导静态测试去均值后所得,该噪声数据可以反映实际惯性器件的噪声水平。陀螺角随机游走均优于 $0.001°/\sqrt{h}$,加速度计随机噪声的功率谱密度方根值均优于 $20\mu g/\sqrt{Hz}$。需要说明的是由于垂向通道与水平通道的弱耦合性,垂向通道相关误差均被忽略。

联合误差状态卡尔曼滤波器完全在格网坐标系下构建(包括中低纬度地区),不存在滤波器的转换过程。联合误差状态卡尔曼滤波器的初始协方差矩阵设定为

$$\boldsymbol{P}_0=\mathrm{diag}\begin{cases}(100'')^2(100'')^2(100'')^2(0.05\mathrm{m/s})2\ (0.05\mathrm{m/s})^2(0.3'')^2(0.3'')^2\\(0.01°/\mathrm{h})^2(0.01°/\mathrm{h})^2(0.01°/\mathrm{h})^2(0.01°/\mathrm{h})^2(0.01°/\mathrm{h})^2(0.01°/\mathrm{h})^2\\(50\mu\mathrm{g})^2(50\mu\mathrm{g})^2(50\mu\mathrm{g})^2(50\mu\mathrm{g})^2\end{cases} \tag{3.110}$$

观测噪声功率谱密度设定为

$$\boldsymbol{R}=\mathrm{diag}(0.02\mathrm{m/s}/\sqrt{\mathrm{Hz}})^2(0.02\mathrm{m/s}/\sqrt{\mathrm{Hz}})^2(0.0065''/\sqrt{\mathrm{Hz}})^2(0.0065''/\sqrt{\mathrm{Hz}})^2 \tag{3.111}$$

系统噪声功率谱密度设定为

$$\boldsymbol{Q}=\mathrm{diag}\begin{cases}(0.001°/\sqrt{\mathrm{h}})^2(0.001°/\sqrt{\mathrm{h}})^2(0.001°/\sqrt{\mathrm{h}})^2\\(0.001°/\sqrt{\mathrm{h}})^2(0.001°/\sqrt{\mathrm{h}})^2(0.001°/\sqrt{\mathrm{h}})^2\\(20\mu\mathrm{g}/\sqrt{\mathrm{h}})^2(20\mu\mathrm{g}/\sqrt{\mathrm{h}})^2(20\mu\mathrm{g}/\sqrt{\mathrm{h}})^2(20\mu\mathrm{g}/\sqrt{\mathrm{h}})^2\end{cases} \tag{3.112}$$

通过联合误差状态卡尔曼滤波器对两套旋转调制激光陀螺航海惯导系统的惯性器件确定性误差进行估计,该估计值同时可用于惯性器件工作状态的实时在线监控。如果在线故障诊断装置根据惯性器件确定性误差的估计值判定

双轴旋转调制激光陀螺航海惯导系统故障，则联合误差状态卡尔曼滤波器停止工作，但单轴旋转调制激光陀螺航海惯导系统的定位误差预测补偿模型继续工作，对其方位陀螺常值漂移造成的系统性定位误差预测补偿，并由单轴旋转调制激光陀螺航海惯导系统输出补偿后的定位信息。

假定在线故障诊断系统在第 72h 时诊断双轴系统故障，此后由单轴系统输出定位信息。图 3.5、图 3.6 分别为单轴、双轴旋转调制激光陀螺航海惯导的陀螺常值漂移估计误差曲线及其 3σ 界限，从这两幅图可以看出，单轴系统的两个水平陀螺常值漂移估计误差及双轴系统的三个陀螺常值漂移估计误差均小于 0.001°/h，单轴系统的方位陀螺常值漂移估计误差小于 0.0001°/h（纬度越高估计精度越低），且所有陀螺的常值漂移估计误差曲线均位于 3σ 界限以内。与单轴系统的方位陀螺常值漂移估计误差相比，其水平陀螺常值漂移及双轴系统的陀螺常值漂移估计误差相对较大，主要原因在于：经旋转调制后，单轴系统的水平陀螺常值漂移及双轴系统的陀螺常值漂移均被调制掉，其对定位误差的影响不明显，而单轴系统的方位陀螺常值漂移会造成与导航时间成正比的系统性误差，其影响作用持续存在。一个极端的例子是如果联合误差状态卡尔曼滤波器的观测量的更新周期与联合旋转调制的周期恰好相同，即每个联合旋转调制周期时长内观测只更新一次，在这种情况下只有单轴系统方位陀螺常值漂移对定位的影响能够表现出来，也只有单轴系统的方位陀螺常值漂移可以估计出来。

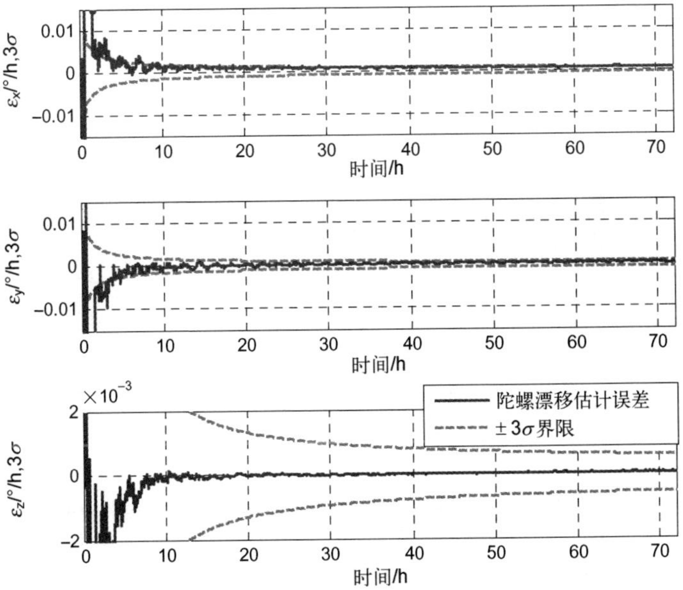

图 3.5　单轴系统陀螺常值漂移估计误差

此外,观察可以发现单轴系统的方位陀螺常值漂移需要 12 小时的时间(半个地球周期),其估计精度才能达到 0.0001°/h,这与单轴旋转调制激光陀螺航海惯导系泊对准的用时差不多。

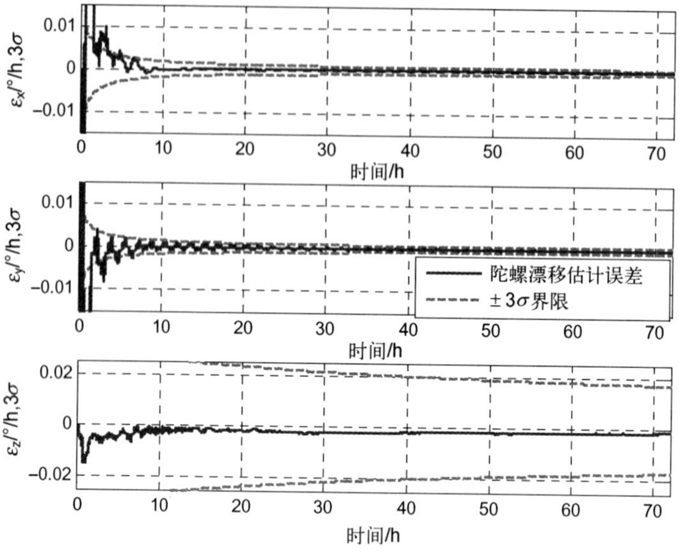

图 3.6　双轴系统陀螺常值漂移估计误差

图 3.7、图 3.8 分别是单轴、双轴旋转调制激光陀螺航海惯导的加速度计常值零偏估计误差曲线及其 3σ 界限。从图中可以看出,所有加速度计常值零偏的估计误差均优于 1μg,并且估计误差曲线均位于 3σ 界限以内。

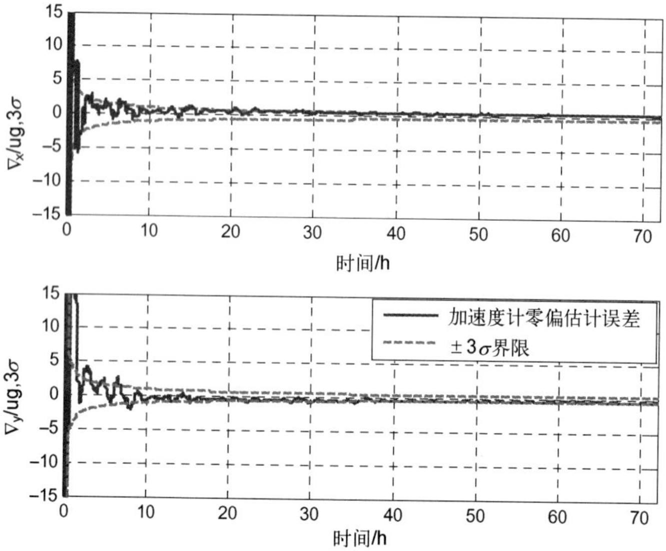

图 3.7　单轴系统加速度计常值零偏估计误差

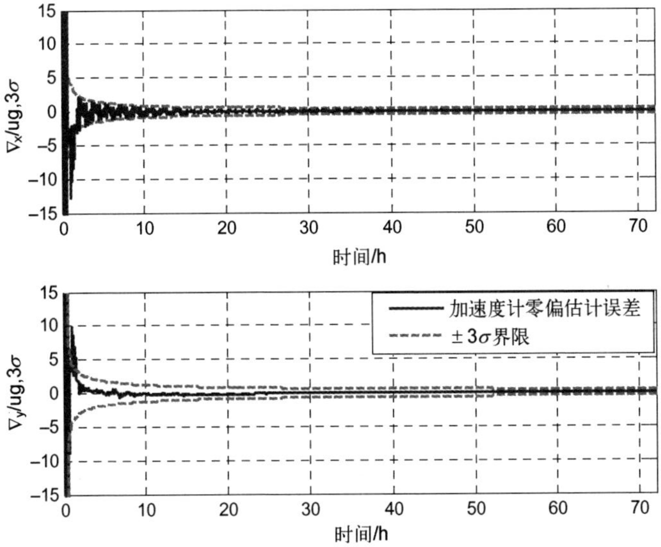

图 3.8　双轴系统加速度计常值零偏估计误差

图 3.9 描绘了 168h 导航时间内单轴旋转调制激光陀螺航海惯导的定位误差曲线，定位误差采用如下定义：

$$\begin{bmatrix} R\delta L \\ R\delta\lambda\cos L \end{bmatrix} = \begin{bmatrix} -\cos\sigma & -\sin\sigma \\ -\sin\sigma & \cos\sigma \end{bmatrix} \begin{bmatrix} R\theta_E^G \\ R\theta_N^G \end{bmatrix} \tag{3.113}$$

$$\delta r = \sqrt{(R\theta_E^G)^2 + (R\theta_N^G)^2} = \sqrt{(R\delta L)^2 + (R\delta\lambda\cos L)^2} \tag{3.114}$$

采用这样的定义原因在于：舰艇驶入极区、驶出极区过程中存在导航坐标系的切换，为了清晰起见，采用统一的定位误差表示形式。基于联合误差状态卡尔曼滤波器估计得到单轴系统的惯性器件确定性误差，根据单轴系统的定位误差预测模型对惯性器件确定性误差造成的系统性偏差进行预测。图 3.9 中给出了 $R\delta L$、$R\delta\lambda\cos L$ 的预测值。从图中可以发现，定位误差预测模型表现良好，特别是对 $R\delta\lambda\cos L$ 的预测，$R\delta\lambda\cos L$ 的发散趋势得到了很好的预测。此外，从图中可以看出，随着纬度升高，相同的 $\delta\lambda$ 所对应的 $R\delta\lambda\cos L$ 逐渐减小。

图 3.10 给出了单轴旋转调制激光陀螺航海惯导系统性误差补偿前后的径向位置误差对比，补偿过系统性定位误差之后，误差减小了 30% 以上。作为对比，图中虚线给出了双轴系统不存在假定故障时的径向位置误差，将其与补偿过系统性定位误差后的单轴系统定位误差曲线对比可以发现两者精度相当。因此，通过两套系统间的信息融合，提高了故障情况下的导航定位精度。

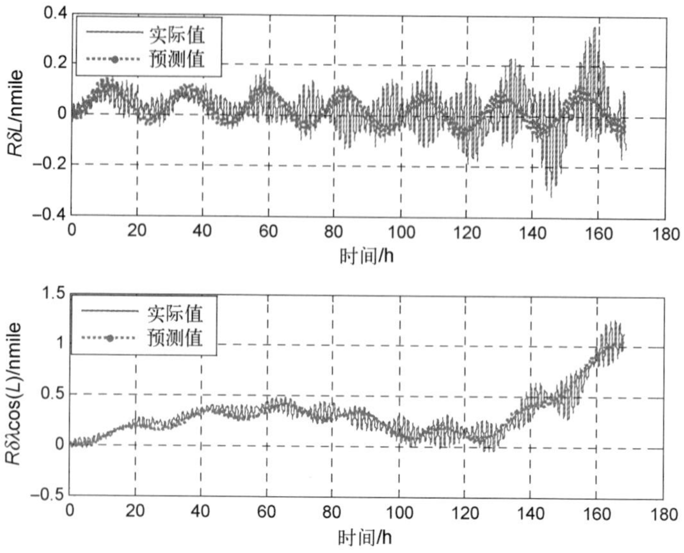

图 3.9　单轴系统的定位误差及其预测值(仿真一组)

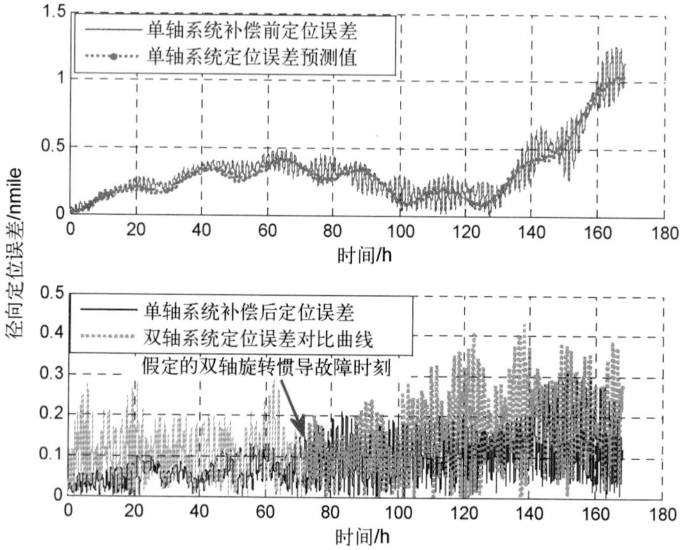

图 3.10　单轴系统径向定位误差对比(仿真一组)

2. 仿真实验二

仿真实验二考察联合误差状态卡尔曼滤波器在当地水平地理坐标系与格网坐标系间的转换情况。

舰艇从 45°N 出发,以 15m/s 速度沿子午线向极区航行,到达极点后沿相同路径返回,返回途中到达 88°N 后在此停留 24h,之后再次沿相同路径向出发点航行,整个行程时间为 192h。陀螺、加速度计确定性误差仍然按表 3.2 设置。

图 3.11 为舰艇的纬度变化示意图,当舰艇到达 84°N 时(80h 左右),导航坐标系由当地水平地理坐标系—n 系转换为格网坐标系—G 系,联合误差状态卡尔曼滤波器亦从当地水平地理坐标系—n 系转换为格网坐标系—G 系;当舰艇驶离极区到达 83.5°N 时(130.5h 左右),导航坐标系由格网坐标系—G 系转换为当地水平地理坐标系—n 系,联合误差状态卡尔曼滤波器亦从格网坐标系—G 系转换为当地水平地理坐标系—n 系。舰艇驶入、驶出极区的纬度设定值不同可以避免定位误差引起导航算法在常规算法和极区算法之间频繁切换的情况[134]。此外,舰艇到达 89°N(极点附近)时,卡尔曼滤波器转换为 Schmidt - Kalman 滤波器,只需将不可观状态($\phi_{U_{12}}^{G}$、$\varepsilon_z^{b_1}$、$\varepsilon_z^{b_2}$)子空间的增益矩阵置 0,以保证状态估计的一致性。

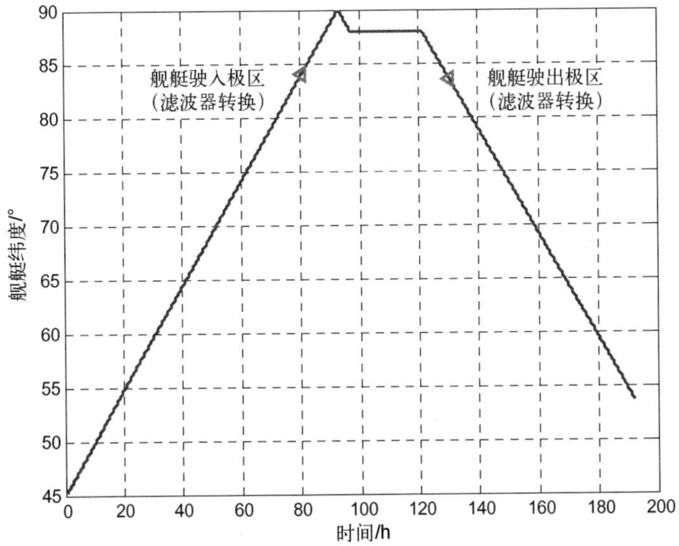

图 3.11　舰艇纬度变化

图 3.12 给出了整个航行过程中单轴系统、双轴系统陀螺常值漂移的估计情况,单轴系统方位陀螺常值漂移估计误差优于 0.0001°/h,单轴系统两个水平陀螺及双轴系统三个陀螺常值漂移估计误差优于 0.001°/h,估计精度存在差异的原因为:除单轴系统方位陀螺常值漂移未被调制外,其余陀螺常值漂移均被调制,对定位误差影响不明显。图 3.13 为两套系统加速度计常值零偏的估计情况,估计误差均优于 1μg。此外从图 3.12、图 3.13 也可看出,卡尔曼滤波器在当地水平地理坐标系—n 系与格网坐标系—G 系间(第 80h 和第 130.5h 左

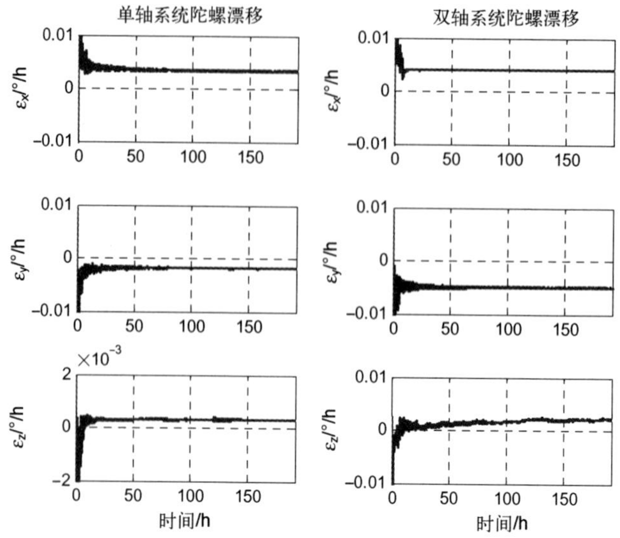

图 3.12　陀螺常值漂移估计

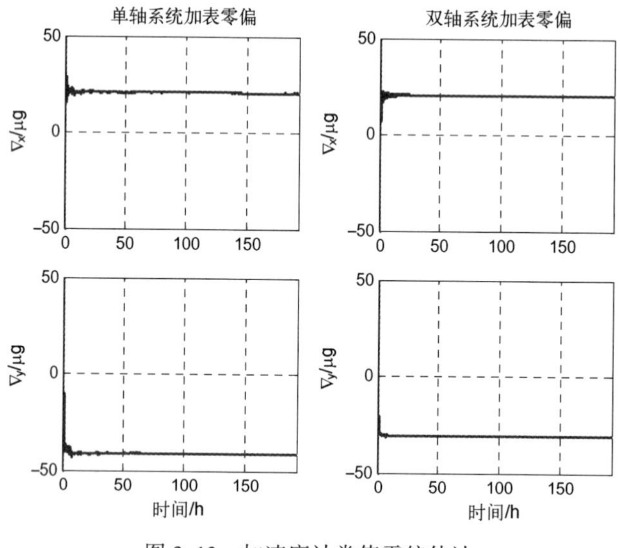

图 3.13　加速度计常值零偏估计

右)的两次转换未对陀螺常值漂移、加速度计常值零偏的估计产生影响,说明了转换方法的有效性。

为验证单轴系统定位误差预测模型的有效性,在前述仿真基础上,假定双轴系统在第 85h 故障,此时舰艇处于极区内 86.2°N 左右,故障时刻后由补偿过定位误差的单轴系统提供定位输出。

图 3.14 给出了单轴系统的定位误差及其预测曲线，从图中可以看出，随着纬度升高，相同的 $\delta\lambda$ 所对应的 $R\delta\lambda\cos L$ 逐渐减小。定位误差预测曲线表明预测模型表现良好，特别是对于定位误差发散项的预测反映了其变化趋势。此外，导航坐标系在当地水平地理坐标系—n 系与格网坐标系—G 系间的两次转换没有对定位误差预测产生影响。图 3.15 给出了补偿定位误差前后单轴系统的

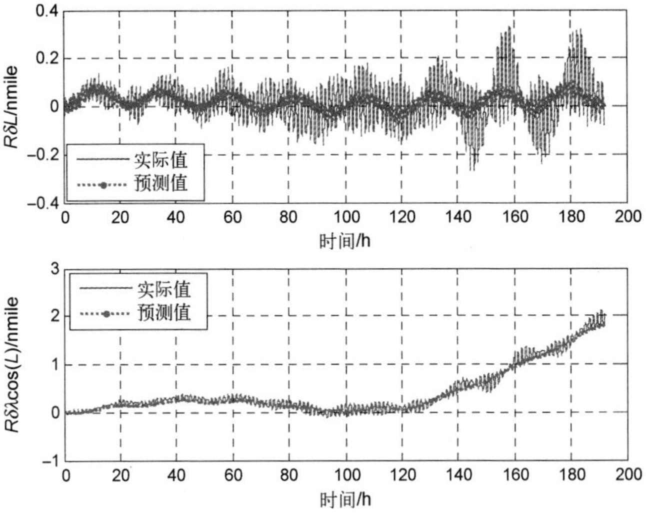

图 3.14　单轴系统的定位误差及其预测值（仿真二组）

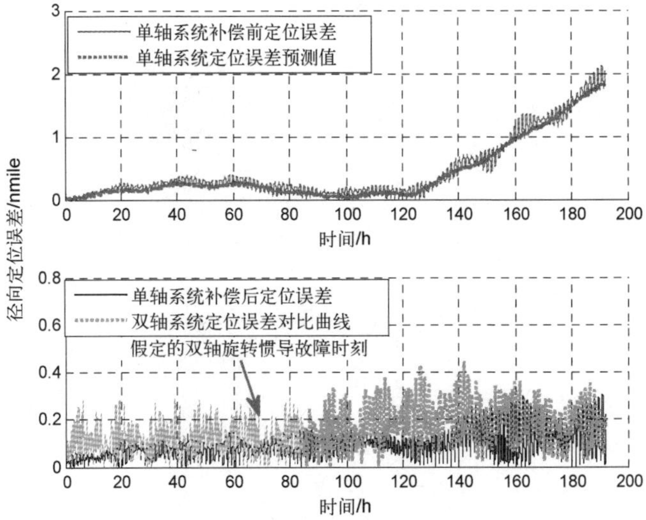

图 3.15　单轴系统径向定位误差对比（仿真二组）

定位误差对比示意图，可以看出补偿过系统性定位误差后，单轴系统的定位精度提高了30%以上，与无故障情况下双轴系统的定位精度相当。因此，即使双轴系统故障，补偿过定位误差的单轴系统依然可以提供高精度的定位输出，保障了舰艇在极区的航行安全。

3.4.2 静态实验

随机选择两套高精度激光陀螺航海惯导进行单轴、双轴旋转调制系统备份配置情况下的静态导航实验。激光陀螺零偏稳定性优于0.003°/h(1σ)，随机游走优于0.001°/$\sqrt{h}$；加速度计零偏稳定性优于20μg(1σ)，加速度计随机噪声的功率谱密度方根值优于20ug/$\sqrt{Hz}$。整个测试时间为144h。

在第8h时导航坐标系由当地水平地理坐标系—n系转换为格网坐标系—G系(模拟舰艇驶入极区)，联合误差状态卡尔曼滤波器从当地水平地理坐标系—n系转换为格网坐标系—G系，定位误差预测模型也完成转换；同时假定第12h时双轴系统故障，故障时刻后由补偿过系统性定位误差的单轴系统提供定位输出；在第80h时导航坐标系由格网坐标系—G系转换为当地水平地理坐标系—n系(模拟舰艇驶出极区)。

图3.16给出了单轴系统的定位误差及其预测曲线，从图中可以看出，定位误差预测模型表现良好，特别是对于定位误差发散项的预测基本反映了其变化趋势。同时也能看出，导航坐标系在当地水平地理坐标系—n系与格网坐标

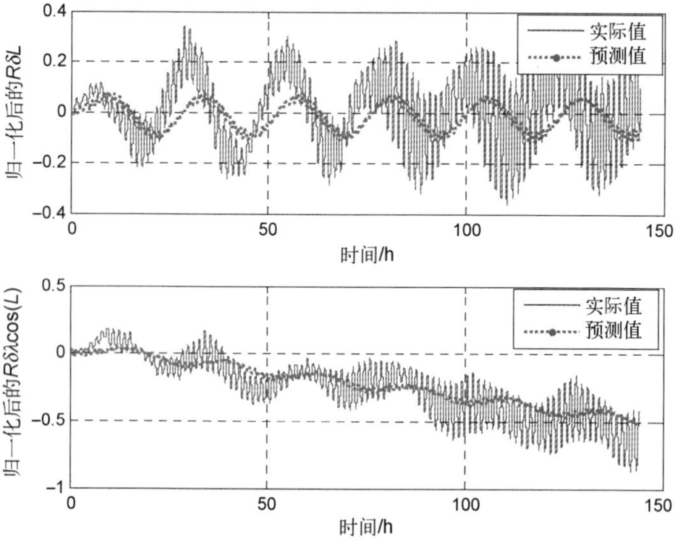

图3.16 单轴系统的定位误差及其预测值

系—G 系间的两次转换没有对定位误差预测产生影响。

图 3.17 给出了补偿定位误差前后单轴系统的定位误差对比示意图，补偿过系统性定位误差后，单轴系统的定位精度提高了 30%以上，与无故障情况下双轴系统的定位精度相当。因此通过信息融合，既满足了备份配置可靠性的要求，又能提高主惯导故障情况下的定位精度。

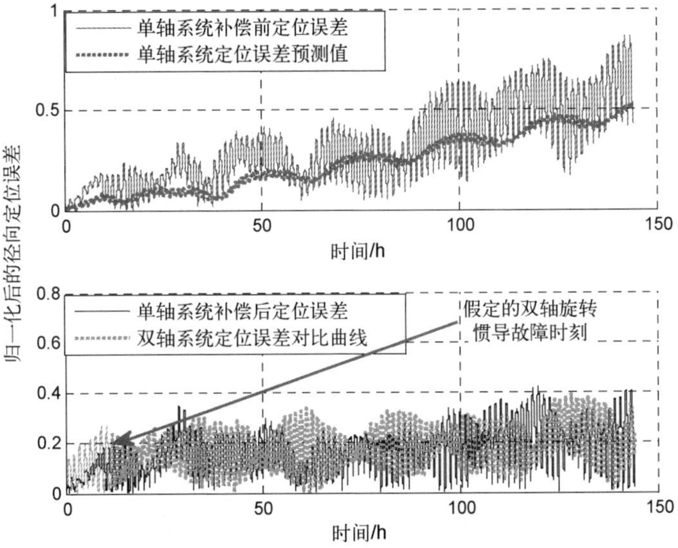

图 3.17　单轴系统径向定位误差对比(静态测试)

3.4.3　海上实验

利用一套高精度单轴旋转调制激光陀螺航海惯导与一套高精度双轴旋转调制激光陀螺航海惯导进行了海上实验，测试时长约为 72h(3 天)，测试过程中由 GPS 提供外界参考位置基准。航海惯导激光陀螺组件的零偏稳定性优于 0.003°/h (1σ)，激光陀螺的角随机游走优于 0.001°/$\sqrt{\text{h}}$，石英挠性加速度计的零偏稳定性优于 20μg (1σ)，加速度计噪声的功率谱密度优于 20μg/$\sqrt{\text{Hz}}$。两套系统对准结束后均工作于纯惯导状态，没有任何外界信息对惯导系统进行校准。

在第 5h 时导航坐标系由当地水平地理坐标系—n 系转换为格网坐标系—G 系(模拟舰艇驶入极区)，联合误差状态卡尔曼滤波器从当地水平地理坐标系—n 系转换为格网坐标系—G 系，定位误差预测模型也完成转换；同时假定第 14h 时双轴系统故障，故障时刻后由补偿过系统性定位误差的单轴系统提供定位输出;在第 53h 时导航坐标系由格网坐标系—G 系转换为当地水平地理坐标系—n 系(模拟舰艇驶出极区)。

图 3.18 给出了归一化后的单轴系统的定位误差及其预测曲线,从图中可以看出,定位误差预测值可在一定程度上反映实际的定位误差变化趋势,但未达到仿真实验、静态实验的效果,原因在于动态条件下的误差源较多,定位误差预测模型未考虑安装误差、惯性器件慢变漂移等因素的影响,存在一定的模型误差。同时也可看出,导航坐标系在当地水平地理坐标系—n 系与格网坐标系—G 系间的两次转换没有对定位误差预测产生影响。

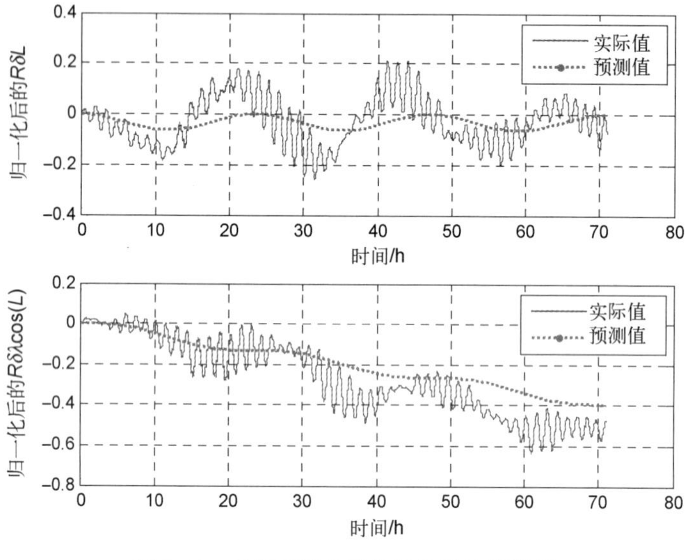

图 3.18　单轴系统的定位误差及其预测值

图 3.19 给出了补偿定位误差前后单轴系统的定位误差对比示意图,可以看出补偿过系统性定位误差后,单轴系统的定位精度提高明显,并优于无故障情况下双轴系统的定位精度。出现这种情况的原因在于:单轴系统补偿过方位陀螺常值漂移造成的系统性定位误差之后,剩余部分主要是陀螺角度随机游走造成的随机性误差,若其陀螺角度随机游走小于双轴系统的陀螺角度随机游走,其定位精度将优于双轴系统的定位精度。因此通过信息融合,既满足了备份配置可靠性的要求,又能提高主惯导故障情况下的定位精度。

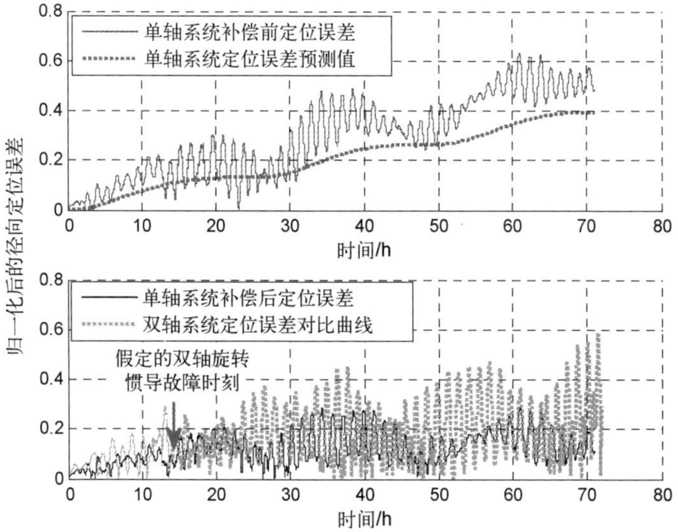

图 3.19　单轴系统径向定位误差对比(海上实验)

3.5　本章小结

本章基于格网坐标系重新设计了联合误差状态卡尔曼滤波器,同时建立了联合误差状态卡尔曼滤波器在当地水平地理坐标系与格网坐标系间的相互转换关系;单轴旋转调制激光陀螺航海惯导的定位误差预测模型也在格网坐标系下进行了重新构建,同时建立了定位误差预测模型在当地水平地理坐标系与格网坐标系间的相互转换关系;针对极点附近联合误差状态中的方位角姿态误差差值、单轴系统及双轴系统的方位陀螺常值漂移不可观的问题,为避免状态估计的不一致性,极点附近将卡尔曼滤波器转换为 Schmidt-Kalman 滤波器,零化不可观状态子空间的增益矩阵。本章的内容使得冗余旋转调制激光陀螺航海惯导协同定位方法具有了全球适用性。系统间的信息融合既满足了可靠性的要求,又提高了主惯导故障情况下的定位精度。

第4章　航海惯导相对性能在线评估与传递对准方法研究

鉴于旋转调制激光陀螺航海惯导体积较小，舰艇上可以方便的进行系统的安装拆除。某些任务条件下，为了保证可靠性，会配置三套以上的旋转调制激光陀螺航海惯导系统，如两套双轴旋转调制激光陀螺航海惯导和一套单轴旋转调制激光陀螺航海惯导系统，这种情况下一般根据船员的主观经验从两套双轴旋转调制激光陀螺航海惯导系统中挑选一套系统作为主惯导系统，另外一套双轴系统和单轴系统分别作为第二、第三备份惯导系统。现实的问题是主惯导的选择带有主观随机性，缺少有效的双轴系统相对性能在线评估方法。虽然激光陀螺的性能相对稳定，但是由于环境因素的影响，主观选择的名义上性能更优的"主惯导"并不一定是真正的性能更优系统，在这种配置情况下需要寻找一种冗余双轴旋转调制激光陀螺航海惯导相对性能在线评估方法，为舰艇操作人员提供实时的参考主惯导。

此外，某些任务条件下，舰艇采用两套单轴旋转调制激光陀螺航海惯导系统的配置。虽然单轴系统可以调制水平陀螺漂移、加速度计零偏的影响，这部分惯性器件零偏不会造成发散性误差，但会产生振荡误差，如舒勒周期振荡误差；此外，这部分惯性器件误差受 IMU 旋转的影响，会产生锯齿状速度误差，影响速度输出精度。本章针对两套单轴系统冗余配置的情况，设计了联合误差状态卡尔曼滤波器，对水平方向惯性器件的常值零偏进行估计，并补偿速度输出中的振荡误差，最后通过单轴系统辅助子惯导传递对准的应用说明单轴系统速度补偿的效果。

最后，针对联合误差状态卡尔曼滤波器维数较高（17 维）、计算负担较大的问题。本章还研究了基于降阶卡尔曼滤波器的冗余旋转调制航海惯导信息融合方法，以单轴、双轴旋转调制激光陀螺航海惯导系统协同定位为例，对降阶卡尔曼滤波器的性能进行了实验分析、验证。

4.1 冗余双轴旋转调制激光陀螺航海惯导相对性能在线评估

本节主要解决舰艇上两套双轴旋转调制激光陀螺航海惯导系统和一套单轴旋转调制激光陀螺航海惯导系统冗余配置情况下双轴系统间相对性能的在线评估问题，进而优选出性能更优的主惯导。

4.1.1 基于参数估计一致性的冗余双轴旋转调制激光陀螺航海惯导相对性能在线评估方法

如图 4.1 所示，为两套双轴旋转调制激光陀螺航海惯导系统和一套单轴旋转调制激光陀螺航海惯导的冗余配置示意图。通常情况下将其中一套双轴系统作为主惯导系统，另外一套双轴系统和单轴系统分别作为第二、第三备份惯导系统。这样的配置在一些可靠性要求极高的场合下得到了应用。

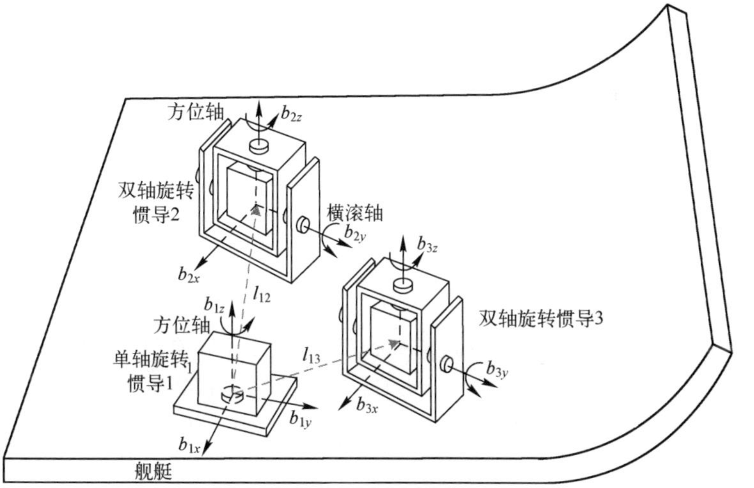

图 4.1　两套双轴系统和一套单轴系统冗余配置示意图

对于双轴旋转调制激光陀螺航海惯导而言，制约其定位精度的主要因素是激光陀螺的角随机游走，虽然双轴系统通常优选角随机游走系数较小的激光陀螺，但是不同系统的实际性能可能会与其实验室测试结果不一致。为了在线优选性能更优的系统，需要对不同系统的定位精度进行在线评估。

图 4.1 中将单轴系统编号为系统 1，双轴系统分别编号为系统 2、3。鉴于影

响双轴系统长期定位精度的主要因素是激光陀螺的角随机游走,因此,双轴系统 2、3 的相对性能在线评估问题即从两套系统中挑选出随机性误差更小的系统。

如图 4.2 所示,两个并行计算的联合误差状态卡尔曼滤波器分别在单轴系统 1 与双轴系统 2、双轴系统 3 之间构建,相应的滤波器记为滤波器 2、3。这两个并行计算的滤波器分别对单轴系统 1 与双轴系统 2、单轴系统 1 与双轴系统 3 之间的联合误差状态进行估计,两个滤波器的公共误差状态是单轴系统 1 的陀螺常值漂移和加速度计常值零偏。

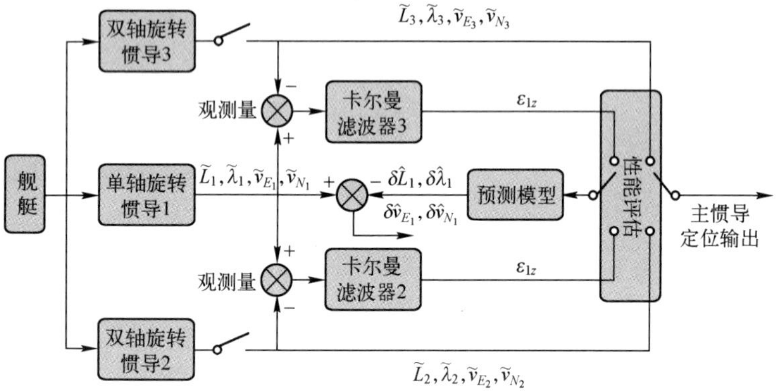

图 4.2　冗余双轴系统相对性能在线评估方法示意图

系统误差状态的协方差矩阵计算值 $\boldsymbol{P}_c(t)$ 由下述的 Riccati 方程给出[135]:

$$\begin{aligned}\dot{\boldsymbol{P}}_c(t)=&[\boldsymbol{F}(t)-\boldsymbol{K}_c(t)\boldsymbol{H}(t)]\boldsymbol{P}_c(t)+\boldsymbol{P}_c(t)[\boldsymbol{F}(t)-\boldsymbol{K}_c(t)\boldsymbol{H}(t)]^{\mathrm{T}}+\\&\boldsymbol{G}(t)\boldsymbol{Q}_c\boldsymbol{G}^{\mathrm{T}}(t)+\boldsymbol{K}_c(t)\boldsymbol{R}\boldsymbol{K}_c^{\mathrm{T}}(t)\end{aligned}\tag{4.1}$$

式中:$\boldsymbol{K}_c(t)$ 为卡尔曼滤波器的计算增益;$\boldsymbol{Q}_c$ 为设定的系统噪声功率谱密度。系统噪声反映了包括双轴系统激光陀螺在内的惯性器件的噪声水平。实际上,真正的系统噪声功率谱密度 $\boldsymbol{Q}$ 难以获得,其与系统噪声功率谱密度设定值之间的关系可以表示为[136]:

$$\boldsymbol{Q}_c=(1+\alpha)\boldsymbol{Q}\tag{4.2}$$

其中,α 为标量值。真实的系统误差状态的协方差矩阵定义为:

$$\boldsymbol{P}_a(t)=\boldsymbol{E}\{[\boldsymbol{x}_a(t)-\hat{\boldsymbol{x}}(t)][\boldsymbol{x}_a(t)-\hat{\boldsymbol{x}}(t)]^{\mathrm{T}}\}\tag{4.3}$$

式中:$\boldsymbol{P}_a(t)$ 为真实的系统误差状态的协方差矩阵;$\boldsymbol{x}_a(t)$ 为真实的系统误差状态;$\hat{\boldsymbol{x}}(t)$ 为系统误差状态估计值。$\boldsymbol{P}_a(t)$ 的微分方程可以表示为:

$$\dot{\boldsymbol{P}}_a(t)=\boldsymbol{E}\{[\dot{\boldsymbol{x}}_a(t)-\dot{\hat{\boldsymbol{x}}}(t)][\boldsymbol{x}_a(t)-\hat{\boldsymbol{x}}(t)]^{\mathrm{T}}\}+\boldsymbol{E}\{[\boldsymbol{x}_a(t)-\hat{\boldsymbol{x}}(t)][\dot{\boldsymbol{x}}_a(t)-\dot{\hat{\boldsymbol{x}}}(t)]^{\mathrm{T}}\}\tag{4.4}$$

此外，$\boldsymbol{x}_a(t)$ 与 $\hat{\boldsymbol{x}}(t)$ 的微分方程可以表示为：

$$\dot{\boldsymbol{x}}_a(t)=\boldsymbol{F}(t)\boldsymbol{x}_a(t)+\boldsymbol{G}(t)\boldsymbol{w}(t),\dot{\hat{\boldsymbol{x}}}(t)=[\boldsymbol{F}(t)-\boldsymbol{K}_c(t)\boldsymbol{H}(t)]\hat{\boldsymbol{x}}(t)+\boldsymbol{K}_c(t)\boldsymbol{z}(t) \tag{4.5}$$

式(4.5)的解析解可以表示为：

$$\begin{aligned}\boldsymbol{x}_a(t)&=\boldsymbol{\Phi}_a(t,0)\boldsymbol{x}_a(0)+\int_0^t\boldsymbol{\Phi}_a(t,\tau)\boldsymbol{G}(\tau)\boldsymbol{w}(\tau)\mathrm{d}\tau\\ \hat{\boldsymbol{x}}(t)&=\boldsymbol{\Phi}_c(t,0)\hat{\boldsymbol{x}}(0)+\int_0^t\boldsymbol{\Phi}_c(t,\tau)\boldsymbol{K}_c(\tau)\boldsymbol{z}(\tau)\mathrm{d}\tau\end{aligned} \tag{4.6}$$

其中，

$$\frac{\partial\boldsymbol{\Phi}_a(t,\tau)}{\partial t}=\boldsymbol{F}(t)\boldsymbol{\Phi}_a(t,\tau),\boldsymbol{\Phi}_a(t,t)=\boldsymbol{I} \tag{4.7}$$

将式(4.5)~式(4.6)代入式(4.4)并整理可以得到 $\boldsymbol{P}_a(t)$ 的微分方程等价形式如下：

$$\begin{aligned}\dot{\boldsymbol{P}}_a(t)=&[\boldsymbol{F}(t)-\boldsymbol{K}_c(t)\boldsymbol{H}(t)]\boldsymbol{P}_a(t)+\boldsymbol{P}_a(t)[\boldsymbol{F}(t)-\boldsymbol{K}_c(t)\boldsymbol{H}(t)]^{\mathrm{T}}+\\&\boldsymbol{G}(t)\boldsymbol{Q}\boldsymbol{G}^{\mathrm{T}}(t)+\boldsymbol{K}_c(t)\boldsymbol{R}\boldsymbol{K}_c^{\mathrm{T}}(t)\end{aligned} \tag{4.8}$$

将上式从式(4.1)中减去得到误差状态协方差矩阵计算值与真实值之间差异的微分方程：

$$\begin{aligned}\Delta\dot{\boldsymbol{P}}(t)&=\dot{\boldsymbol{P}}_c(t)-\dot{\boldsymbol{P}}_a(t)\\&=[\boldsymbol{F}(t)-\boldsymbol{K}_c(t)\boldsymbol{H}(t)]\Delta\boldsymbol{P}(t)+\Delta\boldsymbol{P}(t)[\boldsymbol{F}(t)-\boldsymbol{K}_c(t)\boldsymbol{H}(t)]^{\mathrm{T}}+\alpha\boldsymbol{G}(t)\boldsymbol{Q}\boldsymbol{G}^{\mathrm{T}}(t)\end{aligned} \tag{4.9}$$

式(4.9)的解析解可以表示为[137]：

$$\Delta\boldsymbol{P}(t)=\boldsymbol{\Phi}_c(t,0)\Delta\boldsymbol{P}(0)\boldsymbol{\Phi}_c^{\mathrm{T}}(t,0)+\alpha\int_0^t\boldsymbol{\Phi}_c(t,\tau)\boldsymbol{G}(\tau)\boldsymbol{Q}\boldsymbol{G}^{\mathrm{T}}(\tau)\boldsymbol{\Phi}_c^{\mathrm{T}}(t,\tau)\mathrm{d}\tau \tag{4.10}$$

其中，

$$\Delta\boldsymbol{P}(0)=\boldsymbol{P}_c(0)-\boldsymbol{P}_a(0)=0,\frac{\partial\boldsymbol{\Phi}_c(t,\tau)}{\partial t}=[\boldsymbol{F}(t)-\boldsymbol{K}_c(t)\boldsymbol{H}(t)]\boldsymbol{\Phi}_c(t,\tau),\boldsymbol{\Phi}_c(t,t)=\boldsymbol{I} \tag{4.11}$$

在实际工程应用中，系统噪声功率谱密度的设定值通常大于其真实值，即 $\boldsymbol{Q}_c\geqslant\boldsymbol{Q}$，也即 $\alpha\geqslant0$，这样的设定通常为了卡尔曼滤波器的稳定。此外，考虑到 $\int_0^t\boldsymbol{\Phi}_c(t,\tau)\boldsymbol{G}(\tau)\boldsymbol{Q}\boldsymbol{G}^{\mathrm{T}}(\tau)\boldsymbol{\Phi}_c^{\mathrm{T}}(t,\tau)\mathrm{d}\tau$ 为半正定，且 $\boldsymbol{P}_a(t)=\boldsymbol{P}_c(t)-\Delta P(t)$，因此，实际的系统噪声功率谱密度越大，$\alpha$ 将越小，真实的系统噪声协方差矩阵将会

越大;实际的系统噪声功率谱密度越小,α 将越大,真实的系统噪声协方差矩阵将会越小。

理论上,滤波器 2、3 估计得到的单轴系统的陀螺常值漂移和加速度计常值零偏应该完全相同。然而,正如上面所述,由于系统噪声带来的不确定性,它们的估计精度将不同。需要指出的是:两个滤波器中唯一不同的系统噪声在于双轴系统 2、3 的陀螺、加速度计噪声。此处,可以将两个滤波器中公共误差状态的时间均方差作为评价指标来评估双轴系统 2、3 的相对性能。越小的公共误差状态时间均方差,说明真实的系统噪声越小,这意味着对应的双轴系统的惯性器件噪声水平较低,其性能更优。此处,鉴于单轴系统 1 的方位陀螺常值漂移估计精度更高,选择单轴系统 1 的方位陀螺常值漂移的时间均方差作为评价指标,相应的计算方式如下:

$$\sigma_2(\hat{\varepsilon}_{1z}) = \sqrt{\frac{1}{N}\sum_{i=1}^{N}(\hat{\varepsilon}_{1z_i} - \mu_{\varepsilon_{1z}})^2}\,,\ \sigma_3(\hat{\varepsilon}_{1z}) = \sqrt{\frac{1}{N}\sum_{i=1}^{N}(\hat{\varepsilon}_{1z_i} - \mu_{\varepsilon_{1z}})^2} \tag{4.12}$$

式中:$\sigma_k(\hat{\varepsilon}_{1z})\,(k=2,\ 3)$ 分别为滤波器 2、3 估计得到的单轴系统 1 的方位陀螺常值漂移;N 为采样点数;$\mu_{\varepsilon_{1z}}$ 为时间均值。不利用任何外界基准信息,可以在线对双轴系统的相对性能进行评估,进而优选出性能更优的双轴系统作为主惯导。此外,可以利用时间均方差更小的单轴系统方位陀螺常值漂移估计值对其系统性定位误差进行预测补偿,这与一套单轴系统、一套双轴系统冗余配置的情况相同,不再赘述。

4.1.2 参数敏感性分析及实验验证

本小节通过仿真实验考察双轴系统相对性能在线评估方法对双轴系统激光陀螺噪声水平的敏感性。采集了 4 套高精度激光陀螺航海惯导的静态测试噪声数据,将其中 1 套作为单轴系统(编号为 1)的噪声数据,其余 3 套作为双轴系统(编号为 2、3、4)的噪声数据,以单轴系统 1 的方位陀螺常值漂移估计值不确定性的大小为评价指标,对 3 套双轴系统两两之间相对性能的优劣进行在线评估。

仿真实验包括两部分:第一部分考察同一套双轴系统(第 2 套)的激光陀螺噪声强度不同时,单轴系统方位陀螺常值漂移估计值标准差对激光陀螺噪声强度变化的敏感程度;第二部分考察单轴系统方位陀螺漂移包含趋势项时,对冗余配置的多套双轴系统(第 2、3、4 套)间的相对性能进行在线评估。

1. 仿真实验一

首先考察:同一套双轴系统(第 2 套)的激光陀螺噪声强度不同时,单轴系统方位陀螺常值漂移估计值标准差对激光陀螺噪声强度变化的敏感程度。单轴系统噪声数据为航海惯导系统 1 长时间(120h)静态测试数据按每 5min 求均值,进而减去均值所得,该数据作为理想的不包含趋势项(主要为环境温度敏感性误差)的噪声数据。双轴系统噪声数据为航海惯导系统 2 的长时间(120h)静态测试数据整体求均值,并减去此均值所得,为包含趋势项的噪声数据,可反映双轴系统实际工作环境下的运行情况。两套系统惯性器件常值误差按第 3 章仿真实验部分的数值进行设定。

为了分析评估方法对双轴系统噪声强度的敏感性,将双轴系统的激光陀螺噪声乘以系数 β ($\beta=0.5, 0.9, 1, 1.1, 1.5$),这样可以模拟激光陀螺噪声强度的变化。图 4.3 给出了不同噪声水平下单轴系统方位陀螺常值漂移的估计误差,从图中可以看出,不同噪声水平下单轴系统方位陀螺常值漂移的估计误差均位于 3σ 界限以内。

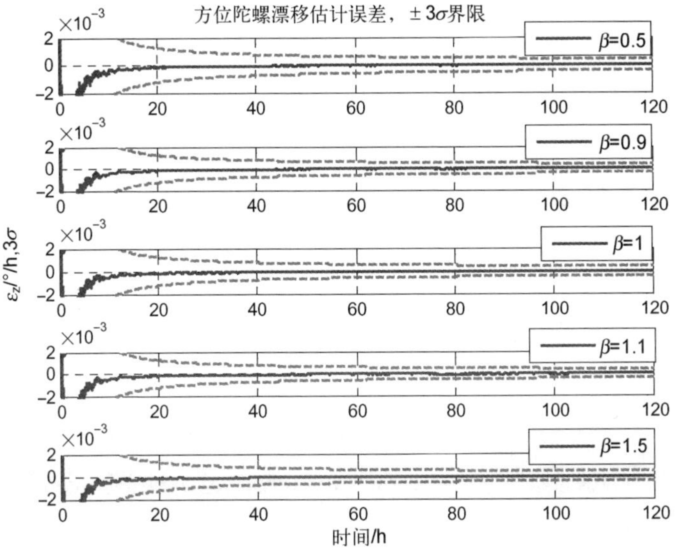

图 4.3　单轴系统方位陀螺常值漂移估计误差和 3σ 界限

按照式(4.12)计算单轴系统的方位陀螺常值漂移估计值的时间均方差,每 4h 计算一次,如图 4.4 可以看出,β 值越大,单轴系统的方位陀螺常值漂移估计值的时间均方差越大(为了清晰起见,纵轴采用了对数刻度),这意味着双轴系统的性能相对越差。

图 4.5 给出了不同噪声水平下双轴系统的定位精度对比示意图,通过观察已经不容易分辨出系统间定位精度的差别,但是在线评估方法给出了很好的度量,结合图 4.4 所示即能对不同噪声水平条件下的双轴定位精度进行区分。该

仿真实验结果表明,联合误差状态卡尔曼滤波器中单轴旋转调制激光陀螺航海惯导方位陀螺常值漂移估计值的标准差对双轴旋转调制激光陀螺航海惯导噪声强度的变化具有较强的敏感适应性,即使双轴旋转调制激光陀螺航海惯导的陀螺噪声仅放大 1.1 倍,该标准差仍能反映此变化,双轴旋转调制激光陀螺航海惯导的激光陀螺随机误差区分度可达 10%。

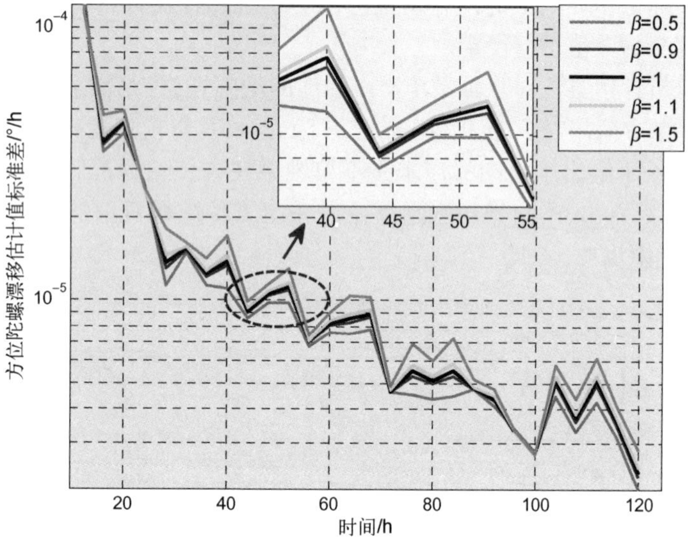

图 4.4　单轴系统方位陀螺常值漂移估计值标准差

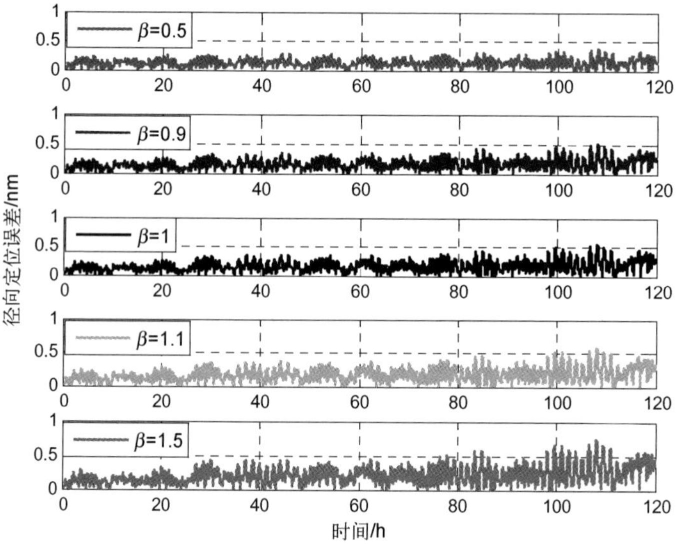

图 4.5　不同噪声水平下的双轴系统定位误差

2. 仿真实验二

虽然通过温度补偿技术可以对激光陀螺的环境温度敏感性误差进行有效补偿,但是惯导系统处于实际工作环境中仍可能存在部分未补偿的环境敏感性误差。需要考察:单轴系统的方位陀螺漂移包含趋势项(主要是环境温度敏感性误差)条件下,通过联合误差状态卡尔曼滤波器实现单轴系统方位陀螺漂移估计,并以该估计值不确定性的大小为评价指标,对冗余配置的多套双轴系统(第2、3、4套)间的相对性能进行在线评估。

单轴系统1的噪声数据为航海惯导系统长时间(120h)静态测试数据整体求均值,进而减去此均值所得,为包含趋势项的噪声数据,可以真实反映环境温度敏感性误差。各双轴系统2、3、4噪声数据处理及激光陀螺常值漂移、加速度计常值零偏的设定与仿真实验一中的处理方法及参数设定相同。

双轴系统2、3、4分别与单轴系统1构成联合误差状态卡尔曼滤波器(分别编号为滤波器2、3、4),对单轴系统的方位陀螺漂移进行估计。图4.6给出了滤波器2、3、4中单轴系统的方位陀螺漂移的估计值,漂移参考值为单轴系统方位陀螺原始静态测试数据整体减均值后再按每5分钟求均值所得,从图4.6中可以看出滤波器2、3、4的估计值在滤波器振荡稳定后可以跟踪反映方位陀螺漂移参考值的变化趋势。

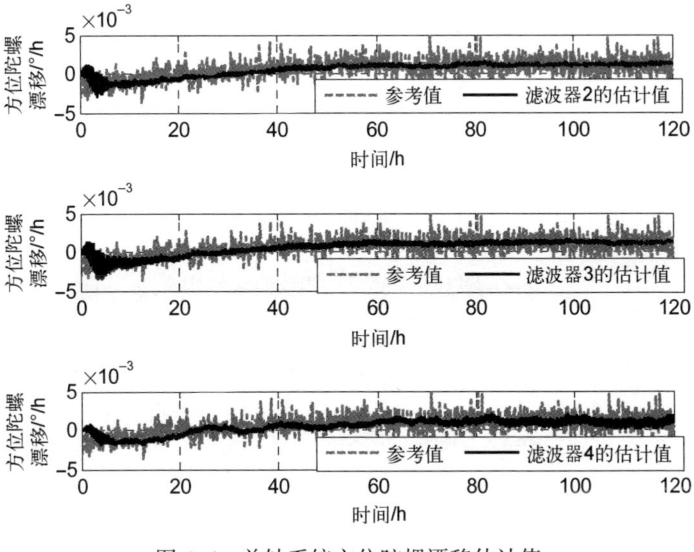

图4.6　单轴系统方位陀螺漂移估计值

按式(4.12)分别计算滤波器2、3、4中单轴系统1的方位陀螺漂移估计值的标准差,从第16h开始计算,每隔4h计算一次。图4.7给出了三个滤波器中单轴旋转惯导 1 的方位陀螺漂移估计值的标准差曲线。从图 4.7 中可以看出，当单轴旋转调制激光陀螺航海惯导 1 的方位陀螺漂移包含趋势项时，滤波器 2、3、4 相应估计值的标准差变化较大，但是曲线的整体变化趋势仍呈现出 $\sigma_4(\varepsilon_{z1})>\sigma_3(\varepsilon_{z1})>\sigma_2(\varepsilon_{z1})$ 的大小关系，其中滤波器 2、3 中单轴系统 1 的方位陀螺漂移估计值的标准差变化相对平缓、差异也相对较小，因此可以得出以下结论：双轴旋转调制激光陀螺航海惯导 4 的定位误差最大、双轴旋转调制激光陀螺航海惯导 3 的定位误差略大于双轴旋转调制激光陀螺航海惯导 2。

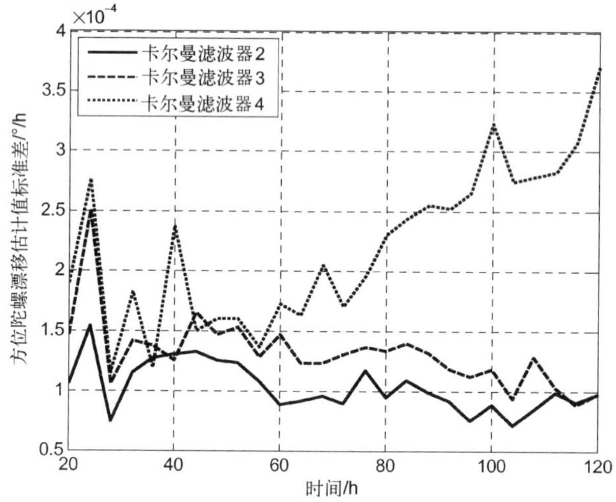

图 4.7　单轴系统方位陀螺漂移估计值标准差

图 4.8 给出了双轴旋转调制激光陀螺航海惯导 2、3、4 的定位误差曲线，从图中可以看出：双轴旋转调制激光陀螺航海惯导 4 的定位误差最大、双轴旋转

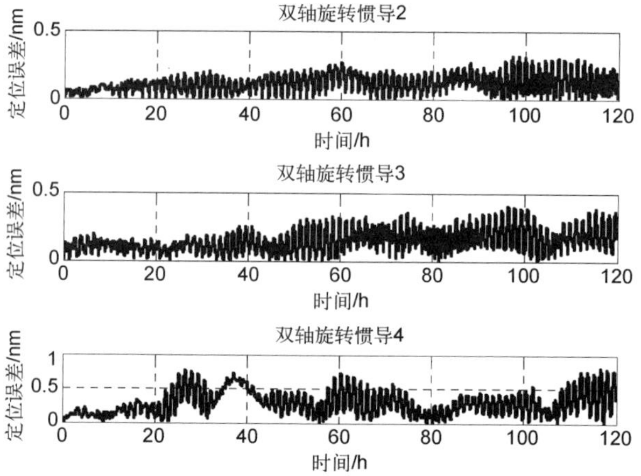

图 4.8　双轴系统定位误差对比

调制激光陀螺航海惯导 3 的定位误差略大于双轴旋转调制激光陀螺航海惯导 2，这个结论与双轴系统相对性能在线评估方法得出的结论相一致。因此，根据不同滤波器中单轴旋转调制激光陀螺航海惯导 1 的方位陀螺漂移估计值标准差的大小可以实现三套双轴旋转调制激光陀螺航海惯导两两间相对性能的在线评估，方位陀螺漂移估计值标准差越大的滤波器对应的双轴旋转调制激光陀螺航海惯导随机性误差越大，其性能相对也越差。

4.1.3 静态实验

利用一套高精度单轴旋转调制激光陀螺航海惯导（编号为 1）和两套高精度双轴旋转调制激光陀螺航海惯导（编号为 2、3）进行了长达 120h（5 天）的静态导航实验，激光陀螺零偏稳定性优于 0.003°/h（1σ），激光陀螺角随机游走优于 0.001°/$\sqrt{\mathrm{h}}$，加速度计零偏稳定性优于 20μg（1σ），加速度计噪声的功率谱密度方根优于 20μg/$\sqrt{\mathrm{Hz}}$。单轴系统 1 分别与双轴系统 2、3 进行联合误差状态卡尔曼滤波（构成滤波器 2、3），估计单轴系统的方位陀螺漂移。在测试之前对两套双轴系统的性能优劣未知。

图 4.9 给出了滤波器 2、3 中单轴系统方位陀螺漂移的估计值标准差，滤波器 2、3 中相应估计值的标准差变化曲线整体呈现出 $\sigma_2(\varepsilon_{z1})$ 略大于 $\sigma_3(\varepsilon_{z1})$ 的趋势，即双轴系统 3 的随机误差更小，性能更优。图 4.10 给出了归一化后的双

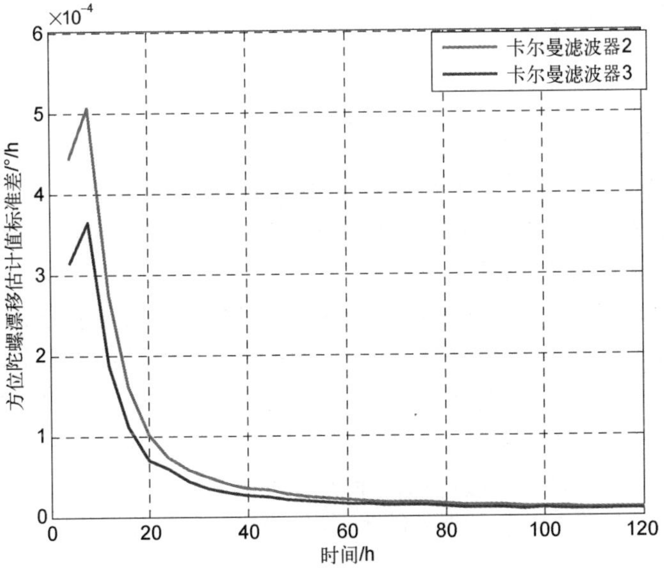

图 4.9　单轴系统方位陀螺漂移估计值标准差（静态实验 1 一组）

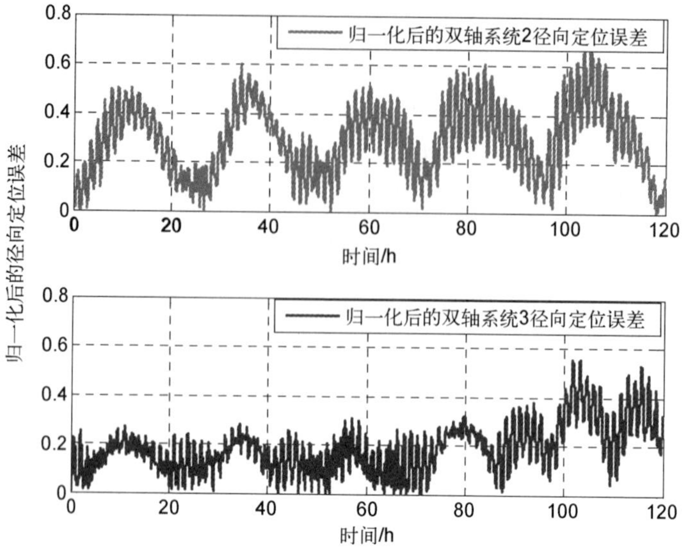

图 4.10 双轴系统定位误差对比(静态实验一组)

轴系统 2、3 的定位误差曲线,不难看出双轴系统 3 的定位误差相对更小,与在线相对性能评估结果相同。

利用另外一套高精度单轴旋转调制激光陀螺航海惯导(编号为 1)和另外两套高精度双轴旋转调制激光陀螺航海惯导(编号为 2、3)进行了长达 144h(6 天)的静态导航重复实验。单轴系统 1 分别与双轴系统 2、3 进行联合误差状态卡尔曼滤波(构成滤波器 2、3),估计单轴系统的方位陀螺漂移。

图 4.11 给出了滤波器 2、3 中单轴系统方位陀螺漂移的估计值标准差,滤波器 2、3 中相应估计值的标准差变化曲线整体呈现出 $\sigma_3(\varepsilon_{z1})$ 略大于 $\sigma_2(\varepsilon_{z1})$ 的趋势,即双轴系统 2 的随机误差更小,性能更优。图 4.12 给出了归一化后的双轴系统 2、3 的定位误差曲线,不难看出双轴系统 2 的定位误差相对更小,与在线相对性能评估结果相同。

利用多套不同的单轴、双轴旋转调制激光陀螺航海惯导进行了两次双轴旋转调制激光陀螺航海惯导相对性能在线评估实验,结果显示静态实验结果与仿真实验结果相一致,即根据单轴旋转调制激光陀螺航海惯导的方位陀螺漂移估计值标准差的大小可以实现不同双轴旋转调制激光陀螺航海惯导两两间相对性能的在线评估,方位陀螺漂移估计值标准差越大的滤波器对应双轴旋转调制激光陀螺航海惯导的随机性误差越大,其性能相对也越差。

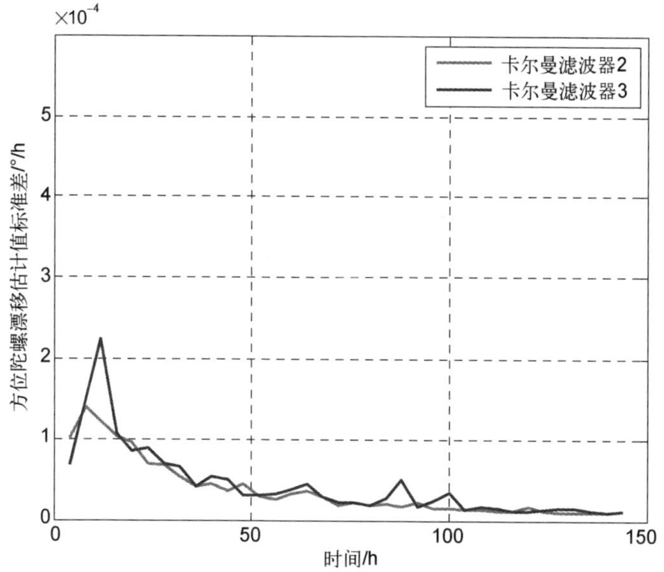

图 4.11　单轴系统方位陀螺漂移估计值标准差(静态实验二组)

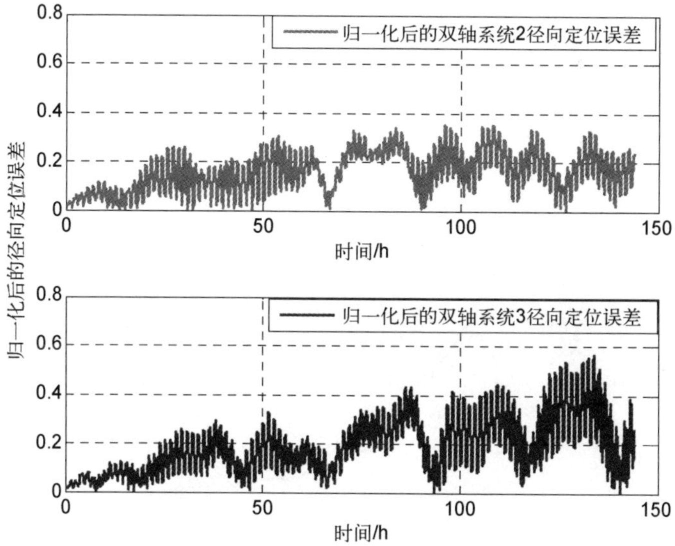

图 4.12　双轴系统定位误差对比(静态实验二组)

4.1.4　海上实验

利用一套高精度单轴旋转调制激光陀螺航海惯导(编号为 1)与两套高精

度双轴旋转调制激光陀螺航海惯导(编号为2、3)进行了海上实验,测试时长约为70h,测试过程中由GPS提供外界参考位置基准。航海惯导激光陀螺组件的零偏稳定性优于0.003°/h(1σ),激光陀螺的角随机游走优于0.001°/$\sqrt{\text{h}}$,石英挠性加速度计的零偏稳定性优于20μg(1σ),加速度计噪声功率谱密度优于20μg/$\sqrt{\text{Hz}}$。两套系统对准结束后均工作于纯惯导状态,没有任何外界信息对惯导系统进行校准。

在测试之前对两套双轴旋转调制激光陀螺航海惯导的性能优劣情况未知。两个并行计算的联合误差状态卡尔曼滤波器(滤波器2、3)分别在单轴系统1与双轴系统2、3间构建。图4.13给出了滤波器2、3中单轴系统方位陀螺漂移的估计值标准差,滤波器2、3中相应估计值的标准差变化曲线整体呈现出$\sigma_2(\varepsilon_{z1})$略大于$\sigma_3(\varepsilon_{z1})$的趋势,即双轴系统3的随机误差更小,性能更优。图4.14给出了归一化后的双轴系统2、3的定位误差曲线,不难看出双轴系统3的定位误差相对更小,与在线相对性能评估结果相同。海上实验与仿真实验、静态测试实验展现出了一致的结果,因此双轴系统相对性能在线评估方法为主惯导的选择提供了很好的参考信息。

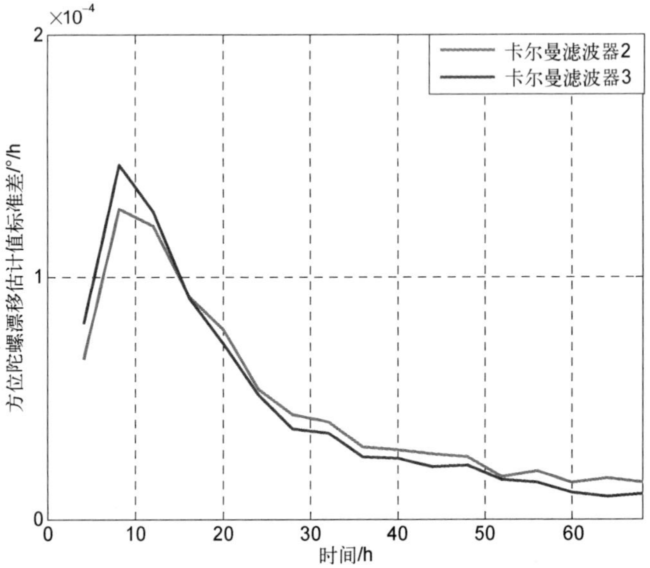

图4.13　单轴系统方位陀螺漂移估计值标准差(海上实验)

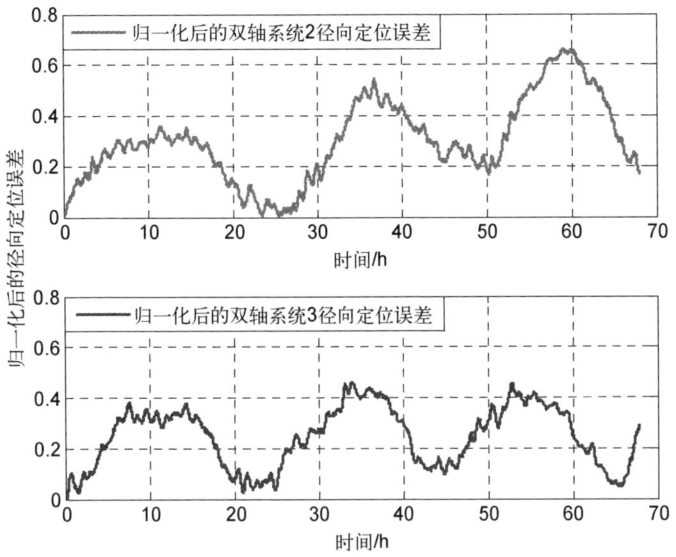

图 4.14　双轴系统定位误差对比(海上实验)

4.2　基于单轴联合旋转调制激光陀螺航海惯导的传递对准方法

某些应用条件下舰艇将采用两套单轴旋转调制激光陀螺航海惯导的配置,虽然单轴系统可以调制水平方向惯性器件常值零偏的影响,这部分零偏不会造成发散性误差,但是仍会导致振荡性的速度误差,如舒勒振荡,虽然可以通过外界参考速度信息在一定程度上对此进行阻尼,但阻尼效果受外界参考速度信息的精度影响较大,未知的洋流及舰艇的机动均影响阻尼效果[138, 139]。此外,IMU的旋转使得这部分零偏产生锯齿状速度误差。这些速度误差的存在影响了速度输出的精度,当单轴系统辅助子惯导传递对准时会显著影响传递对准的精度[140]。本节针对此问题展开研究,提高单轴系统的速度输出精度,改善传递对准效果。

4.2.1　联合误差状态卡尔曼滤波器设计

本小节针对两套单轴系统冗余配置的情况,优化了联合误差状态卡尔曼滤波器的设计,进而使得联合误差状态完全可观。

1. 联合误差状态方程

双单轴系统冗余配置情况下,选取联合误差状态为:

$$x(t)=[\phi_{E_{12}}^n,\phi_{N_{12}}^n,\phi_{U_{12}}^n,\delta v_{E_{12}}^n,\delta v_{N_{12}}^n,\delta L_{12},\delta\lambda_{12},\varepsilon_x^{b_1},\varepsilon_y^{b_1},\varepsilon_x^{b_2},\varepsilon_y^{b_2},\varepsilon_z^{b_1}-\varepsilon_z^{b_2},\nabla_x^{b_1},\nabla_y^{b_1},\nabla_x^{b_2},\nabla_y^{b_2}] \tag{4.13}$$

其中,两套单轴系统的方位陀螺常值漂移 $\varepsilon_z^{b_1}$、$\varepsilon_z^{b_2}$ 不能分离估计,只能估计它们的陀螺漂移差值 $\varepsilon_z^{b_1}-\varepsilon_z^{b_2}$,可观性分析部分将对此详述。

联合误差状态方程为:

$$\dot{x}(t)=F(t)x(t)+G(t)w(t) \tag{4.14}$$

其中,

$$w(t)=[w_{\varepsilon_x}^{b_1},w_{\varepsilon_y}^{b_1},w_{\varepsilon_x}^{b_2},w_{\varepsilon_y}^{b_2},w_{\varepsilon_z}^{b_1}-w_{\varepsilon_z}^{b_2},w_{\nabla_x}^{b_1},w_{\nabla_y}^{b_1},w_{\nabla_x}^{b_2},w_{\nabla_y}^{b_2}]^{\mathrm{T}} \tag{4.15}$$

式中,系统矩阵 $F(t)$ 为

$$F(t)=\begin{bmatrix} F_1 & F_2 & F_3 & F_4 & 0_{3\times4} \\ F_5 & F_6 & F_7 & 0_{2\times5} & F_8 \\ 0_{2\times3} & F_9 & F_{10} & 0_{2\times5} & 0_{2\times4} \\ \cdots & \cdots & \cdots & \cdots & \cdots \\ & & 0_{9\times16} & & \end{bmatrix} \tag{4.16}$$

$$F_1=\begin{bmatrix} 0 & \dfrac{v_E\tan L}{R_E+h}+\omega_{ie}\sin L & -\omega_{ie}\cos L-\dfrac{v_E}{R_E+h} \\ -\dfrac{v_E\tan L}{R_E+h}-\omega_{ie}\sin L & 0 & -\dfrac{v_N}{R_N+h} \\ \omega_{ie}\cos L+\dfrac{v_E}{R_E+h} & \dfrac{v_N}{R_N+h} & 0 \end{bmatrix} \tag{4.17}$$

$$F_2=\begin{bmatrix} 0 & -\dfrac{1}{R_N+h} \\ \dfrac{1}{R_E+h} & 0 \\ \dfrac{\tan L}{R_E+h} & 0 \end{bmatrix},\ F_3=\begin{bmatrix} 0 & 0 \\ -\omega_{ie}\sin L & 0 \\ \omega_{ie}\cos L+\dfrac{v_E}{(R_E+h)\cos^2 L} & 0 \end{bmatrix} \tag{4.18}$$

$$F_4=\left[\begin{array}{c:c:c} -MC_{b_1}^n M^{\mathrm{T}} & MC_{b_2}^n M^{\mathrm{T}} & 0_{2\times1} \\ \hdashline 0_{1\times2} & 0_{1\times2} & -1 \end{array}\right],\ M=\begin{bmatrix} 1 & 0 & 0 \\ 0 & 1 & 0 \end{bmatrix},\ F_5=\begin{bmatrix} 0 & -f_U & f_N \\ f_U & 0 & -f_E \end{bmatrix} \tag{4.19}$$

$$F_6=\begin{bmatrix}\dfrac{v_N\tan L}{R_E+h} & \dfrac{v_E\tan L}{R_E+h}+2\omega_{ie}\sin L\\ -2\omega_{ie}\sin L-2\dfrac{v_E\tan L}{R_E+h} & 0\end{bmatrix} \tag{4.20}$$

$$F_7=\begin{bmatrix}2\omega_{ie}v_N\cos L+\dfrac{v_Nv_E}{(R_E+h)\cos^2L} & 0\\ -2\omega_{ie}v_E\cos L-\dfrac{v_E^2}{(R_E+h)\cos^2L} & 0\end{bmatrix},\ F_8=[MC_{b_1}^nM^{\mathrm{T}}\ \vdots\ -MC_{b_2}^nM^{\mathrm{T}}] \tag{4.21}$$

$$F_9=\begin{bmatrix}0 & \dfrac{1}{R_N+h}\\ \dfrac{1}{(R_E+h)\cos L} & 0\end{bmatrix},\ F_{10}=\begin{bmatrix}0 & 0\\ \dfrac{v_E\tan L}{(R_E+h)\cos L} & 0\end{bmatrix}$$

需要说明的是，对于大型舰艇而言，通常其运行平稳，水平姿态角的变化不大，满足小角假设，故 $\varepsilon_z^{b_1}-\varepsilon_z^{b_2}$ 项对应的系数为-1。

系统噪声矩阵 $G(t)$ 为：

$$G(t)=\begin{bmatrix}F_4 & 0_{3\times4}\\ 0_{2\times5} & F_8\\ \hline \multicolumn{2}{c}{0_{11\times9}}\end{bmatrix} \tag{4.22}$$

2. 观测方程

两套单轴旋转调制激光陀螺航海惯导安装在舰艇的邻近区域（安装距离通常小于 1m），事先标定补偿安装杆臂 l_{12}^n 的影响。以两套单轴旋转调制激光陀螺航海惯导间的速度输出差值、位置输出差值作为观测量，如下所示：

$$\delta v_{E_{12}}=\tilde{v}_{E_1}-\tilde{v}_{E_2},\ \delta v_{N12}=\tilde{v}_{N_1}-\tilde{v}_{N_2} \tag{4.23}$$

$$\delta L_{12}=\tilde{L}_1-\tilde{L}_2,\ \delta\lambda_{12}=\tilde{\lambda}_1-\tilde{\lambda}_2 \tag{4.24}$$

至此，得到联合误差状态式(4.13)的观测方程为：

$$z(t)=H(t)x(t)+v(t) \tag{4.25}$$

其中，

$$z(t)=[\delta v_{E_{12}}\quad \delta v_{N_{12}}\quad \delta L_{12}\quad \delta\lambda_{12}]^{\mathrm{T}}$$

$$H(t)=\begin{bmatrix}0_{2\times3} & I_2 & 0_{2\times2} & 0_{2\times9}\\ 0_{2\times3} & 0_{2\times2} & I_2 & 0_{2\times9}\end{bmatrix} \tag{4.26}$$

式中：$v(t)$ 为观测噪声。

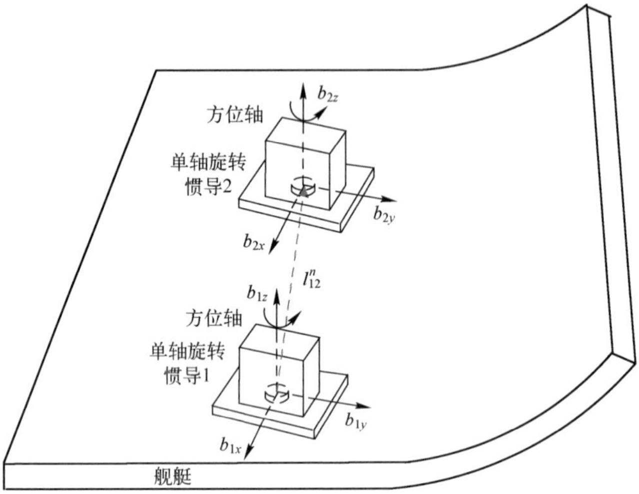

图 4.15 双单轴系统配置示意图

3. 可观性分析

前述系统($\boldsymbol{F}(t)$,$\boldsymbol{H}(t)$)满足分段线性定常系统的定义,其可观性矩阵表示为:

$$\mathcal{O}(m)=[\mathcal{O}_1^{\mathrm{T}} \vdots \mathcal{O}_2^{\mathrm{T}} \vdots \cdots \vdots \mathcal{O}_m^{\mathrm{T}}]^{\mathrm{T}} \tag{4.27}$$

其中,

$$\mathcal{O}_i=[\boldsymbol{H}^{\mathrm{T}} \vdots (\boldsymbol{HF})^{\mathrm{T}} \vdots \cdots \vdots (\boldsymbol{HF}^{15})^{\mathrm{T}}]^{\mathrm{T}}, i=1,2,\cdots,m \tag{4.28}$$

对于大型舰艇而言,通常航速较低、机动也较少,则

$$\boldsymbol{\omega}_{ie}^n \gg \boldsymbol{\omega}_{en}^n \approx \boldsymbol{0},\ \boldsymbol{f}^n \approx -\boldsymbol{g}^n=[0 \quad 0 \quad g]^{\mathrm{T}} \tag{4.29}$$

在大多数情况下是成立的。因此,只进行匀速直线运动条件下的可观性分析。单轴系统的方位旋转机构周期性地沿方位轴转动它们的 IMU,通常采用四位置转停方案,IMU 相对其方位转动机构的零位在(−45°,−135°,45°,135°)角位置处驻停,因此当两套系统采用不同的旋转周期时,两套系统间的相对方位角可以取值为(0°,90°,180°,270°)。

假定在某三个时间段内,舰艇运行平稳,水平姿态角变化满足小角假设,单轴系统 1 及单轴系统 2 的姿态变化由方位旋转机构的转动引起,且变化规律如下所示:

$$\boldsymbol{C}_{b_1}^n(t_1)\approx\begin{bmatrix}\cos(-45^\circ) & \sin(-45^\circ) & 0\\ -\sin(-45^\circ) & \cos(-45^\circ) & 0\\ 0 & 0 & 1\end{bmatrix},\ \boldsymbol{C}_{b_2}^n(t_1)\approx\begin{bmatrix}\cos(45^\circ) & \sin(45^\circ) & 0\\ -\sin(45^\circ) & \cos(45^\circ) & 0\\ 0 & 0 & 1\end{bmatrix} \tag{4.30}$$

$$\boldsymbol{C}_{b_1}^n(t_2)\approx\begin{bmatrix}\cos(135°) & \sin(135°) & 0\\ -\sin(135°) & \cos(135°) & 0\\ 0 & 0 & 1\end{bmatrix},\ \boldsymbol{C}_{b_2}^n(t_2)\approx\begin{bmatrix}\cos(45°) & \sin(45°) & 0\\ -\sin(45°) & \cos(45°) & 0\\ 0 & 0 & 1\end{bmatrix}\tag{4.31}$$

$$\boldsymbol{C}_{b_1}^n(t_3)\approx\begin{bmatrix}\cos(135°) & \sin(135°) & 0\\ -\sin(135°) & \cos(135°) & 0\\ 0 & 0 & 1\end{bmatrix},\ \boldsymbol{C}_{b_2}^n(t_3)\approx\begin{bmatrix}\cos(-135°) & \sin(-135°) & 0\\ -\sin(-135°) & \cos(-135°) & 0\\ 0 & 0 & 1\end{bmatrix}\tag{4.32}$$

将式(4.30)~式(4.32)代入式(4.27),计算可观性矩阵的秩可得 $rank\boldsymbol{\mathcal{O}}(3)=16$,即系统($\boldsymbol{F}(t)$,$\boldsymbol{H}(t)$)完全可观。事实上,两套系统的旋转周期不同使得水平方向惯性器件零偏造成的误差呈现出了不同的传播规律,因此通过相对信息的测量可以实现惯性器件常值零偏的分离估计。然而,两套系统的方位陀螺常值漂移不能实现分离估计。

两套系统的相对姿态可以表示如下:

$$\boldsymbol{C}_{b_2}^{b_1}\approx\begin{bmatrix}\cos\psi & \sin\psi & 0\\ -\sin\psi & \cos\psi & 0\\ 0 & 0 & 1\end{bmatrix}\tag{4.33}$$

式中:ψ 为相对方位角。

由于两套系统间的速度误差差值、位置误差差值均可直接观测,这里只写出两套系统的姿态误差差值微分方程如下:

$$\dot{\boldsymbol{\phi}}_{12}^n=-\boldsymbol{\omega}_{in}^n\times\boldsymbol{\phi}_{12}^n+\delta\boldsymbol{\omega}_{in12}^n-\boldsymbol{C}_{b_1}^n\delta\boldsymbol{\omega}_{ib_1}^{b_1}+\boldsymbol{C}_{b_2}^n\delta\boldsymbol{\omega}_{ib_2}^{b_2}\tag{4.34}$$

将 $\delta\boldsymbol{\omega}_{ib_1}^{b_1}$、$\delta\boldsymbol{\omega}_{ib_2}^{b_2}$ 展开代入上式:

$$\dot{\boldsymbol{\phi}}_{12}^n=-\boldsymbol{\omega}_{in}^n\times\boldsymbol{\phi}_{12}^n+\delta\boldsymbol{\omega}_{in12}^n-\boldsymbol{C}_{b_1}^n(\boldsymbol{\varepsilon}^{b_1}-\boldsymbol{C}_{b_2}^{b_1}\boldsymbol{\varepsilon}^{b_2})-\boldsymbol{C}_{b_1}^n\boldsymbol{w}_{\varepsilon}^{b_1}+\boldsymbol{C}_{b_2}^n\boldsymbol{w}_{\varepsilon}^{b_2}\tag{4.35}$$

由式(4.35)不难看出,单轴系统 1 姿态 $\boldsymbol{C}_{b_1}^n$ 的变化可以使得 $\boldsymbol{\varepsilon}^{b_1}-\boldsymbol{C}_{b_2}^{b_1}\boldsymbol{\varepsilon}^{b_2}$ 作为一个整体进行估计,这类似于多位置对准的情况[141]。将式(4.33)代入 $\boldsymbol{\varepsilon}^{b_1}-\boldsymbol{C}_{b_2}^{b_1}\boldsymbol{\varepsilon}^{b_2}$ 有:

$$\boldsymbol{\varepsilon}^{b_1}-\boldsymbol{C}_{b_2}^{b_1}\boldsymbol{\varepsilon}^{b_2}=\begin{bmatrix}\varepsilon_x^{b_1}\\ \varepsilon_y^{b_1}\\ \varepsilon_z^{b_1}\end{bmatrix}-\begin{bmatrix}\cos\psi & \sin\psi & 0\\ -\sin\psi & \cos\psi & 0\\ 0 & 0 & 1\end{bmatrix}\begin{bmatrix}\varepsilon_x^{b_2}\\ \varepsilon_y^{b_2}\\ \varepsilon_z^{b_2}\end{bmatrix}\tag{4.36}$$

其中,$\psi=0°,90°,180°,270°$。

根据上式,不难发现水平方向的惯性器件常值零偏可以分离估计,但 $\varepsilon_z^{b_1}$、$\varepsilon_z^{b_2}$ 不能分离估计,只能估计它们的差值 $\varepsilon_z^{b_1}-\varepsilon_z^{b_2}$。事实上,实际单轴系统生产过程中通常优选性能更优的陀螺作为方位陀螺，且通过长时间的码头方位陀螺测漂及周期性的方位陀螺漂移海上综合校准，残余的方位陀螺常值漂移比水平方向的陀螺残余漂移小很多，其对速度误差的影响远小于水平方向惯性器件常值零偏的影响。

4.2.2 传递对准方法设计

如图 4.16 所示，为基于冗余单轴系统联合旋转调制的子惯导传递对准方法示意图。单轴系统 1 与单轴系统 2 通过联合误差状态卡尔曼滤波器实现各自水平方向惯性器件常值零偏的估计，利用速度误差预测模型对惯性器件常值零偏造成的系统性速度误差进行预测补偿，补偿后的速度辅助子惯导进行传递对准。

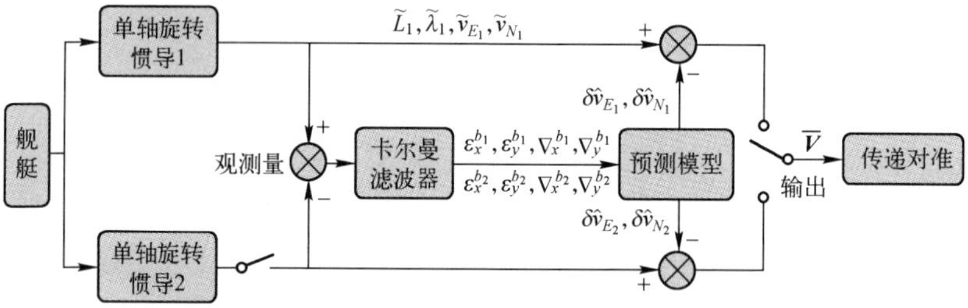

图 4.16 基于联合旋转调制的子惯导传递对准方法

两套系统中单轴系统 1 为主惯导系统，单轴系统 2 为备份惯导系统。单轴系统 1 的误差状态为

$$\boldsymbol{x}_1(t)=[\phi_{E_1}^n,\phi_{N_1}^n,\phi_{U_1}^n,\delta v_{E_1}^n,\delta v_{N_1}^n,\delta L_1,\delta\lambda_1]^{\mathrm{T}} \tag{4.37}$$

水平方向惯性器件常值零偏将使得误差状态按以下规律传播：

$$\dot{\boldsymbol{x}}_1(t)=\boldsymbol{A}_1(t)\boldsymbol{x}_1(t)+\boldsymbol{B}_1(t)\boldsymbol{u}_1(t)+\boldsymbol{G}_1(t)\boldsymbol{w}_1(t) \tag{4.38}$$

其中，

$$\boldsymbol{u}_1(t)=[\varepsilon_x^{b_1}\quad \varepsilon_y^{b_1}\quad \nabla_x^{b_1}\quad \nabla_y^{b_1}]^{\mathrm{T}},\ \boldsymbol{w}(t)=[w_{\varepsilon_x}^{b_1},w_{\varepsilon_y}^{b_1},w_{\nabla_x}^{b_1},w_{\nabla_y}^{b_1}]^{\mathrm{T}} \tag{4.39}$$

$$\boldsymbol{A}_1(t)=\begin{bmatrix}\boldsymbol{F}_1 & \boldsymbol{F}_2 & \boldsymbol{F}_3\\ \boldsymbol{F}_5 & \boldsymbol{F}_6 & \boldsymbol{F}_7\\ 0_{2\times3} & \boldsymbol{F}_9 & \boldsymbol{F}_{10}\end{bmatrix}\boldsymbol{B}_1(t)=\begin{bmatrix}-\boldsymbol{M}\boldsymbol{C}_{b_1}^n\boldsymbol{M}^{\mathrm{T}} & 0_{2\times2}\\ 0_{1\times2} & 0_{1\times2}\\ 0_{2\times2} & \boldsymbol{M}\boldsymbol{C}_{b_1}^n\boldsymbol{M}^{\mathrm{T}}\\ 0_{2\times2} & 0_{2\times2}\end{bmatrix},\ \boldsymbol{G}_1(t)=\boldsymbol{B}_1(t) \tag{4.40}$$

式中：$\boldsymbol{A}_1(t)$、$\boldsymbol{B}_1(t)$的相关子矩阵同式(4.16)。

离散化式(4.38),忽略惯性器件噪声的影响,得到单轴系统 1 的速度误差预测模型如下:

$$\hat{\boldsymbol{x}}_1(t_{k+1})=\boldsymbol{\Phi}_1(t_{k+1},t_k)\hat{\boldsymbol{x}}_1(t_k)+\boldsymbol{\Gamma}_1(t_{k+1},t_k)\hat{\boldsymbol{u}}(t_k) \tag{4.41}$$

其中,

$$\begin{gathered}\boldsymbol{\Phi}_1(t_{k+1},t_k)=e^{A_1\Delta t},\boldsymbol{\Gamma}_1(t_{k+1},t_k)=\boldsymbol{\Phi}_1(t_{k+1},t_k)\int_0^{\Delta t}e^{-A_1\tau}\mathrm{d}\tau\boldsymbol{B}_1\\ \hat{\boldsymbol{u}}(t_k)=[\hat{\varepsilon}_x^{b_1}\quad\hat{\varepsilon}_y^{b_1}\quad\hat{\nabla}_x^{b_1}\quad\hat{\nabla}_y^{b_1}]^{\mathrm{T}}\end{gathered} \tag{4.42}$$

式中:Δt 为离散化时间步长;$\hat{\boldsymbol{x}}_1(t_k)$ 为 t_k 时刻的误差状态预测值,其初值设为零矢量;$\hat{\boldsymbol{u}}(t_k)$ 为水平方向惯性器件常值零偏的估计值,由联合误差状态卡尔曼滤波器得到;$\boldsymbol{\Phi}_1(t_{k+1},t_k)$ 为相应的状态转移矩阵。

将速度误差预测值从单轴系统系统 1 的速度输出中减去,得到补偿后的速度输出,补偿方式为输出校正,如下所示:

$$\bar{v}_{E1}=\tilde{v}_{E1}-\delta\hat{v}_{E1},\ \bar{v}_{N1}=\tilde{v}_{N1}-\delta\hat{v}_{N1} \tag{4.43}$$

4.2.3 仿真与实验验证

1. 仿真实验

联合旋转调制策略设置:单轴系统 1 与单轴系统 2 分别绕方位轴周期性地进行 4 位置转停[8, 25],单轴系统 1 在每个位置的驻停时间为 360s,单轴系统 2 在每个位置的驻停时间为 300s。纬度、经度分别为 28.222°N,112.993°E。仿真时长约为 36h。两套系统的惯性器件误差如表 4.1 所示。

表 4.1　惯性器件误差

参　数	数　值
单轴系统 1 陀螺常值漂移	0.003°/h,0.003°/h,0.0003°/h
单轴系统 2 陀螺常值漂移	0.005°/h,0.005°/h,0.0005°/h
子惯导陀螺常值漂移	0.015°/h,0.015°/h,0.015°/h
单轴系统 1 加速度计常值零偏	30μg,30μg
单轴系统 2 加速度计常值零偏	50μg,50μg
子惯导加速度计常值零偏	50μg,50μg
陀螺角随机游走	$<0.001°/\sqrt{h}$
加速度计噪声功率谱密度	$<20\mu g/\sqrt{Hz}$

其中,惯性器件确定性误差设定值假定为单轴、双轴旋转调制激光陀螺航海惯导长时间对准结束时各漂移、零偏项估计补偿后的残余部分,需要说明的

是单轴旋转调制激光陀螺航海惯导的方位陀螺漂移以定位精度优于 1nm/72h 的误差分配方案中对方位陀螺的精度要求为基准[43]。陀螺、加速度计噪声数据为实际惯导系统静态测试去均值后所得,噪声数据可以反映实际惯性器件的噪声水平。陀螺角随机游走均优于 $0.001°/\sqrt{h}$,加速度计随机噪声的功率谱密度方根值均优于 $20\mu g/\sqrt{Hz}$。需要说明的是由于垂向通道与水平通道的弱耦合性,垂向通道的相关误差均被忽略。

图 4.17 是单轴系统 1 的水平陀螺常值漂移估计误差曲线及其 3σ 界限,从这幅图可以看出,单轴系统的水平陀螺常值漂移估计误差小于 0.001°/h,且其估计误差曲线位于 3σ 界限以内。图 4.18 是单轴系统 1 的水平加速度计常值零偏估计误差曲线及其 3σ 界限,从这幅图可以看出,单轴系统的水平加速度计常值零偏估计误差小于 1μg,且其估计误差曲线位于 3σ 界限以内。

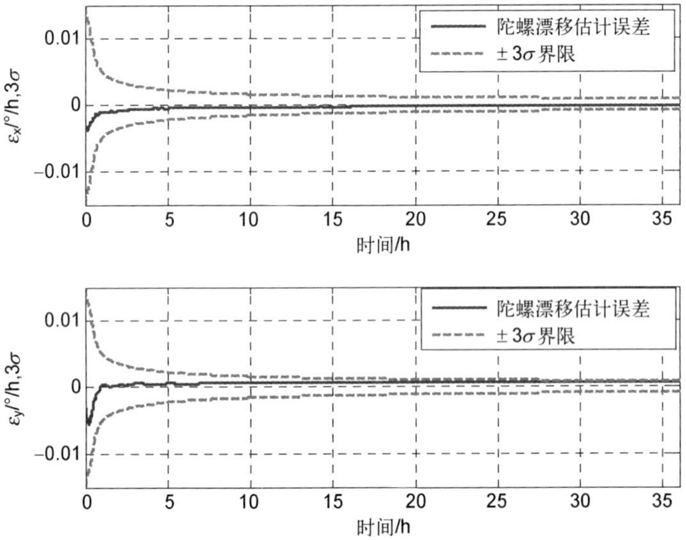

图 4.17　单轴系统 1 的水平陀螺常值漂移估计误差及 3σ 界限

图 4.19 是单轴系统 2 的水平陀螺常值漂移估计误差曲线及其 3σ 界限,从这幅图可以看出,单轴系统的水平陀螺常值漂移估计误差小于 0.001°/h,且其估计误差曲线位于 3σ 界限以内。图 4.20 是单轴系统 2 的水平加速度计常值零偏估计误差曲线及其 3σ 界限,从这幅图可以看出,单轴系统的水平加速度计常值零偏估计误差小于 1μg,且其估计误差曲线位于 3σ 界限以内。

根据速度误差模型对水平方向惯性器件常值零偏造成的系统性速度误差进行预测补偿,补偿方式为输出校正。图 4.21 给出了速度误差补偿前后单轴

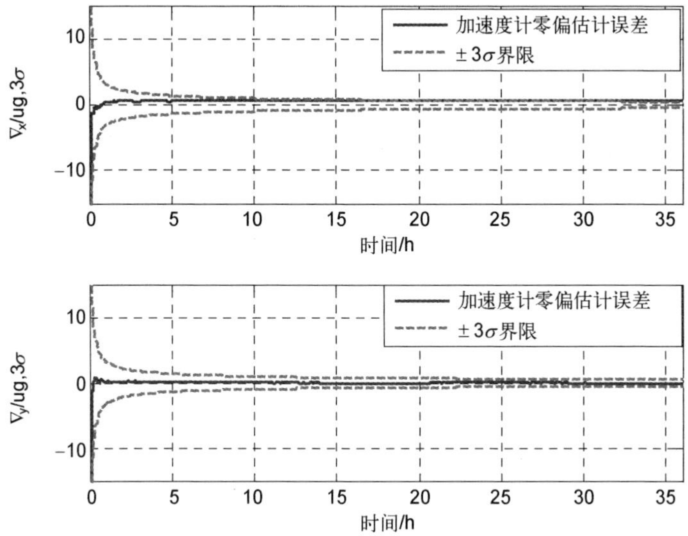

图 4.18　单轴系统 1 的水平加速度计常值零偏估计误差及 3σ 界限

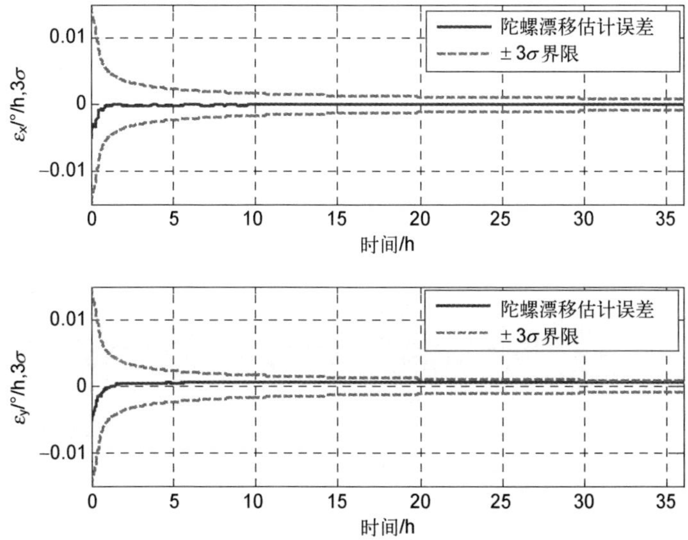

图 4.19　单轴系统 2 的水平陀螺常值漂移估计误差及 3σ 界限

系统 1 的速度输出对比,从图中可以看出,补偿水平方向惯性器件造成的舒勒振荡误差及锯齿状速度误差之后,速度输出的振荡幅值减小了 30%,剩余部分主要为惯性器件噪声导致的随机误差,无法预测补偿。

利用补偿后的速度信息辅助子惯导传递对准,传递对准时间设定为 5min,

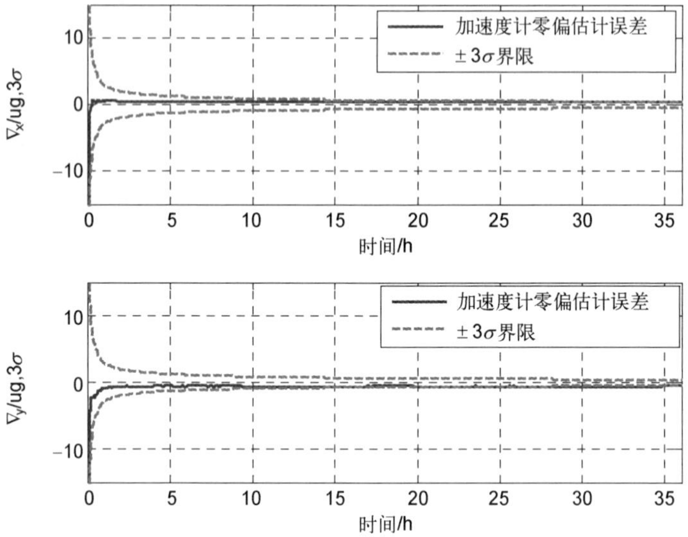

图 4.20　单轴系统 2 的水平加速度计常值零偏估计误差及 3σ 界限

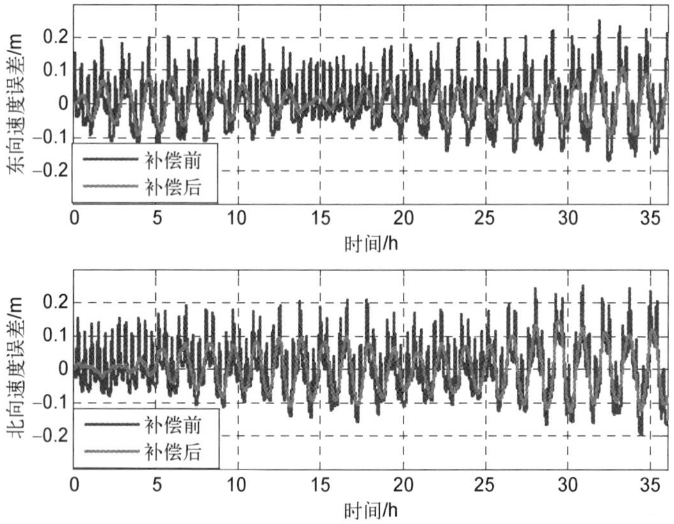

图 4.21　单轴系统 1 速度误差补偿前后对比

传递对准方法为传统的速度辅助方式[142]。对准完成后，子惯导进行 1h 的纯惯导解算，将纯惯导定位精度作为考察传递对准精度的指标。图 4.22 给出了子惯导 1 小时纯惯导定位结果的对比示意图，从图中可以看出，利用补偿后的主惯导速度信息辅助，子惯导的定位精度更高，定位误差大约减小 50%。

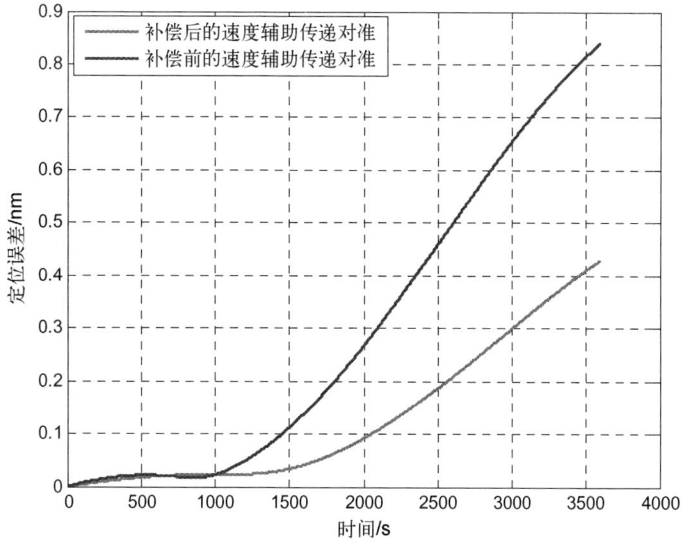

图 4.22　子惯导定位精度对比

2. 静态实验

利用两套高精度单轴旋转调制激光陀螺航海惯导与一套中等精度捷联式激光陀螺航海惯导进行实验室静态实验验证。其中，高精度激光陀螺组件的零偏稳定性优于 0.003°/h（1σ），石英挠性加速度计的零偏稳定性优于 20μg（1σ）；中等精度激光陀螺组件的零偏稳定性优于 0.02°/h（1σ），石英挠性加速度计的零偏稳定性优于 50μg（1σ），将此系统作为子惯导系统。高精度单轴系统导航时长为 48h，没有任何参考信息辅助。单轴系统 1 被指定为主惯导系统，辅助子惯导完成传递对准。

图 4.23 是单轴系统 1 的水平陀螺常值漂移估计曲线，图 4.24 是单轴系统 1 的水平加速度计常值零偏估计曲线，从这两幅图可以看出，48h 导航时间内，单轴系统 1 的水平方向惯性器件的常值零偏能够迅速收敛。

根据速度误差模型对水平方向惯性器件常值零偏造成的系统性速度误差进行预测补偿，补偿方式为输出校正。图 4.25 给出了速度误差补偿前后单轴系统 1 的速度输出对比，从图中可以看出，补偿水平方向惯性器件造成的舒勒振荡误差及锯齿状速度误差之后，速度输出的振荡幅值减小了 30%，剩余部分主要为惯性器件噪声导致的随机误差，无法预测补偿，该结果同时验证了仿真实验的有效性。

利用补偿后的速度信息辅助子惯导传递对准，传递对准时间设定为 5min，共进行了 6 组传递对准时验。每次对准完成后，子惯导进行 1h 的纯惯导解算，

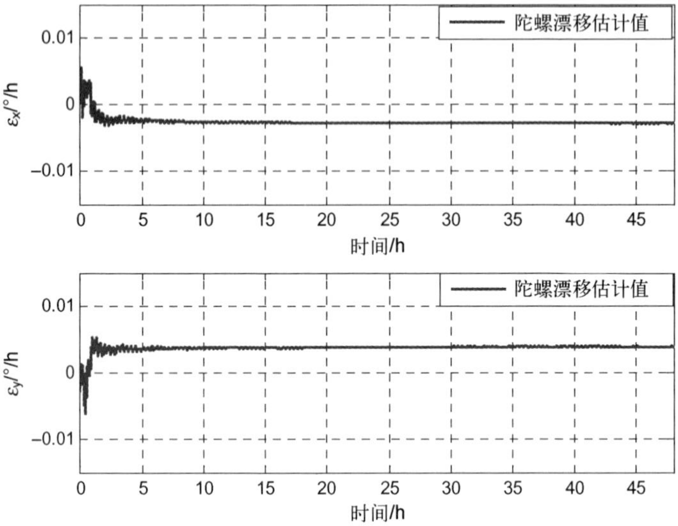

图 4.23　单轴系统 1 的水平陀螺常值漂移估计值

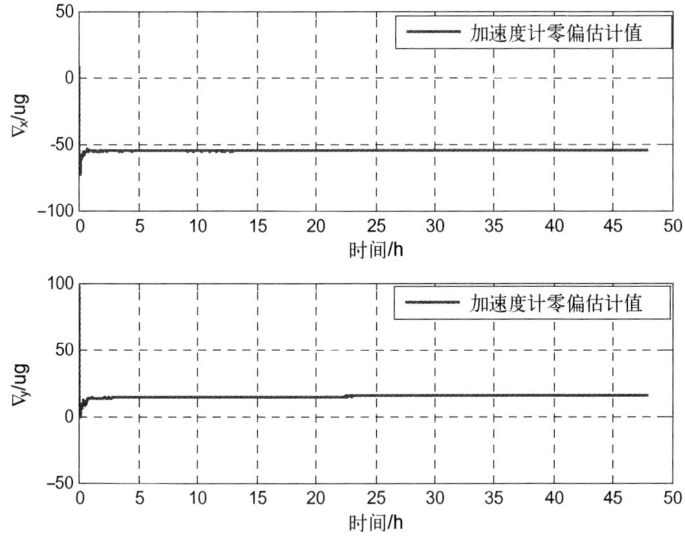

图 4.24　单轴系统 1 的水平加速度计常值零偏估计值

将纯惯导定位精度作为考察传递对准精度的指标。图 4.26 给出了 6 组实验中子惯导的 1h 纯惯导定位结果对比示意图,从图中可以看出,利用补偿后的主惯导速度信息辅助,子惯导的定位精度更高,补偿效果明显。

表 4.2 给出了六组实验的统计结果,利用补偿后的主惯导速度辅助子惯导传递对准条件下,子惯导 1h 定位误差标准差为 0.70nm;利用补偿前的主惯导

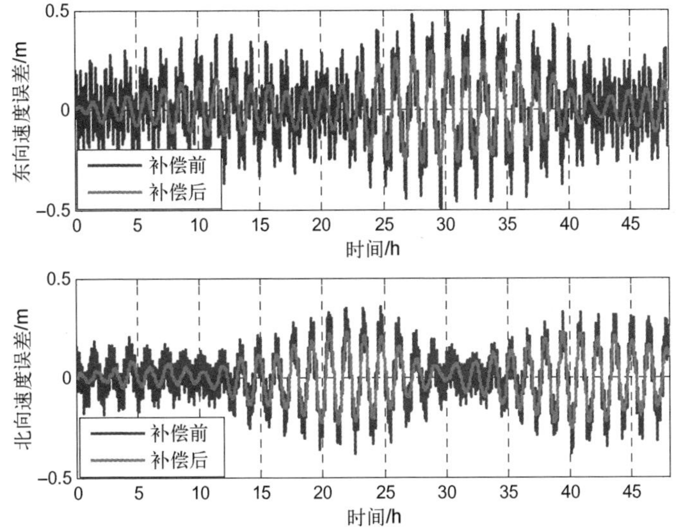

图 4.25 单轴系统 1 的速度误差补偿前后对比(静态测试)

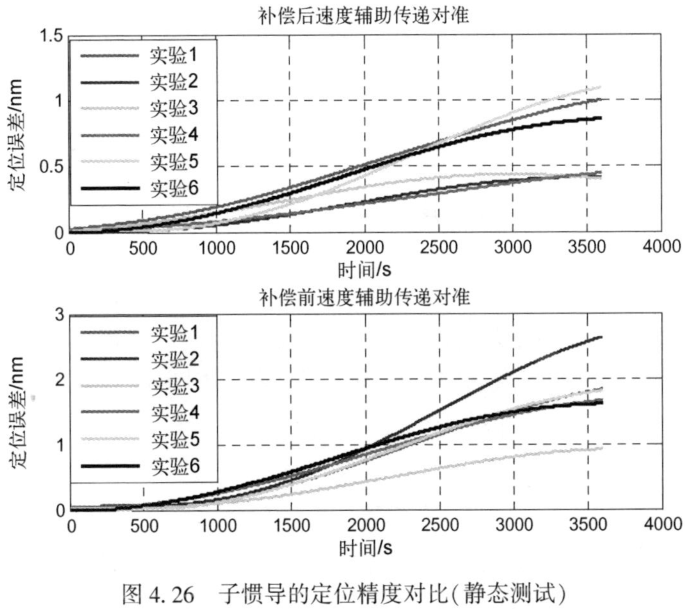

图 4.26 子惯导的定位精度对比(静态测试)

速度辅助子惯导传递对准条件下,子惯导 1h 定位误差标准差为 1.74nm。该表统计结果表明,补偿后速度辅助子惯导传递对准条件下,子惯导定位误差的各指标参数均优于补偿前速度辅助子惯导传递对准条件下子惯导定位误差的各指标参数。

表 4.2　实验结果统计

统计指标	基于补偿后速度信息辅助的传递对准	基于补偿前速度信息辅助的传递对准
标准差/nm	0.70	1.74
均值/nm	0.32	0.55
最大值/nm	1.09	2.62
最小值/nm	0.40	0.92

4.2.4　小结

本节针对两套单轴旋转调制激光陀螺航海惯导冗余配置情况下，单轴系统水平方向惯性器件常值零偏产生振荡性速度误差的问题，设计了联合误差状态卡尔曼滤波器，对单轴系统的水平方向惯性器件常值零偏进行估计，利用速度误差预测模型预测补偿该部分惯性器件零偏造成的系统性速度误差，并将补偿后的速度输出作为基准信息辅助子惯导进行传递对准。实验结果表明，补偿水平方向惯性器件零偏造成的系统性速度误差以后，速度振荡幅值降低 30%，辅助子惯导传递对准后，子惯导定位精度提高 50%。

4.3　基于降阶卡尔曼滤波器的冗余旋转调制航海惯导信息融合方法

针对联合误差状态卡尔曼滤波器维数较高（17 维）、计算负担较大的问题，本节主要研究基于降阶卡尔曼滤波器的冗余旋转调制航海惯导信息融合方法，并以单轴、双轴旋转调制激光陀螺航海惯导系统协同定位为例，设计降阶联合误差状态卡尔曼滤波器，并对其性能进行分析验证。

4.3.1　降阶卡尔曼滤波器设计

本节首先回顾第 2 章设计的联合误差状态卡尔曼滤波器，在此基础上，进一步设计降阶卡尔曼滤波器。

1. 降阶的联合误差状态方程

增强的联合误差状态表示为：

$$\boldsymbol{x}(t)=[\boldsymbol{\phi}_{12}^{n}\quad \delta\boldsymbol{v}_{12}^{n}\quad \delta\boldsymbol{p}_{12}^{n}\quad \boldsymbol{\varepsilon}_{1}^{b_1}\quad \boldsymbol{\varepsilon}_{2}^{b_2}\quad \nabla_{1}^{b_1}\quad \nabla_{2}^{b_2}]^{\mathrm{T}} \tag{4.44}$$

其中，

$$\boldsymbol{\phi}_{12}^{n}=\boldsymbol{\phi}_{1}^{n}-\boldsymbol{\phi}_{2}^{n},\delta\boldsymbol{v}_{12}^{n}=\delta\boldsymbol{v}_{1}^{n}-\delta\boldsymbol{v}_{2}^{n},\delta\boldsymbol{p}_{12}^{n}=\delta\boldsymbol{p}_{1}^{n}-\delta\boldsymbol{p}_{2}^{n} \tag{4.45}$$

$$\boldsymbol{\varepsilon}_{1}^{b_1}=[\varepsilon_{x}^{b_1}\quad \varepsilon_{y}^{b_1}\quad \varepsilon_{z}^{b_1}]^{\mathrm{T}},\ \boldsymbol{\varepsilon}_{2}^{b_2}=[\varepsilon_{x}^{b_2}\quad \varepsilon_{y}^{b_2}\quad \varepsilon_{z}^{b_2}]^{\mathrm{T}} \tag{4.46}$$

$$\nabla_{1}^{b_1}=[\nabla_{x}^{b_1}\quad \nabla_{y}^{b_1}]^{\mathrm{T}},\ \nabla_{2}^{b_2}=[\nabla_{x}^{b_2}\quad \nabla_{y}^{b_2}]^{\mathrm{T}} \tag{4.47}$$

相应的联合误差状态方程表示为：

$$\dot{\boldsymbol{x}}(t)=\boldsymbol{F}(t)\boldsymbol{x}(t)+\boldsymbol{G}(t)\boldsymbol{w}(t) \tag{4.48}$$

其中，

$$\boldsymbol{w}(t)=[w_{\varepsilon_x}^{b_1},w_{\varepsilon_y}^{b_1},w_{\varepsilon_z}^{b_1},w_{\varepsilon_x}^{b_2},w_{\varepsilon_y}^{b_2},w_{\varepsilon_z}^{b_2},w_{\nabla_x}^{b_1},w_{\nabla_y}^{b_1},w_{\nabla_x}^{b_2},w_{\nabla_y}^{b_2}]^{\mathrm{T}} \tag{4.49}$$

联合误差状态包括：三个姿态误差差值、两个速度误差差值、两个位置误差差值、单轴系统的三个陀螺常值漂移及两个水平加速度计常值零偏、双轴系统的三个陀螺常值漂移及两个水平加速度计常值零偏，共计 17 个状态。实际上，单轴系统可以调制与旋转轴垂直方向惯性器件确定性误差的影响，双轴系统可以调制所有方向惯性器件确定性误差的影响，因此相关的误差可以从联合误差状态中去掉，减少计算量。降阶的联合误差状态可以表示为：

$$\boldsymbol{x}_{r}(t)=[\boldsymbol{\phi}_{12}^{n}\quad \delta\boldsymbol{v}_{12}^{n}\quad \delta\boldsymbol{p}_{12}^{n}\quad \varepsilon_{z}^{b_1}]^{\mathrm{T}}=\boldsymbol{\tau}\boldsymbol{x}(t) \tag{4.50}$$

其中，

$$\boldsymbol{\tau}=\begin{bmatrix}\boldsymbol{I}_{7} & \boldsymbol{0}_{7\times10}\\ \boldsymbol{0}_{1\times7} & \boldsymbol{\tau}_{22}\end{bmatrix},\ \boldsymbol{\tau}_{22}=[0\quad 0\quad 1\quad \boldsymbol{0}_{1\times7}] \tag{4.51}$$

相应的降阶联合误差状态方程可以表示为：

$$\dot{\boldsymbol{x}}_{r}(t)=\boldsymbol{F}_{r}(t)\boldsymbol{x}_{r}(t)+\boldsymbol{G}_{r}(t)\boldsymbol{w}(t) \tag{4.52}$$

其中，

$$\boldsymbol{F}_{r}(t)=\boldsymbol{\mathcal{T}}\boldsymbol{F}(t)\boldsymbol{\mathcal{T}}^{\mathrm{T}},\boldsymbol{G}_{r}(t)=\boldsymbol{\mathcal{T}}\boldsymbol{G}(t) \tag{4.53}$$

$$\boldsymbol{F}_{r}(t)=\boldsymbol{\mathcal{T}}\boldsymbol{F}(t)\boldsymbol{\mathcal{T}}^{\mathrm{T}}=\begin{bmatrix}\boldsymbol{F}_{1} & \boldsymbol{F}_{2} & \boldsymbol{F}_{3} & \boldsymbol{C}_{b_1}^{n}\boldsymbol{N}\\ \boldsymbol{F}_{4} & \boldsymbol{F}_{5} & \boldsymbol{F}_{6} & \boldsymbol{0}_{2\times1}\\ \boldsymbol{0}_{2\times3} & \boldsymbol{F}_{7} & \boldsymbol{F}_{8} & \boldsymbol{0}_{2\times1}\\ \hline & \boldsymbol{0}_{1\times7} & & 0\end{bmatrix},\ \boldsymbol{N}=\begin{bmatrix}0\\0\\-1\end{bmatrix} \tag{4.54}$$

$$\boldsymbol{F}_{1}=\begin{bmatrix}0 & \dfrac{v_{E}\tan L}{R_{E}+h}+\omega_{ie}\sin L & -\omega_{ie}\cos L-\dfrac{v_{E}}{R_{E}+h}\\ -\dfrac{v_{E}\tan L}{R_{E}+h}-\omega_{ie}\sin L & 0 & -\dfrac{v_{N}}{R_{N}+h}\\ \omega_{ie}\cos L+\dfrac{v_{E}}{R_{E}+h} & \dfrac{v_{N}}{R_{N}+h} & 0\end{bmatrix} \tag{4.55}$$

$$\boldsymbol{F}_2=\begin{bmatrix}0 & -\dfrac{1}{R_N+h}\\ \dfrac{1}{R_E+h} & 0\\ \dfrac{\tan L}{R_E+h} & 0\end{bmatrix},\ \boldsymbol{F}_3=\begin{bmatrix}0 & 0\\ -\omega_{ie}\sin L & 0\\ \omega_{ie}\cos L+\dfrac{v_E}{(R_E+h)\cos^2 L} & 0\end{bmatrix} \tag{4.56}$$

$$\boldsymbol{F}_4=\begin{bmatrix}0 & -f_U & f_N\\ f_U & 0 & -f_E\end{bmatrix},\ \boldsymbol{F}_5=\begin{bmatrix}\dfrac{v_N\tan L}{R_E+h} & \dfrac{v_E\tan L}{R_E+h}+2\omega_{ie}\sin L\\ -2\omega_{ie}\sin L-2\dfrac{v_E\tan L}{R_E+h} & 0\end{bmatrix} \tag{4.57}$$

$$\boldsymbol{F}_6=\begin{bmatrix}2\omega_{ie}v_N\cos L+\dfrac{v_Nv_E}{(R_E+h)\cos^2 L} & 0\\ -2\omega_{ie}v_E\cos L-\dfrac{v_E^2}{(R_E+h)\cos^2 L} & 0\end{bmatrix},\ \boldsymbol{F}_7=\begin{bmatrix}0 & \dfrac{1}{R_N+h}\\ \dfrac{1}{(R_E+h)\cos L} & 0\end{bmatrix} \tag{4.58}$$

$$\boldsymbol{F}_8=\begin{bmatrix}0 & 0\\ \dfrac{v_E\tan L}{(R_E+h)\cos L} & 0\end{bmatrix},\ \boldsymbol{M}=\begin{bmatrix}1 & 0 & 0\\ 0 & 1 & 0\end{bmatrix} \tag{4.59}$$

系统噪声矩阵为:

$$\boldsymbol{G}_r(t)=\left[\begin{array}{cc|cc}-\boldsymbol{C}_{b_1}^n & \boldsymbol{C}_{b_2}^n & \multicolumn{2}{c}{\boldsymbol{0}_{3\times4}}\\ \hline \multicolumn{2}{c|}{\boldsymbol{0}_{2\times6}} & \boldsymbol{M}\boldsymbol{C}_{b_1}^n\boldsymbol{M}^{\mathrm{T}} & -\boldsymbol{C}_{b_2}^n\boldsymbol{M}^{\mathrm{T}}\\ \hline \multicolumn{4}{c}{\boldsymbol{0}_{3\times10}}\end{array}\right] \tag{4.60}$$

各符号含义同第 2 章,不再赘述。

2. 观测方程

如图 4.27 所示,为冗余配置旋转调制激光陀螺航海惯导示意图。单轴、双轴旋转调制激光陀螺航海惯导安装在舰艇的邻近区域(安装距离通常小于 1m),事先标定补偿安装杆臂 $\boldsymbol{l}_{12}^n$ 的影响。以单轴、双轴旋转调制激光陀螺航海惯导间的速度输出差值、位置输出差值作为观测量,如下所示:

$$\begin{aligned}&\delta v_{E_{12}}=\tilde{v}_{E_1}-\tilde{v}_{E_2},\ \delta v_{N_{12}}=\tilde{v}_{N_1}-\tilde{v}_{N_2}\\&\delta L_{12}=\tilde{L}_1-\tilde{L}_2,\ \delta\lambda_{12}=\tilde{\lambda}_1-\tilde{\lambda}_2\end{aligned} \tag{4.61}$$

降阶联合误差状态卡尔曼滤波器的观测方程表示为:

$$\boldsymbol{z}(t)=\boldsymbol{H}_r(t)\boldsymbol{x}_r(t)+\boldsymbol{v}(t) \tag{4.62}$$

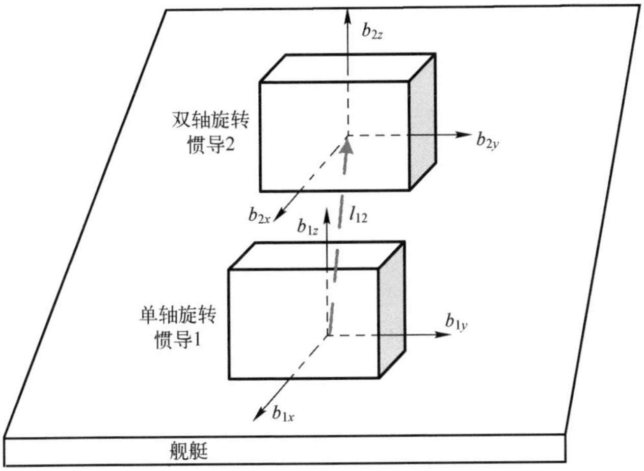

图 4.27　冗余旋转惯导配置示意图

其中，

$$
\begin{aligned}
z(t) &= [\delta v_{E_{12}} \quad \delta v_{N_{12}} \quad \delta L_{12} \quad \delta \lambda_{12}]^{\mathrm{T}} \\
\boldsymbol{H}_r(t) &= \begin{bmatrix} \boldsymbol{I}_2 & 0_{2\times2} & 0_{2\times3} \\ 0_{2\times2} & \boldsymbol{I}_2 & 0_{2\times3} \end{bmatrix}
\end{aligned}
\tag{4.63}
$$

$\boldsymbol{v}(t)$表示观测噪声。

3. 可观性分析

由于系统($\boldsymbol{F}_r(t)$,$\boldsymbol{H}_r(t)$)满足分段线性定常系统的定义，其可观性矩阵可以表示为：

$$
\boldsymbol{\mathcal{O}}(m) = [\boldsymbol{\mathcal{O}}_1^{\mathrm{T}} \,\vdots\, \boldsymbol{\mathcal{O}}_2^{\mathrm{T}} \,\vdots\, \cdots \,\vdots\, \boldsymbol{\mathcal{O}}_m^{\mathrm{T}}]^{\mathrm{T}} \tag{4.64}
$$

其中，

$$
\boldsymbol{\mathcal{O}}_j = [\boldsymbol{H}_r^{\mathrm{T}} \,\vdots\, (\boldsymbol{H}_r\boldsymbol{F}_r)^{\mathrm{T}} \,\vdots\, \cdots \,\vdots\, (\boldsymbol{H}_r\boldsymbol{F}_r^7)^{\mathrm{T}}]^{\mathrm{T}},\ j=1,2,\cdots,m \tag{4.65}
$$

式中：m 为分段数。

分别将 $\boldsymbol{F}_r(t)$ 和 $\boldsymbol{H}_r(t)$ 代入式(4.65)，并进一步代入式(4.64)，可以发现：

$$
rank\boldsymbol{\mathcal{O}}(1) = 8 \tag{4.66}
$$

这意味着该降阶联合误差状态卡尔曼滤波器始终完全可观。

4.3.2　基于降阶卡尔曼滤波器的冗余旋转调制惯导协同定位方法

如图 4.28 所示，通过设计的降阶联合误差状态卡尔曼滤波器可以对单轴系统的方位陀螺常值漂移进行估计，并对其造成的系统性定位误差进行预测补偿。正常情况下双轴系统输出定位结果，一旦双轴系统故障，由补偿过系统性定位误差的单轴系统输出定位结果。补偿过系统性定位误差后,单轴系统的定位精度决定于其随机性误差,其定位精度将与双轴系统的定位精度相当。

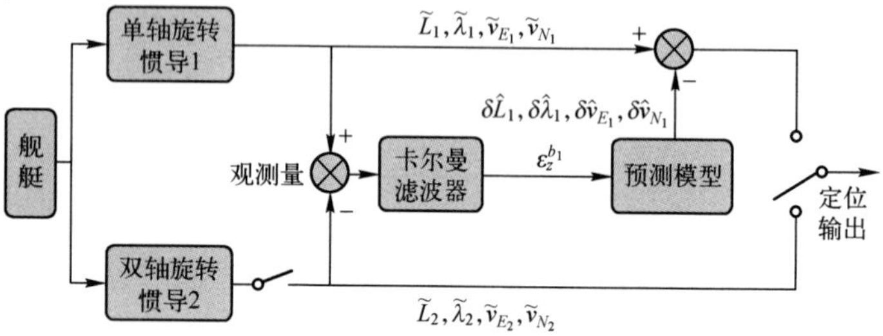

图 4.28　信息融合方法

单轴系统的误差状态可表示为:

$$\boldsymbol{x}_1(t)=[\boldsymbol{\phi}_1^n \quad \delta\boldsymbol{v}_1^n \quad \delta\boldsymbol{p}_1^n \quad \boldsymbol{\varepsilon}_z^{b_1}]^{\mathrm{T}} \tag{4.67}$$

其微分方程表示为:

$$\dot{\boldsymbol{x}}_1(t)=\boldsymbol{A}_1(t)\boldsymbol{x}_1(t)+\boldsymbol{G}_1(t)\boldsymbol{w}_1(t) \tag{4.68}$$

其中,

$$\begin{aligned}&\boldsymbol{A}_1(t)=\boldsymbol{F}_r(t),\ \boldsymbol{G}_1(t)=\boldsymbol{G}_r(t)\\&\boldsymbol{w}_1(t)=[w_{\varepsilon_x}^{b_1} \quad w_{\varepsilon_y}^{b_1} \quad w_{\varepsilon_z}^{b_1} \quad w_{\nabla_x}^{b_1} \quad w_{\nabla_y}^{b_1}]^{\mathrm{T}}\end{aligned} \tag{4.69}$$

离散化式(4.68),忽略随机噪声的影响,得到单轴系统的系统性定位误差预测方程如下:

$$\hat{\boldsymbol{x}}_1(t_{k+1})=\boldsymbol{\Phi}_1(t_{k+1},t_k)\hat{\boldsymbol{x}}_1(t_k) \tag{4.70}$$

其中,

$$\boldsymbol{\Phi}_1(t_{k+1},t_k)=e^{A_1\Delta t},\ \hat{\boldsymbol{x}}_1(t_0)=\boldsymbol{0} \tag{4.71}$$

式中:$\hat{\boldsymbol{x}}_1(t_k)$为 t_k 时刻的误差状态预测值;$\boldsymbol{\Phi}_1(t_{k+1},t_k)$为状态转移矩阵;$\Delta t$ 为离散时间步长。

将系统性的定位误差从单轴系统定位输出结果中扣除,即得到补偿过系统性定位误差的结果输出,补偿方式为输出校正:

$$\begin{cases}\bar{L}_1=\tilde{L}_1-\delta\hat{L}_1,\ \bar{\lambda}_1=\tilde{\lambda}_1-\delta\hat{\lambda}_1\\ \bar{v}_{E_1}=\tilde{v}_{E_1}-\delta\hat{v}_{E_1},\ \bar{v}_{N_1}=\tilde{v}_{N_1}-\delta\hat{v}_{N_1}\end{cases} \tag{4.72}$$

式中:‘-’和‘^’分别为误差校正值和预测值。

4.3.3　仿真与实验验证

分别通过仿真实验、静态测试实验、海上实验验证降阶联合误差状态卡尔曼滤波器的性能。

1. 仿真实验

联合旋转调制策略设置：单轴旋转调制激光陀螺航海惯导绕方位轴周期性地进行 4 位置转停[8, 25]，双轴旋转调制激光陀螺航海惯导绕横滚轴、方位轴周期性地进行 16 次序转停[42]。纬度、经度分别为 28.222°N，112.993°E。

两套系统的惯性器件误差如表 4.3 所示。其中，惯性器件确定性误差设定值假定为单轴、双轴旋转调制激光陀螺航海惯导长时间对准结束时各漂移、零偏项估计补偿后的残余部分，需要说明的是单轴旋转调制激光陀螺航海惯导的方位陀螺漂移以定位精度优于 1nm/72h 的误差分配方案中对方位陀螺的精度要求为基准[43]。

表 4.3　惯性器件误差

参　　数	数　　值
单轴系统陀螺常值漂移	0.003°/h，-0.002°/h，0.0005°/h
双轴系统陀螺常值漂移	0.004°/h，-0.005°/h，0.003°/h
单轴系统加速度计常值零偏	20μg，-40μg
双轴系统加速度计常值零偏	20μg，-30μg
陀螺角随机游走	$<0.001°/\sqrt{h}$
加速度计噪声功率谱密度	$<20\mu g/\sqrt{Hz}$

陀螺、加速度计噪声数据为两套高精度激光陀螺航海惯导静态测试去均值后所得，该噪声数据可以反映实际惯性器件的噪声水平。陀螺角随机游走均优于 $0.001°/\sqrt{h}$，加速度计随机噪声的功率谱密度方根值均优于 $20\mu g/\sqrt{Hz}$。需要说明的是由于垂向通道与水平通道的弱耦合性，垂向通道的相关误差均被忽略，如垂向通道加速度计零偏。

假定在第 16h 时诊断双轴系统故障，此后由单轴系统输出定位信息。整个测试时长为 120h。图 4.29 为单轴旋转调制激光陀螺航海惯导的方位陀螺常值漂移估计误差曲线及其 3σ 界限，从图可以看出，单轴系统的方位陀螺常值漂移估计误差小于 0.0001°/h，且其估计误差曲线位于 3σ 界限以内。

图 4.30 描绘了 120h 导航时间内单轴旋转调制激光陀螺航海惯导的纬度误差、经度误差曲线，基于降阶联合误差状态卡尔曼滤波器估计得到的单轴系统的方位陀螺常值漂移，根据单轴系统的定位误差预测模型对其造成的系统性偏差进行预测。图 4.30 同时给出了纬度误差、经度误差的预测值，从图中可以发现，定位误差预测模型表现良好（特别是对经度误差的预测），其发散趋势得到了很好的预测。

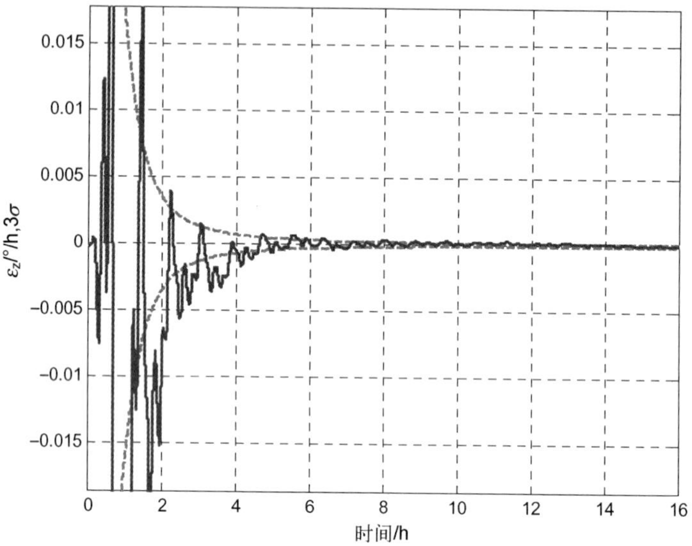

图 4.29　单轴系统方位陀螺常值漂移估计误差及其 3σ 界限

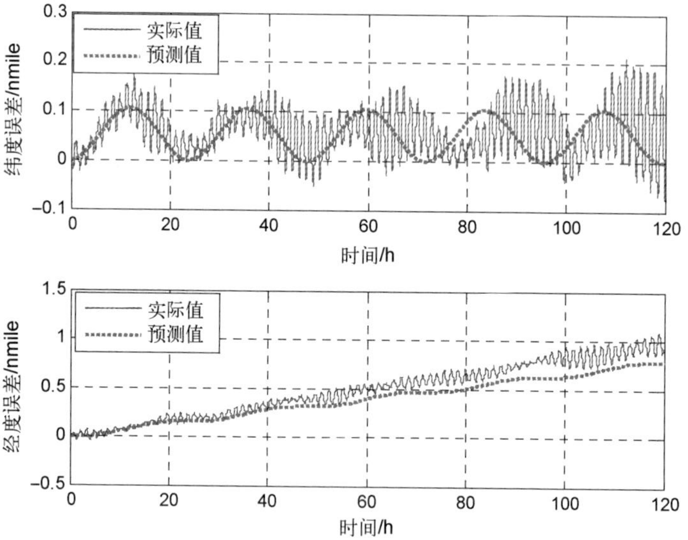

图 4.30　单轴系统定位误差预测值

图 4.31 给出了单轴旋转调制激光陀螺航海惯导系统性误差补偿前后的径向位置误差对比，补偿过系统性定位误差之后，误差减小了 30%以上，作为对比，图中虚线给出了双轴系统不存在假定故障时的径向位置误差，将其与补偿过系统性定位误差后的单轴系统定位误差曲线对比可以发现两者精度

相当。因此,通过两套系统间的信息融合,提高了故障情况下的导航定位精度。

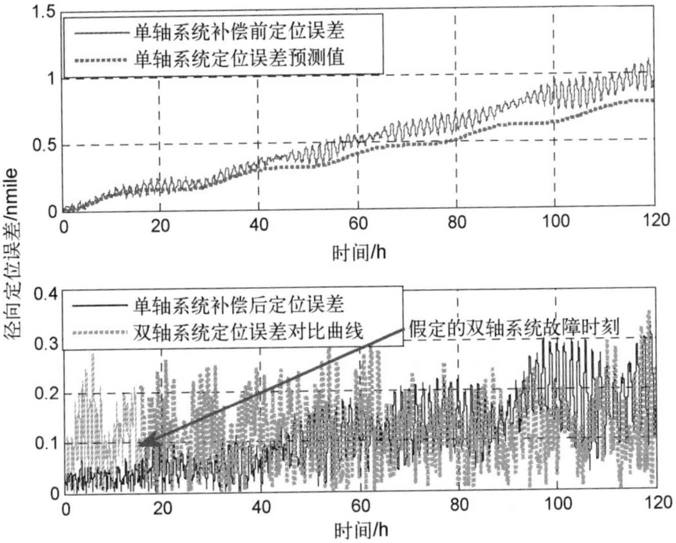

图 4.31　单轴系统径向定位误差对比

进一步对比降阶联合误差状态卡尔曼滤波器与增强联合误差状态卡尔曼滤波器的性能,降阶卡尔曼滤波器只估计了单轴系统的方位陀螺常值漂移并对其造成的系统性定位误差进行了预测补偿,增强卡尔曼滤波器估计单轴系统的所有惯性器件确定性误差并对它们造成的系统性定位误差进行了预测补偿。

两个滤波器分别对单轴系统的惯性器件确定性误差进行估计,并进一步补偿系统性定位误差。图 4.32 给出了补偿过系统性定位误差后的单轴系统定位结果,从图中结果可以确定两个滤波器的性能相当。降阶滤波器具有计算量小的优势。

2. 静态实验

利用一套高精度单轴旋转调制激光陀螺航海惯导与一套高精度双轴旋转调制激光陀螺航海惯导进行实验室静态旋转调制实验,激光陀螺组件的零偏稳定性优于 0.003°/h（1σ）,石英挠性加速度计的零偏稳定性优于 20μg（1σ）。对准结束后系统均工作于纯惯导状态,没有任何外界信息对惯导系统进行校准。整个测试时间为 144h(6 天)。假定实验中双轴旋转调制激光陀螺航海惯导在第 24 小时故障,故障时刻后由单轴旋转调制激光陀螺航海惯导继续输出定位信息。

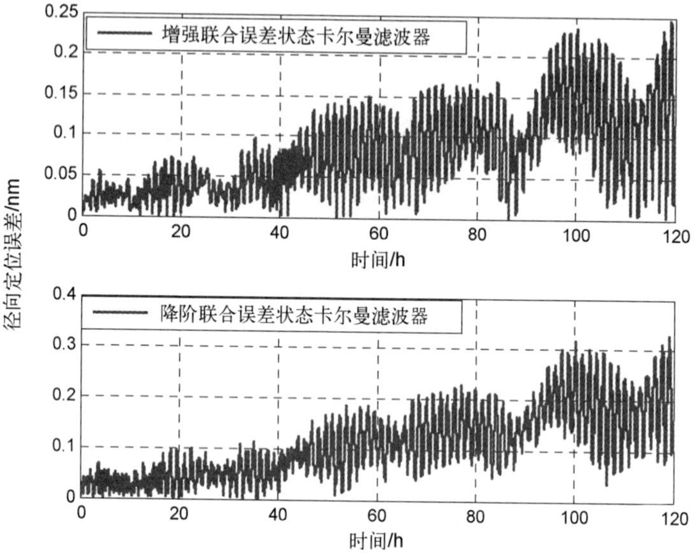

图 4.32 增强/降阶联合误差状态卡尔曼滤波器性能对比

图 4.33 为单轴旋转调制激光陀螺航海惯导系统的定位误差及其预测值,从图中可以看出,虽然定位误差的预测值与实际值在时间上存在一定的相位差,纬度误差预测相位差明显一些,但是经度方向的定位误差发散趋势得到了较好的预测。

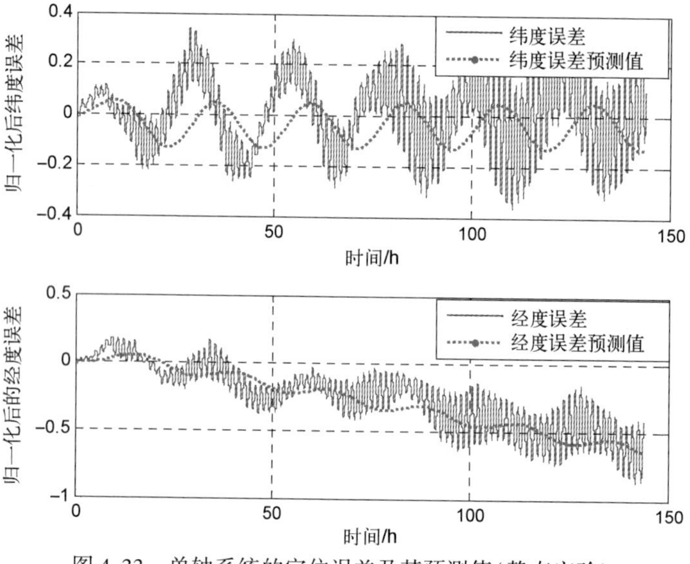

图 4.33 单轴系统的定位误差及其预测值(静态实验)

图 4.34 给出了单轴旋转调制激光陀螺航海惯导系统性误差补偿前后的径向位置误差对比，补偿过系统性定位误差之后，误差减小了 30%以上。作为对比，图中虚线给出了双轴系统不存在假定故障时的径向位置误差，将其与补偿过系统性定位误差后的单轴系统定位误差曲线对比可以发现两者精度相当。因此，通过两套系统间的信息融合，提高了故障情况下的导航定位精度。

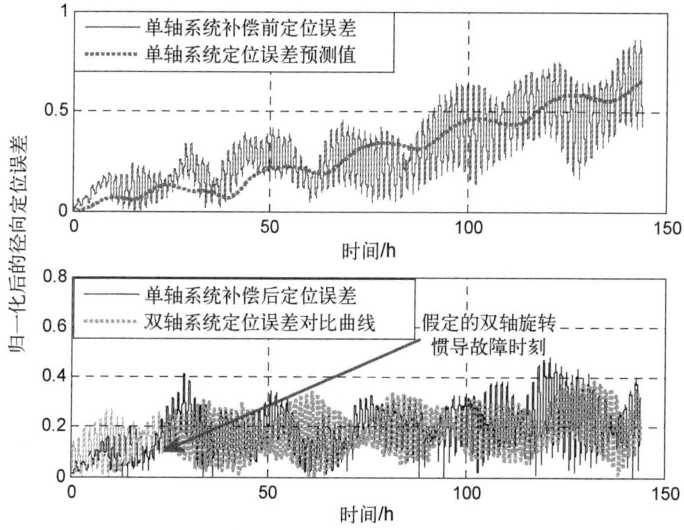

图 4.34　单轴系统径向定位误差对比(静态实验)

3. 海上实验

利用一套高精度单轴旋转调制激光陀螺航海惯导与一套高精度双轴旋转调制激光陀螺航海惯导进行了海上实验，测试时长约为 72h(3 天)，测试过程中由 GPS 提供外界参考位置基准。航海惯导激光陀螺组件的零偏稳定性优于 0.003°/h (1σ)，激光陀螺的角随机游走优于 0.001°/$\sqrt{\text{h}}$，石英挠性加速度计的零偏稳定性优于 20μg (1σ)，加速度计噪声功率谱密度优于 20μg/$\sqrt{\text{Hz}}$。两套系统对准结束后均工作于纯惯导状态，没有任何外界信息对惯导系统进行校准。假定双轴旋转调制激光陀螺航海惯导在第 14h 故障，故障时刻后由单轴旋转调制激光陀螺航海惯导继续输出定位信息。

图 4.35 给出了海上实验的单轴旋转调制激光陀螺航海惯导系统的定位误差及其预测值，从图中可以看出，虽然定位误差的预测值相较于其实际值在时间上存在一定的相位差，纬度误差预测相位差明显一些，但是经度方向预测值基本反映了其实际值的变化趋势。

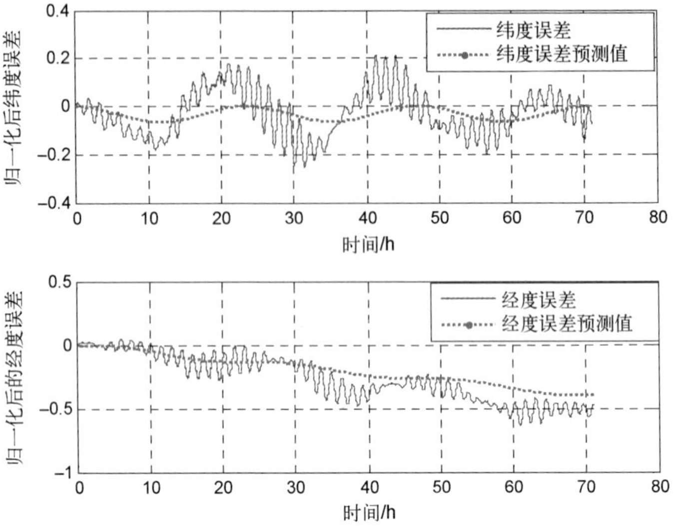

图 4.35　单轴系统的定位误差及其预测值(海上实验)

图 4.36 给出了海上实验中单轴旋转调制激光陀螺航海惯导系统性误差补偿前后的径向位置误差对比,补偿过系统性定位误差后,精度提升明显,并优于无故障情况下双轴系统的定位精度。出现这种情况的原因在于:单轴系统补偿过方位陀螺常值漂移造成的系统性定位误差之后,剩余部分主要是陀螺角度随机游走造成的随机性误差,若其陀螺角度随机游走小于双轴系统的陀螺角度随机游走,其定位精度将优于双轴系统的定位精度。

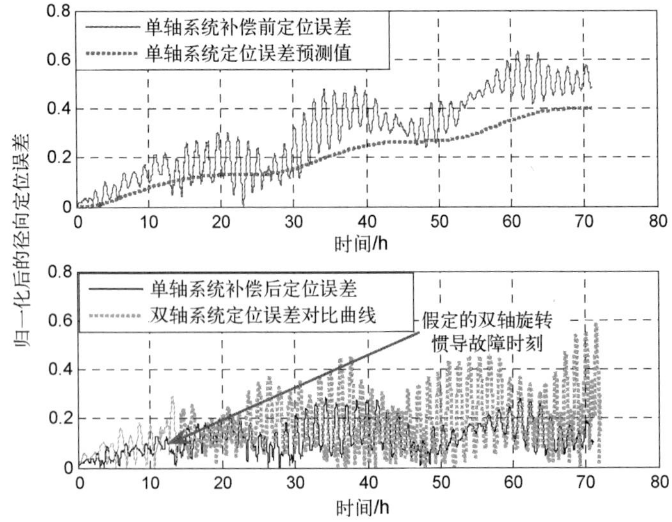

图 4.36　单轴系统径向定位误差对比(海上实验)

4.3.4 小结

本节主要研究基于降阶卡尔曼滤波器的冗余旋转调制航海惯导信息融合方法,并以单轴、双轴旋转调制激光陀螺航海惯导系统协同定位为例,重点研究了基于降阶联合误差状态卡尔曼滤波器的冗余旋转调制激光陀螺航海惯导协同定位方法。实验结果表明:基于降阶联合误差状态卡尔曼滤波器的协同定位方法表现良好,同时能够有效降低计算量,在某些对计算资源要求较高的场景下具有重要的工程意义。

4.4 本章小结

本章以冗余旋转调制激光陀螺航海惯导信息融合方法为基础,分别研究了双轴旋转调制激光陀螺航海惯导的相对性能在线评估问题、基于单轴联合旋转调制激光陀螺航海惯导的传递对准方法,最后研究了基于降阶联合误差状态卡尔曼滤波器的单轴、双轴旋转调制激光陀螺航海惯导协同定位方法。实验结果表明冗余旋转调制激光陀螺航海惯导信息融合方法可以满足相关具体应用的条件,具备良好适应性。

第5章　力学环境下激光陀螺g敏感性误差标定与补偿

二频机抖激光陀螺具有高带宽、高量程、高可靠性、高标度因数稳定性等优势，在航空、航天、航海等领域得到了广泛应用。为了克服闭锁效应，抖动机构（抖轮）周期性地驱动激光陀螺光学腔体沿其抖动轴做角振动。作为激光陀螺中唯一的活动部件，抖轮将激光陀螺的光学腔体与安装基座固联，并且通常认为抖动轴相对安装基座的空间位置固定。然而，由于抖轮的侧向刚度有限，如果激光陀螺组件处于力学环境下，在侧向加速度作用下，抖动轴将会发生形变，激光陀螺的光学腔体也会产生侧向倾斜，造成等效的安装误差，这称为激光陀螺的g敏感性失准角误差。然而，之前的研究较少关注到此点，大多数的研究关注力学环境下（如线振动环境）惯性测量单元的减振结构设计或者对机抖激光陀螺的抖轮结构进行优化设计。舰载、艇载武器发射过程中，将伴随强烈的振动，惯导系统将处于恶劣的工作环境下，需要对激光陀螺g敏感性误差进行补偿，以提高导航精度。

本章建立了激光陀螺的动力学模型，详细分析了激光陀螺g敏感性误差的机理，在此基础上得到了激光陀螺的g敏感性等效安装误差模型；当存在角速度时，激光陀螺组件的g敏感性等效安装误差将会造成等效陀螺漂移。明确误差机理后，利用线振动台产生线振动与角振动并存的环境以激励g敏感性误差的影响，在此环境下利用优化的误差参数观测方案对激光陀螺的g敏感性误差参数进行标定，最后对g敏感性误差补偿效果进行了验证。此外，本章还建立了优化的激光陀螺g敏感性误差模型，并对相关误差参数进行了标定补偿，并通过实验验证了优化模型的合理有效性。

5.1　激光陀螺g敏感性误差的机理分析

本节详细分析了激光陀螺的动力学模型，借此得到了激光陀螺的抖动轴形变模型，在此基础上得到了激光陀螺的g敏感性等效安装误差模型，并对等效安装误差造成的等效陀螺漂移进行了分析。

5.1.1　激光陀螺的动力学模型

如图 5.1 所示，X 陀螺、Y 陀螺、Z 陀螺分别通过抖轮安装在惯性测量单元（IMU）的基座上。第 i 个激光陀螺的体坐标系 $g_i(i=x,y,z)$ 的坐标轴分别为 g_{ix}、g_{iy}、g_{iz}，其中 g_{ii} 轴沿第 i 个激光陀螺的抖动轴，$g_{ij}(j=x,y,z;j\neq i)$ 轴垂直于 g_{ii} 轴，且沿第 i 个激光陀螺的侧向（激光陀螺腔体的阳极、阴极方向）。IMU 的体坐标系各轴分别为 b_x、b_y、b_z。各坐标系的细节见图 5.1 所示。

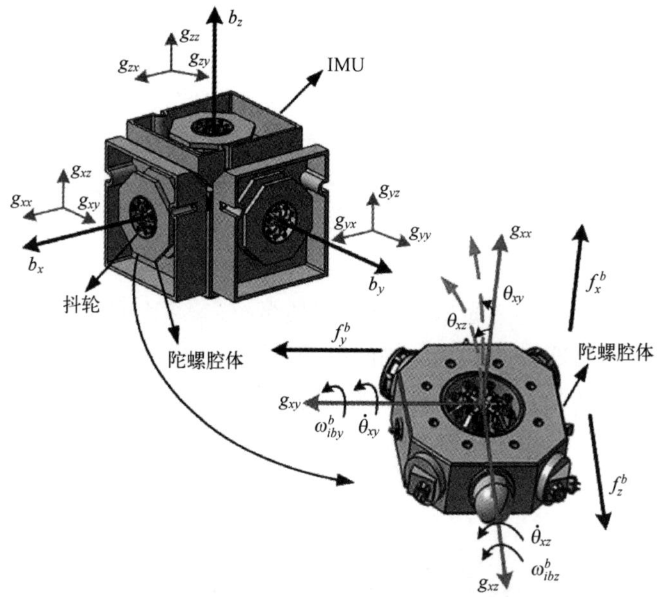

图 5.1　抖轮形变及相关的 g 敏感性失准角

为了驱动激光陀螺的光学腔体以高频（400Hz 左右）做角振动借以脱离锁区，激光陀螺的抖轮沿其抖动轴方向的刚度应较小（以驱动腔体的角振动），而沿侧向的刚度应足够大（避免形变）。然而，抖轮的侧向刚度总是有限的，不能无限增大。当外界加速度作用在激光陀螺腔体之上时，抖轮将会产生侧向形变，激光陀螺的敏感轴在空间的位置随之改变，形成等效安装偏差，称为 g 敏感性误差。当存在角速度时，g 敏感性等效安装偏差会导致等效陀螺漂移。在姿态解算过程中，等效陀螺漂移会引起姿态误差，姿态误差进入速度解算环节进一步引起了速度误差，最后导致定位误差。

根据欧拉定理，并将激光陀螺的偏心力矩和抖动力矩考虑在内，第 i 个激光陀螺（$i=x,y,z$）对外力矩的角运动响应可以表示为：

$$(\boldsymbol{I}_{g_i}+\boldsymbol{I}_{o_i})\dot{\boldsymbol{\omega}}_{ig_i}^{g_i}+\boldsymbol{\omega}_{ig_i}^{g_i}\times(\boldsymbol{I}_{g_i}+\boldsymbol{I}_{o_i})\boldsymbol{\omega}_{ig_i}^{g_i}+\boldsymbol{C}_{g_i}\dot{\boldsymbol{\theta}}_i+\boldsymbol{K}_{g_i}\boldsymbol{\theta}_i=\boldsymbol{M}_{g_i}(t)+\boldsymbol{M}_{d_i}(t) \tag{5.1}$$

其中，

$$\boldsymbol{M}_{g_i}(t)=\boldsymbol{\delta}_i\times m_i\boldsymbol{f}(t)\ ,\ \boldsymbol{\delta}_i=[\delta_{ix}\quad \delta_{iy}\quad \delta_{iz}]^{\mathrm{T}},\ \boldsymbol{\theta}_i=[\theta_{ix}\quad \theta_{iy}\quad \theta_{iz}]^{\mathrm{T}} \tag{5.2}$$

$$\boldsymbol{M}_{d_x}(t)=[M_{d_x}(t)\quad 0\quad 0]^{\mathrm{T}},\boldsymbol{M}_{d_y}(t)=[0\quad M_{d_y}(t)\quad 0]^{\mathrm{T}},\boldsymbol{M}_{d_z}(t)=[0\quad 0\quad M_{d_z}(t)]^{\mathrm{T}} \tag{5.3}$$

式中：$\boldsymbol{I}_{g_i}$为第 i 个激光陀螺的惯性矩；$\boldsymbol{I}_{o_i}$为第 i 个激光陀螺的偏心惯性矩；$\boldsymbol{C}_{g_i}$和$\boldsymbol{K}_{g_i}$分别为第 i 个激光陀螺的阻尼系数和角刚度；$\boldsymbol{M}_{g_i}(t)$为第 i 个激光陀螺的偏心力矩；$\boldsymbol{M}_{d_i}(t)(i=x,y,z)$为第 i 个激光陀螺的抖动力矩；$\boldsymbol{\delta}_i$ 为偏心距离矢量；m_i为第 i 个激光陀螺的质量；$\boldsymbol{f}(t)$为作用在激光陀螺上的比力加速度；$\boldsymbol{\theta}_i$ 为激光陀螺抖动轴相对于安装基座的形变角且 $\boldsymbol{\theta}_i$ 满足小角假设，$\boldsymbol{\theta}_i$ 抖动轴方向的分量 $-\theta_{ii}(i=x,y,z)$本质上是抖动轴方向的形变角（抖动角），这也是激光陀螺腔体借以脱离锁区的角运动，$\theta_{ij}(i=x,y,z;j=x,y,z;i\neq j)$表示激光陀螺抖动轴的侧向形变角；$\boldsymbol{\omega}_{ig_i}^{g_i}$为第 i 个激光陀螺相对于惯性空间的角速度；$\boldsymbol{M}_{d_i}(t)$的第 i 个分量为非零分量，该分量沿抖动轴方向，其余的分量为零分量。

事实上，式(5.1)将激光陀螺建模为"质量-弹簧-阻尼"系统，并且式(5.1)同时考虑了抖动角 θ_{ii}和抖动轴的侧向形变角 θ_{ij}(g 敏感性误差)。

考虑到第 i 个激光陀螺的敏感轴与其抖动轴之间存在一个固定小角，第 i 个激光陀螺敏感到的角速度由下式给出：

$$\widetilde{\omega}_{ib_i}^{b}=\boldsymbol{i}_{g_i}\cdot\boldsymbol{\omega}_{ig_i}^{g_i} \tag{5.4}$$

其中，

$$\boldsymbol{i}_{g_x}=[1\quad \zeta_{xy}\quad \zeta_{xz}]^{\mathrm{T}},\ \boldsymbol{i}_{g_y}=[\zeta_{yx}\quad 1\quad \zeta_{yz}]^{\mathrm{T}},\ \boldsymbol{i}_{g_z}=[\zeta_{zx}\quad \zeta_{zy}\quad 1]^{\mathrm{T}} \tag{5.5}$$

式中：$\boldsymbol{i}_{g_i}(i=x,y,z)$为第 i 个激光陀螺敏感轴单位矢量在其体坐标系 g_i 的投影；$\zeta_{ij}(i=x,y,z;j=x,y,z;i\neq j)$满足小角假设，现代制造工艺保证使其在 30″以下[143]；'T'为转置运算；'·'为点乘。

5.1.2 g 敏感性等效安装误差模型

式(5.1)的稳态响应包括两部分，其中一部分由抖动力矩 $\boldsymbol{M}_{d_i}(t)$引起，另一部分由偏心力矩 $\boldsymbol{M}_{g_i}(t)$引起。抖动力矩引起的角运动使得激光陀螺脱离锁区，抖动角速度可以通过滤波器滤除（或可以被角速度传感器测得），这不是关注的重点，抖动角运动并不会引起 g 敏感性失准角误差。因此，在后续分析过程中，将忽略抖动力矩和抖动角运动的影响，只考虑偏心力矩 $\boldsymbol{M}_{g_i}(t)$的影响。

为了简化式(5.1),定量地分析式(5.1)中各项的影响。根据 Li[108] 的分析,偏心惯性矩和二阶非线性项的影响可以忽略。激光陀螺的侧向自然频率通常在 700~900Hz,假定其自然频率为 750Hz;如果此时在线振动环境下,IMU 的角运动频率和幅值分别为 10Hz、1mrad,则式(5.1)中第一项和 $\boldsymbol{K}_{g_i}$ 的比率为 $(2\pi\times10)^2\times10^{-3}/(2\pi\times750)^2\approx2\times10^{-7}$,如果 $\boldsymbol{\theta}_i$ 的幅值达到 1 角秒(5×10^{-6}rad),则第一项的影响是可以忽略的。但是如果 IMU 的角运动频率很高,第一项的影响是不能忽略的。此外,考虑到阻尼比和频率比通常远远小于 1,它们引起的输入输出间的相位差很小,因此,基于以上的定量分析,式(5.1)可以简化为:

$$\boldsymbol{K}_{g_i}\boldsymbol{\theta}_i\approx\boldsymbol{M}_{g_i}(t) \tag{5.6}$$

这里,我们以 X 陀螺为例详细分析其稳态响应。根据 $\boldsymbol{\delta}_i$ 和 $\boldsymbol{\theta}_i$ 的定义,有:

$$\boldsymbol{\delta}_i\triangleq\boldsymbol{\delta}_x=[\delta_{xx}\quad\delta_{xy}\quad\delta_{xz}]^{\mathrm{T}},\boldsymbol{\theta}_i\triangleq\boldsymbol{\theta}_x=[\theta_{xx}\quad\theta_{xy}\quad\theta_{xz}]^{\mathrm{T}} \tag{5.7}$$

然而,只有 $\boldsymbol{\theta}_x$ 的侧向分量 θ_{xy}、θ_{xz} 会产生 X 陀螺的 g 敏感性失准角误差,有:

$$\begin{bmatrix}\theta_{xy}\\ \theta_{xz}\end{bmatrix}\approx\begin{bmatrix}f_x^b\dfrac{m_x\delta_{xz}}{k_{g_{xy}}}-f_z^b\dfrac{m_x\delta_{xx}}{k_{g_{xy}}}\\ -f_x^b\dfrac{m_x\delta_{xy}}{k_{g_{xz}}}+f_y^b\dfrac{m_x\delta_{xx}}{k_{g_{xz}}}\end{bmatrix}\approx\begin{bmatrix}f_x^b\tau_{xz}-f_z^b\tau_{xx}\\ -f_x^b\tau_{xy}+f_y^b\tau_{xx}\end{bmatrix} \tag{5.8}$$

式中:m_x 为 X 陀螺的质量;θ_{xy}、θ_{xz} 分别为抖动轴沿 g_{xy} 轴和 g_{xz} 轴的形变角(图 5.1 所示);$k_{g_{xy}}$ 和 $k_{g_{xz}}$ 分别为 X 陀螺沿 g_{xy} 轴和 g_{xz} 轴的侧向刚度;$f_i^b(i=x,y,z)$ 为沿 i 轴的比力加速度,在线振动环境下,比力加速度是时间的正弦函数。现代制造工艺可以保证陀螺的侧向刚度比较接近,即 $k_{g_{xy}}\approx k_{g_{xz}}$。因此,式(5.8)的最后一项通过简单的符号替换就可以得到。

类似地,我们可以得到 Y 陀螺、Z 陀螺在线振动环境下的稳态响应。连同式(5.8),如下所示:

$$\begin{bmatrix}\theta_{xy}\\ \theta_{xz}\end{bmatrix}\approx\begin{bmatrix}f_x^b\tau_{xz}-f_z^b\tau_{xx}\\ -f_x^b\tau_{xy}+f_y^b\tau_{xx}\end{bmatrix},\begin{bmatrix}\theta_{yx}\\ \theta_{yz}\end{bmatrix}\approx\begin{bmatrix}-f_y^b\tau_{yz}+f_z^b\tau_{yy}\\ f_y^b\tau_{yx}-f_x^b\tau_{yy}\end{bmatrix},\begin{bmatrix}\theta_{zx}\\ \theta_{zy}\end{bmatrix}\approx\begin{bmatrix}f_z^b\tau_{zy}-f_y^b\tau_{zz}\\ -f_z^b\tau_{zx}+f_x^b\tau_{zz}\end{bmatrix} \tag{5.9}$$

其中,式(5.9)中未知参数可以表示为一个未知矢量:

$$\boldsymbol{\tau}=[\tau_{xx}\quad\tau_{xy}\quad\tau_{xz}\quad\tau_{yx}\quad\tau_{yy}\quad\tau_{yz}\quad\tau_{zx}\quad\tau_{zy}\quad\tau_{zz}]^{\mathrm{T}} \tag{5.10}$$

式(5.9)即是激光陀螺组件的 g 敏感性等效安装误差模型,其将激光陀螺组件的失准角与比力加速度相联系。τ_{ij} 的单位为 rad/(m/s^2),或是 arc-second/g (1g≈9.8m/s^2),方便起见,采用后一种形式的定义。

5.1.3 等效陀螺漂移机理分析

正常情况下,激光陀螺组件的敏感轴与 IMU 的坐标轴相重合。然而,当外界加速度作用在 IMU 上时,激光陀螺组件的敏感轴与 IMU 坐标轴将不再重合。由于激光陀螺抖动轴的形变,其敏感轴也将偏离其正常的空间位置。图 5.2 描绘了激光陀螺组件的 g 敏感性失准角。如图 5.2 所示,x'、y'、z'分别表示激光陀螺敏感轴(也就是 b_x'、b_y'、b_z' 轴)在平面 b_xb_z、b_xb_y、b_yb_z 的投影,旋转的正方向为逆时针。

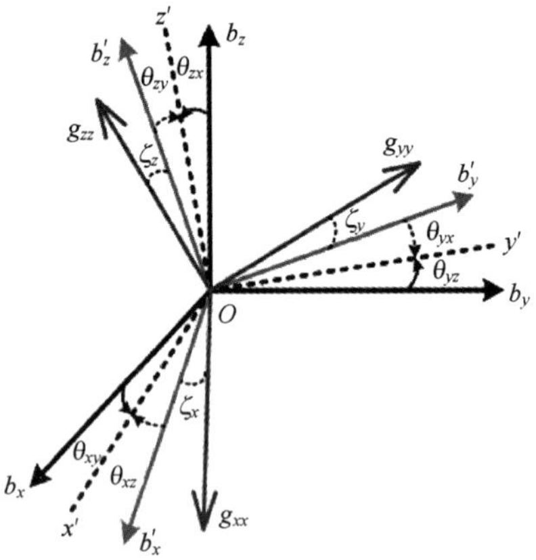

图 5.2 激光陀螺组件 g 敏感性失准角示意图

根据图 5.2 所示,简单的几何运算就可以得到激光陀螺组件的 g 敏感性等效安装误差引起的等效陀螺漂移,有:

$$\delta\boldsymbol{\omega}_{ib}^{b}=\widetilde{\boldsymbol{\omega}}_{ib}^{b}-\omega_{ib}^{b}=\boldsymbol{K}\boldsymbol{\omega}_{ib}^{b}+\delta\boldsymbol{\omega}_{con} \tag{5.11}$$

其中,

$$\boldsymbol{K}\approx\begin{bmatrix}0 & \theta_{xz} & -\theta_{xy}\\ -\theta_{yz} & 0 & \theta_{yx}\\ \theta_{zy} & -\theta_{zx} & 0\end{bmatrix},\delta\boldsymbol{\omega}_{con}=\frac{1}{2}\begin{bmatrix}\theta_{xz}\dot{\theta}_{xy}-\theta_{xy}\dot{\theta}_{xz}\\ -\theta_{yz}\dot{\theta}_{yx}+\theta_{yx}\dot{\theta}_{yz}\\ \theta_{zy}\dot{\theta}_{zx}-\theta_{zx}\dot{\theta}_{zy}\end{bmatrix} \tag{5.12}$$

式中:$\delta\boldsymbol{\omega}_{ib}^{b}$为等效陀螺漂移;$\widetilde{\boldsymbol{\omega}}_{ib}^{b}$为 IMU 敏感到的角速度;$\boldsymbol{\omega}_{ib}^{b}$为真实的角速度;$\boldsymbol{K}$ 为 g 敏感性等效安装误差,并且式(5.12)满足小角假设。

式(5.11)中的 $\boldsymbol{K}\boldsymbol{\omega}_{ib}^{b}$项是直观的,但是 $\delta\boldsymbol{\omega}_{con}$ 这一项看起来不是很直观。事实上,$\delta\boldsymbol{\omega}_{con}$表示的是线振动环境下每个激光陀螺相对其安装基座的伪圆锥运动,这是一个很小的量,可以忽略。以 X 陀螺为例进行说明:

在小角假设下，$\boldsymbol{\theta}_x=[\theta_{xx}\quad \theta_{xy}\quad \theta_{xz}]^{\mathrm{T}}$ 代表了坐标系 b'_x 相对于 IMU 坐标系 b 的旋转矢量。根据式(5.5)，$\zeta_x=[0\quad \zeta_{xz}\quad -\zeta_{xy}]^{\mathrm{T}}$ 表示的是坐标系 g_x 与坐标系 b'_x 之间的旋转矢量，这是一个常值矢量。此外，有以下关系：

$$\boldsymbol{\omega}_{ig_x}^{g_x}=\boldsymbol{C}_b^{g_x}\boldsymbol{\omega}_{ib}^{b}+\boldsymbol{\omega}_{bg_x}^{g_x} \tag{5.13}$$

其中，

$$\begin{aligned}
&\boldsymbol{C}_b^{g_x}=\boldsymbol{C}_{b'_x}^{g_x}\boldsymbol{C}_b^{b'_x},\boldsymbol{C}_{b'_x}^{g_x}=(\boldsymbol{C}_{g_x}^{b'_x})^{\mathrm{T}},\boldsymbol{C}_b^{b'_x}=(\boldsymbol{C}_{b'_x}^{b})^{\mathrm{T}}\\
&\boldsymbol{C}_{g_x}^{b'_x}=\boldsymbol{I}_3+\frac{\sin\zeta_x}{\zeta_x}(\boldsymbol{\zeta}_x\times)+\frac{1-\cos\zeta_x}{\zeta_x^2}(\boldsymbol{\zeta}_x\times)^2\\
&\boldsymbol{C}_{b'_x}^{b}=\boldsymbol{I}_3+\frac{\sin\theta_x}{\theta_x}(\boldsymbol{\theta}_x\times)+\frac{1-\cos\theta_x}{\theta_x^2}(\boldsymbol{\theta}_x\times)^2\\
&\boldsymbol{\omega}_{bg_x}^{g_x}=\boldsymbol{C}_{b'_x}^{g_x}\boldsymbol{\omega}_{bb'_x}^{b'_x}+\boldsymbol{\omega}_{b'_xg_x}^{g_x}\\
&\boldsymbol{\omega}_{bb'_x}^{b'_x}=\dot{\boldsymbol{\theta}}_x-\frac{1-\cos\theta_x}{\theta_x^2}\boldsymbol{\theta}_x\times\dot{\boldsymbol{\theta}}_x+\frac{\theta_x-\sin\theta_x}{\theta_x^3}\boldsymbol{\theta}_x\times(\boldsymbol{\theta}_x\times\dot{\boldsymbol{\theta}}_x),\boldsymbol{\omega}_{b'_xg_x}^{g_x}=\boldsymbol{0}_{3\times1}
\end{aligned} \tag{5.14}$$

式中：$\boldsymbol{\omega}_{bg_x}^{g_x}$ 为 X 陀螺相对于安装基座的角速度；$\boldsymbol{C}_b^{g_x}$ 为 IMU 坐标系 b 相对于 X 陀螺坐标系 g_x 的方向余弦矩阵；$\boldsymbol{I}_3$ 为 3×3 的单位矩阵；$(\zeta_x\times)$ 和 $(\boldsymbol{\theta}_x\times)$ 分别为 ζ_x 和 $\boldsymbol{\theta}_x$ 斜对称矩阵。

根据小角假设和泰勒级数展开，并且忽略高阶误差项，式(5.14)可以近似为：

$$\begin{aligned}
&\boldsymbol{C}_{b'_x}^{g_x}\approx\boldsymbol{I}_3-(\boldsymbol{\zeta}_x\times),\boldsymbol{C}_b^{b'_x}\approx\boldsymbol{I}_3-(\boldsymbol{\theta}_x\times),\boldsymbol{C}_b^{g_x}=\boldsymbol{C}_{b'_x}^{g_x}\boldsymbol{C}_b^{b'_x}\approx\boldsymbol{I}_3-(\boldsymbol{\zeta}_x\times)-(\boldsymbol{\theta}_x\times)\\
&\boldsymbol{\omega}_{bb'_x}^{b'_x}\approx\dot{\boldsymbol{\theta}}_x-\frac{1}{2}\boldsymbol{\theta}_x\times\dot{\boldsymbol{\theta}}_x,\boldsymbol{\omega}_{bg_x}^{g_x}\approx[\boldsymbol{I}_3-(\boldsymbol{\zeta}_x\times)](\dot{\boldsymbol{\theta}}_x-\frac{1}{2}\boldsymbol{\theta}_x\times\dot{\boldsymbol{\theta}}_x)\approx\dot{\boldsymbol{\theta}}_x-\frac{1}{2}\boldsymbol{\theta}_x\times\dot{\boldsymbol{\theta}}_x
\end{aligned} \tag{5.15}$$

将式(5.15)代入式(5.13)，有：

$$\boldsymbol{\omega}_{ig_x}^{g_x}=\boldsymbol{\omega}_{ib}^{b}-\boldsymbol{\zeta}_x\times\boldsymbol{\omega}_{ib}^{b}-\boldsymbol{\theta}_x\times\boldsymbol{\omega}_{ib}^{b}+\dot{\boldsymbol{\theta}}_x-\frac{1}{2}\boldsymbol{\theta}_x\times\dot{\boldsymbol{\theta}}_x \tag{5.16}$$

将式(5.5)、式(5.16)代入式(5.4)并忽略高阶误差项，X 陀螺敏感到的角速度为：

$$\begin{aligned}
\widetilde{\omega}_{ib_x}^{b}\approx&\omega_{ib_x}^{b}-\zeta_{xy}\omega_{ib_y}^{b}-\zeta_{xz}\omega_{ib_z}^{b}+\theta_{xz}\omega_{ib_y}^{b}-\theta_{xy}\omega_{ib_z}^{b}+\dot{\theta}_{xx}\\
&+0.5(\theta_{xz}\dot{\theta}_{xy}-\theta_{xy}\dot{\theta}_{xz})+\zeta_{xy}\omega_{ib_y}^{b}+\zeta_{xz}\omega_{ib_z}^{b}
\end{aligned} \tag{5.17}$$

$$\widetilde{\omega}_{ib_x}^{b}\approx\omega_{ib_x}^{b}+\theta_{xz}\omega_{ib_y}^{b}-\theta_{xy}\omega_{ib_z}^{b}+\dot{\theta}_{xx}+0.5(\theta_{xz}\dot{\theta}_{xy}-\theta_{xy}\dot{\theta}_{xz})$$

式中：$\theta_{xz}\omega^b_{ib_y}-\theta_{xy}\omega^b_{ib_z}$为 g 敏感性失准角造成的角速度误差；$\dot{\theta}_{xx}$为激光陀螺沿抖动轴方向的形变角速度，与抖动角速度相似，对于角增量输出型的激光陀螺而言，线振动环境下$\dot{\theta}_{xx}$不会产生常值角速度漂移，可以忽略此项；$0.5(\theta_{xz}\dot{\theta}_{xy}-\theta_{xy}\dot{\theta}_{xz})$为 X 陀螺相对安装基座的伪圆锥运动，这是一个小量，可以忽略其影响。例如，假设 θ_{xy}、θ_{xz}的幅值和频率分别为 2 arc-second（10^{-5}rad）和 60Hz，相应的伪圆锥漂移约为 0.004°/h（假定 θ_{xy}、θ_{xz}间的相位差为 π/2rad）。

将式(5.17)与式(5.12)相比，可以发现，不仅 X 陀螺的 g 敏感性失准角表达式是正确的，并且伪圆锥漂移的表达式也得到了验证。至此，忽略相关项，式(5.17)可以表示为：

$$\widetilde{\omega}^b_{ib_x}\approx\omega^b_{ib_x}+\theta_{xz}\omega^b_{ib_y}-\theta_{xy}\omega^b_{ib_z} \tag{5.18}$$

类似地，可以得到 Y 陀螺、Z 陀螺的等效陀螺漂移表达式，不再赘述。式(5.11)可以简化为：

$$\delta\boldsymbol{\omega}^b_{ib}\approx\begin{bmatrix}0 & \theta_{xz} & -\theta_{xy}\\ -\theta_{yz} & 0 & \theta_{yx}\\ \theta_{zy} & -\theta_{zx} & 0\end{bmatrix}\begin{bmatrix}\omega^b_{ib_x}\\ \omega^b_{ib_y}\\ \omega^b_{ib_z}\end{bmatrix} \tag{5.19}$$

式(5.19)即存在外界角速度时 g 敏感性失准角引起的等效陀螺漂移。

将式(5.9)、式(5.10)代入式(5.19)并整理，可以得到：

$$\delta\boldsymbol{\omega}^b_{ib}\approx\boldsymbol{\Xi}(t)\boldsymbol{\tau} \tag{5.20}$$

其中，

$$\boldsymbol{\Xi}(t)=\begin{bmatrix}\boldsymbol{\Xi}_1 & 0_{1\times3} & 0_{1\times3}\\ 0_{1\times3} & \boldsymbol{\Xi}_2 & 0_{1\times3}\\ 0_{1\times3} & 0_{1\times3} & \boldsymbol{\Xi}_3\end{bmatrix},\boldsymbol{\Xi}_1=[f^b_y\omega^b_{ib_y}+f^b_z\omega^b_{ib_z},\quad -f^b_x\omega^b_{ib_y},\quad -f^b_x\omega^b_{ib_z}]$$

$$\boldsymbol{\Xi}_2=[-f^b_y\omega^b_{ib_x},\quad f^b_x\omega^b_{ib_x}+f^b_z\omega^b_{ib_z},\quad -f^b_y\omega^b_{ib_z}] \tag{5.21}$$

$$\boldsymbol{\Xi}_3=[-f^b_z\omega^b_{ib_x},\quad -f^b_z\omega^b_{ib_y},\quad f^b_x\omega^b_{ib_x}+f^b_y\omega^b_{ib_y}],0_{1\times3}=[0,\quad 0,\quad 0]$$

至此，得到了比力加速度作用在 IMU 上时，g 敏感性失准角引起的等效陀螺漂移误差模型，问题的关键在于求解误差参数矢量 $\boldsymbol{\tau}$。

5.2 激光陀螺 g 敏感性误差标定与补偿

本节将介绍激光陀螺 g 敏感性误差的标定及补偿方法。通过合理地设计振动实验，借助线振动台产生的线振动与角振动并存的环境，对激光陀螺组件的 g 敏感性误差参数进行标定。

5.2.1　误差参数观测模型

g 敏感性失准角导致的等效陀螺漂移会引起姿态误差，相应的微分方程可以表示为：

$$\dot{\boldsymbol{\phi}}^n=-\boldsymbol{\omega}_{ie}^n\times\boldsymbol{\phi}^n-\boldsymbol{C}_b^n\delta\boldsymbol{\omega}_{ib}^b \tag{5.22}$$

式中：$\boldsymbol{\phi}^n$ 为 n 系下姿态误差；$\boldsymbol{\omega}_{ie}^n$ 为地球自转角速度。由于惯导系统处于固定位置，转移角速度 $\boldsymbol{\omega}_{en}^n\approx\boldsymbol{0}_{3\times1}$，上式中已忽略了此项。

将式(5.20)代入式(5.22)，并对此式进行积分(t_0 时刻到 t_k 时刻)，可以得到：

$$\boldsymbol{\phi}^n(t_k)=-\int_{t_0}^{t_k}\boldsymbol{\omega}_{ie}^n\times\boldsymbol{\phi}^n\mathrm{d}t-\int_{t_0}^{t_k}\boldsymbol{C}_b^n(t)\boldsymbol{\Xi}(t)\boldsymbol{\tau}\mathrm{d}t \tag{5.23}$$

需要说明的是，式(5.23)通常没有解析解，可对其数值积分得到数值解。相应的递推公式为：

$$\boldsymbol{\phi}^n(t_k)=\boldsymbol{\phi}^n(t_{k-1})-\boldsymbol{\omega}_{ie}^n\times\boldsymbol{\phi}^n(t_{k-1})\Delta t-\boldsymbol{C}_b^n(t_{k-1})\boldsymbol{\Xi}(t_{k-1})\boldsymbol{\tau}\Delta t \tag{5.24}$$

其中，

$$\boldsymbol{\phi}^n(t_0)=\boldsymbol{0}_{3\times1} \tag{5.25}$$

式中：$\Delta t=t_k-t_{k-1}$ 为积分步长，忽略了初始姿态误差 $\boldsymbol{\phi}^n(t_0)$。根据式(5.24)，有：

$$\begin{aligned}
\boldsymbol{\phi}^n(t_1)&=[\boldsymbol{I}_3-(\boldsymbol{\omega}_{ie}^n\times)\Delta t]\boldsymbol{\phi}^n(t_0)-\boldsymbol{C}_b^n(t_0)\boldsymbol{\Xi}(t_0)\boldsymbol{\tau}\Delta t\\
\boldsymbol{\phi}^n(t_2)&=[\boldsymbol{I}_3-(\boldsymbol{\omega}_{ie}^n\times)\Delta t]\boldsymbol{\phi}^n(t_1)-\boldsymbol{C}_b^n(t_1)\boldsymbol{\Xi}(t_1)\boldsymbol{\tau}\Delta t\\
&\vdots\\
\boldsymbol{\phi}^n(t_k)&=[\boldsymbol{I}_3-(\boldsymbol{\omega}_{ie}^n\times)\Delta t]\boldsymbol{\phi}^n(t_{k-1})-\boldsymbol{C}_b^n(t_{k-1})\boldsymbol{\Xi}(t_{k-1})\boldsymbol{\tau}\Delta t
\end{aligned} \tag{5.26}$$

将第 $i+1(i=0,1,\cdots,k-1)$ 个方程乘以 $[\boldsymbol{I}_3-(\boldsymbol{\omega}_{ie}^n\times)\Delta t]^{k-i-1}$ 得到：

$$\begin{aligned}
&[\boldsymbol{I}_3-(\boldsymbol{\omega}_{ie}^n\times)\Delta t]^{k-1}\boldsymbol{\phi}^n(t_1)=[\boldsymbol{I}_3-(\boldsymbol{\omega}_{ie}^n\times)\Delta t]^{k}\boldsymbol{\phi}^n(t_0)-[\boldsymbol{I}_3-(\boldsymbol{\omega}_{ie}^n\times)\Delta t]^{k-1}\boldsymbol{C}_b^n(t_0)\boldsymbol{\Xi}(t_0)\boldsymbol{\tau}\Delta t\\
&[\boldsymbol{I}_3-(\boldsymbol{\omega}_{ie}^n\times)\Delta t]^{k-2}\boldsymbol{\phi}^n(t_2)=[\boldsymbol{I}_3-(\boldsymbol{\omega}_{ie}^n\times)\Delta t]^{k-1}\boldsymbol{\phi}^n(t_1)-[\boldsymbol{I}_3-(\boldsymbol{\omega}_{ie}^n\times)\Delta t]^{k-2}\boldsymbol{C}_b^n(t_1)\boldsymbol{\Xi}(t_1)\boldsymbol{\tau}\Delta t\\
&\vdots\\
&\boldsymbol{\phi}^n(t_k)=[\boldsymbol{I}_3-(\boldsymbol{\omega}_{ie}^n\times)\Delta t]\boldsymbol{\phi}^n(t_{k-1})-\boldsymbol{C}_b^n(t_{k-1})\boldsymbol{\Xi}(t_{k-1})\boldsymbol{\tau}\Delta t
\end{aligned} \tag{5.27}$$

将式(5.25)代入上式，并累加各式得到：

$$\boldsymbol{\phi}^n(t_k)=-\Delta t\left\{\sum_{i=0}^{k-1}\left[[\boldsymbol{I}_3-(\boldsymbol{\omega}_{ie}^n\times)\Delta t]^{k-i-1}\boldsymbol{C}_b^n(t_i)\boldsymbol{\Xi}(t_i)\right]\right\}\boldsymbol{\tau} \tag{5.28}$$

根据式(5.28),可以得到以姿态误差为观测量的误差参数 $\boldsymbol{\tau}$ 的标定方法,其步骤如下:

首先,捷联惯导进行静态初始对准,并提供初始的姿态参考基准,即 $\boldsymbol{C}_b^n(t_0)$。

其次,在 t_0 时刻,线振动台工作,捷联惯导进入线振动状态,线振动的时间持续 8~10 分钟;在 t_k 时刻,线振动结束。根据式(5.20)、式(5.21),当加速度作用于激光陀螺组件时,g 敏感性失准角将会导致等效陀螺漂移,进而产生姿态误差。振动过程中,惯导对其姿态进行更新以得到 t_k 时刻的姿态 $\widetilde{\boldsymbol{C}}_b^n(t_k)$,姿态更新方法如下:

$$\dot{\boldsymbol{C}}_b^n=\boldsymbol{C}_b^n(\boldsymbol{\omega}_{ib}^b\times)-(\boldsymbol{\omega}_{ie}^n\times)\boldsymbol{C}_b^n \tag{5.29}$$

最后,振动结束后,捷联惯导重新回到静止状态,并且再次进行自对准以得到 t_k 时刻的参考姿态 $\boldsymbol{C}_b^n(t_k)$。基于 $\widetilde{\boldsymbol{C}}_b^n(t_k)$,可以得到 t_k 时刻的姿态误差观测方程如下:

$$[\boldsymbol{\phi}_o^n(t_k)\times]=\boldsymbol{I}_3-\widetilde{\boldsymbol{C}}_b^n(t_k)(\boldsymbol{C}_b^n(t_k))^{\mathrm{T}} \tag{5.30}$$

式中:$\boldsymbol{\phi}_o^n(t_k)$ 表示姿态误差观测。

考虑到误差参数 $\boldsymbol{\tau}$ 的分量个数,至少需要 9 个不同姿态误差观测才能获得式(5.28)的解,并且前述的标定实验步骤需要多次重复。式(5.28)的解可以通过最小二乘法进行求解得到,如下所示:

$$\boldsymbol{\tau}=(\boldsymbol{A}^{\mathrm{T}}\boldsymbol{A})^{-1}\boldsymbol{A}^{\mathrm{T}}\boldsymbol{B} \tag{5.31}$$

其中,

$$\boldsymbol{A}=\begin{bmatrix}\boldsymbol{D}[\boldsymbol{N}]_1\\ \boldsymbol{D}[\boldsymbol{N}]_2\\ \vdots\\ \boldsymbol{D}[\boldsymbol{N}]_n\end{bmatrix},\boldsymbol{B}=\begin{bmatrix}\boldsymbol{D}[\boldsymbol{\phi}_o^n(t_k)]_1\\ \boldsymbol{D}[\boldsymbol{\phi}_o^n(t_k)]_2\\ \vdots\\ \boldsymbol{D}[\boldsymbol{\phi}_o^n(t_k)]_n\end{bmatrix},\boldsymbol{D}=\begin{bmatrix}1&0&0\\0&1&0\end{bmatrix} \tag{5.32}$$

$$\boldsymbol{N}=-\Delta t\sum_{i=0}^{k-1}\left[[\boldsymbol{I}_3-(\boldsymbol{\omega}_{ie}^n\times)\Delta t]^{k-i-1}\boldsymbol{C}_b^n(t_i)\boldsymbol{\Xi}(t_i)\right]$$

式中:下标 1,2,…,n 代表振动的实验次数,导航坐标系 n 为“东-北-天”当地水平地理坐标系。考虑到寻北精度,只使用了水平角姿态误差观测量,矩阵 $\boldsymbol{D}$ 体现了与此相关的矩阵运算。

5.2.2 参数敏感性分析及优化观测方案设计

最优观测方案不仅可以使得所有的误差参数得到辨识,并且可以提高辨识的精度,一个观测方案的优化准则便是最大化观测对于未知参数的敏感度[144]。

这里,将参数敏感性矩阵定义为姿态误差观测相对于未知参数的雅可比矩阵。参数敏感性矩阵由下式给出:

$$\frac{\partial \boldsymbol{\phi}^n(t_k)}{\partial \boldsymbol{\tau}} = -\Delta t \sum_{i=0}^{k-1} \left[[\boldsymbol{I}_3 - (\boldsymbol{\omega}_{ie}^n \times)\Delta t]^{k-i-1} \boldsymbol{C}_b^n(t_i) \boldsymbol{\Xi}(t_i) \right] \tag{5.33}$$

由于振动时间持续很短,地球自转角速度的量值也很小,因此,下面的近似是合理的:

$$[\boldsymbol{I}_3 - (\boldsymbol{\omega}_{ie}^n \times)\Delta t]^{k-i-1} \approx \boldsymbol{I}_3 - (k-i-1)\Delta t(\boldsymbol{\omega}_{ie}^n \times) \approx \boldsymbol{I}_3 \tag{5.34}$$

此外,考虑到线振动引起的姿态变化满足小角假设,因此:

$$\boldsymbol{C}_b^n(t_i) \triangleq \boldsymbol{C}_{b(t_i)}^{n(t_i)} = \boldsymbol{C}_{b(t_i)}^{n(t_0)} = \boldsymbol{C}_{b(t_0)}^{n(t_0)} \boldsymbol{C}_{b(t_i)}^{b(t_0)} \approx \boldsymbol{C}_{b(t_0)}^{n(t_0)} \boldsymbol{I}_3 = \boldsymbol{C}_b^n(t_0) \tag{5.35}$$

将式(5.34)和式(5.35)代入式(5.33),得到:

$$\frac{\partial \boldsymbol{\phi}^n(t_k)}{\partial \boldsymbol{\tau}} \approx -\Delta t \boldsymbol{C}_b^n(t_0) \sum_{i=0}^{k-1} \boldsymbol{\Xi}(t_i) \tag{5.36}$$

需要说明的,式(5.34)和式(5.35)的近似只是为了简化数学分析,本质上不会改变敏感性分析的最终结论。

这里,仍以 X 陀螺为例说明如何使得误差参数敏感性最大化。与 X 陀螺相关的误差参数分别是 τ_{xx}、τ_{xy}、τ_{xz},$\boldsymbol{\phi}^n(t_k)$ 相对于三个误差参数的偏导数分别是:

$$\frac{\partial \boldsymbol{\phi}^n(t_k)}{\partial \tau_{xx}} \approx -\Delta t \boldsymbol{C}_b^n(t_0) \boldsymbol{H} \sum_{i=0}^{k-1} [f_y^b(t_i)\omega_{ib_y}^b(t_i) + f_z^b(t_i)\omega_{ib_z}^b(t_i)]$$

$$\frac{\partial \boldsymbol{\phi}^n(t_k)}{\partial \tau_{xy}} \approx \Delta t \boldsymbol{C}_b^n(t_0) \boldsymbol{H} \sum_{i=0}^{k-1} f_x^b(t_i)\omega_{ib_y}^b(t_i), \quad \frac{\partial \boldsymbol{\phi}^n(t_k)}{\partial \tau_{xz}} \approx \Delta t \boldsymbol{C}_b^n(t_0) \boldsymbol{H} \sum_{i=0}^{k-1} f_x^b(t_i)\omega_{ib_z}^b(t_i) \tag{5.37}$$

式中:$\boldsymbol{H} = [1 \quad 0 \quad 0]^{\mathrm{T}}$。

观察式(5.37)不难发现,如果线振动的方向分别沿 YZ 平面的对角线、XY 平面的 b_x 轴、XZ 平面的 b_x 轴,由于比力加速度和角速度的整流作用,式(5.37)中的三项将会取得最大值,参数敏感性将最大化,此时线振动方案提供了参数 τ_{xx}、τ_{xy}、τ_{xz} 的最优观测(图5.3中(a)~(c)所示)。类似地,可以得到 Y、Z 陀螺误差参数的最优观测方案,如图5.3(d)~(i)所示。

5.2.3 激光陀螺g敏感性误差补偿方法

根据式(5.9)、式(5.19)可以得到:

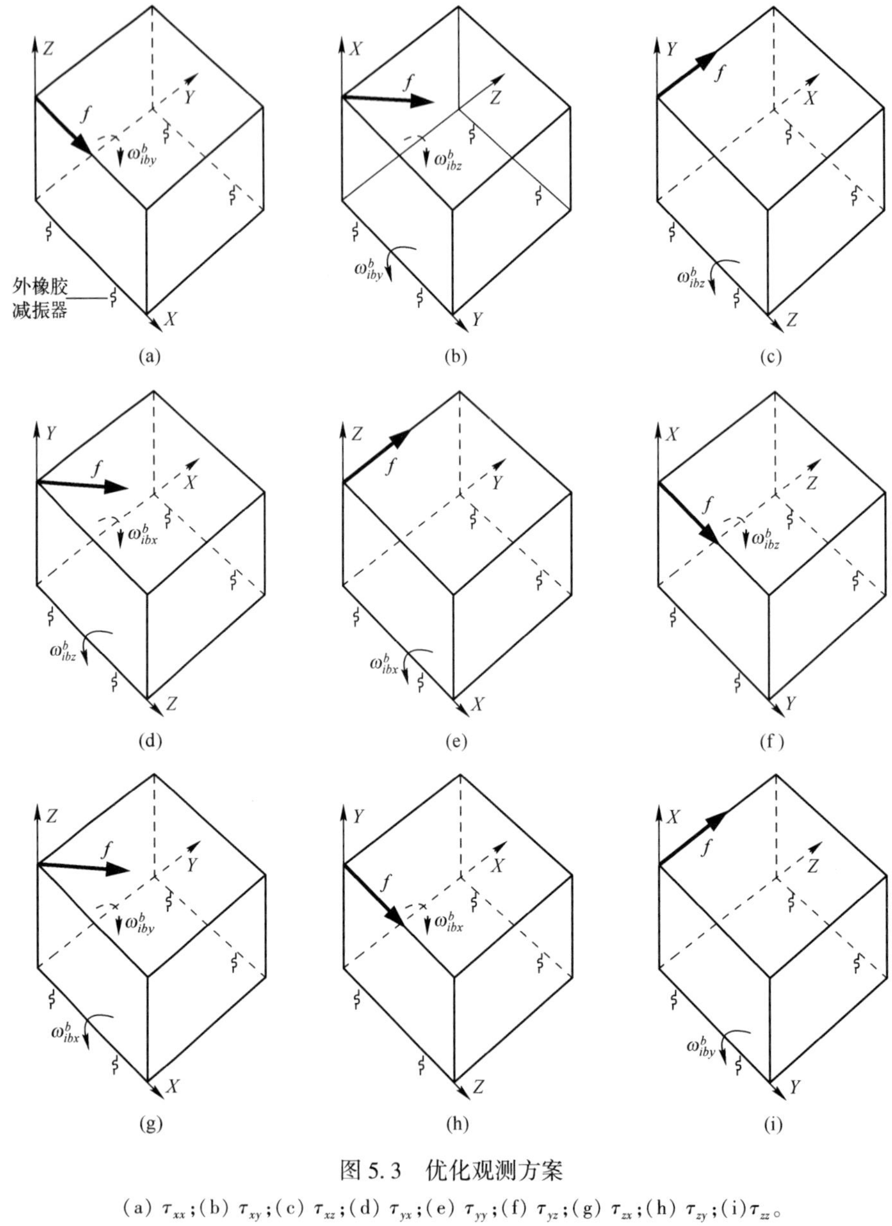

图 5.3 优化观测方案

(a) τ_{xx};(b) τ_{xy};(c) τ_{xz};(d) τ_{yx};(e) τ_{yy};(f) τ_{yz};(g) τ_{zx};(h) τ_{zy};(i) τ_{zz}。

$$\delta\boldsymbol{\omega}_{ib}^{b} \approx \begin{bmatrix} 0 & -f_x^b\tau_{xy}+f_y^b\tau_{xx} & -f_x^b\tau_{xz}+f_z^b\tau_{xx} \\ -f_y^b\tau_{yx}+f_x^b\tau_{yy} & 0 & -f_y^b\tau_{yz}+f_z^b\tau_{yy} \\ -f_z^b\tau_{zx}+f_x^b\tau_{zz} & -f_z^b\tau_{zy}+f_y^b\tau_{zz} & 0 \end{bmatrix} \begin{bmatrix} \boldsymbol{\omega}_{ib_x}^{b} \\ \boldsymbol{\omega}_{ib_y}^{b} \\ \boldsymbol{\omega}_{ib_z}^{b} \end{bmatrix} \tag{5.38}$$

将式(5.38)误差项从激光陀螺组件输出中扣除即得到补偿后的角速度输出：

$$\boldsymbol{\omega}_{ib}^{b}=\widetilde{\boldsymbol{\omega}}_{ib}^{b}-\delta\boldsymbol{\omega}_{ib}^{b} \tag{5.39}$$

激光陀螺惯性导航系统一般为增量输出，根据激光陀螺及加速度计的增量采样值拟合出角速度、比力加速度就可以按照式(5.38)、式(5.39)进行误差补偿。如果姿态更新算法、速度更新算法采用双子样算法，对角速度、比力加速度进行直线拟合，详细过程如下所述。

设角速度及比力加速度分别为：

$$\begin{aligned}\boldsymbol{\omega}_{ib}^{b}&=[k_{\omega_{x0}}+k_{\omega_{x1}}t\quad k_{\omega_{y0}}+k_{\omega_{y1}}t\quad k_{\omega_{z0}}+k_{\omega_{z1}}t]^{\mathrm{T}}\\ \boldsymbol{f}^{b}&=[k_{a_{x0}}+k_{a_{x1}}t\quad k_{a_{y0}}+k_{a_{y1}}t\quad k_{a_{z0}}+k_{a_{z1}}t]^{\mathrm{T}}\end{aligned} \tag{5.40}$$

若采用双子样拟合，对于相邻时刻的激光陀螺组件增量输出、加速度计组件增量输出有以下关系：

$$\begin{bmatrix}\Delta\boldsymbol{\theta}_1^{\mathrm{T}}\\ \Delta\boldsymbol{\theta}_2^{\mathrm{T}}\end{bmatrix}=\begin{bmatrix}\Delta\theta_{1x} & \Delta\theta_{1y} & \Delta\theta_{1z}\\ \Delta\theta_{2x} & \Delta\theta_{2y} & \Delta\theta_{2z}\end{bmatrix}=\begin{bmatrix}T & T^2/2\\ T & 3T^2/2\end{bmatrix}\begin{bmatrix}k_{\omega_{x0}} & k_{\omega_{y0}} & k_{\omega_{z0}}\\ k_{\omega_{x1}} & k_{\omega_{y1}} & k_{\omega_{z1}}\end{bmatrix} \tag{5.41}$$

$$\begin{bmatrix}\Delta\boldsymbol{f}_1^{\mathrm{T}}\\ \Delta\boldsymbol{f}_2^{\mathrm{T}}\end{bmatrix}=\begin{bmatrix}\Delta f_{1x} & \Delta f_{1y} & \Delta f_{1z}\\ \Delta f_{2x} & \Delta f_{2y} & \Delta f_{2z}\end{bmatrix}=\begin{bmatrix}T & T^2/2\\ T & 3T^2/2\end{bmatrix}\begin{bmatrix}k_{a_{x0}} & k_{a_{y0}} & k_{a_{z0}}\\ k_{a_{x1}} & k_{a_{y1}} & k_{a_{z1}}\end{bmatrix} \tag{5.42}$$

根据式(5.41)、式(5.42)可求得角速度、比力加速度的拟合参数分别为：

$$\boldsymbol{k}_{\omega}=\begin{bmatrix}k_{\omega_{x0}} & k_{\omega_{y0}} & k_{\omega_{z0}}\\ k_{\omega_{x1}} & k_{\omega_{y1}} & k_{\omega_{z1}}\end{bmatrix}=\begin{bmatrix}T & T^2/2\\ T & 3T^2/2\end{bmatrix}^{-1}\begin{bmatrix}\Delta\boldsymbol{\theta}_1^{\mathrm{T}}\\ \Delta\boldsymbol{\theta}_2^{\mathrm{T}}\end{bmatrix} \tag{5.43}$$

$$\boldsymbol{k}_{a}=\begin{bmatrix}k_{a_{x0}} & k_{a_{y0}} & k_{a_{z0}}\\ k_{a_{x1}} & k_{a_{y1}} & k_{a_{z1}}\end{bmatrix}=\begin{bmatrix}T & T^2/2\\ T & 3T^2/2\end{bmatrix}^{-1}\begin{bmatrix}\Delta\boldsymbol{f}_1^{\mathrm{T}}\\ \Delta\boldsymbol{f}_2^{\mathrm{T}}\end{bmatrix} \tag{5.44}$$

根据式(5.43)、式(5.44)即可得到 $\boldsymbol{\omega}_{ib}^{b}$、$\boldsymbol{f}^{b}$，进而可对激光陀螺组件g敏感性失准角导致的等效陀螺漂移进行补偿。以上基于双子样算法对角速度及比力加速度进行了拟合，类似地，可进行三子样、四子样或更高子样的拟合，不再赘述。

5.2.4 实验验证

通过线振动实验来标定激光陀螺组件的g敏感性误差参数，并验证其补偿效果。激光陀螺的零偏稳定性优于0.003°/h(1σ)，加速度计的零偏稳定性优于20μg(1σ)。事先利用实验室的高精度三轴转台标定激光陀螺组件及加速度计组件的安装误差、标度因数和零偏，此外，还需要对加速度计组件的非线性项、杆臂效应进行标定。

根据前述的参数敏感性分析，为了使得误差参数的影响更加显著，比力加速度和角速度的整流作用应当更加明显。也就是说，在线振动条件下，惯性测量单元的角运动也应该更加明显。较好办法是将捷联惯导通过四个软的橡胶减振器与振动台相连，如图 5.3(a)与 5.4 所示。与捷联惯导自己的内减振器相比，这四个外减振器应当非常软(橡胶减振器的自然频率在 10~20Hz 之间)，当线加速度作用于捷联惯导时，惯导系统将会产生很大的角运动，激光陀螺组件将会敏感到这些角运动。需要注意的是，由于线振动台为电磁式，为了减小磁场对激光陀螺产生的影响，需要合理的设计磁屏蔽结构，包括对单个激光陀螺的磁屏蔽和整个 IMU 的磁屏蔽，两级磁屏蔽措施使得磁场引起的陀螺漂移小于 0.0002°/h/Gauss。

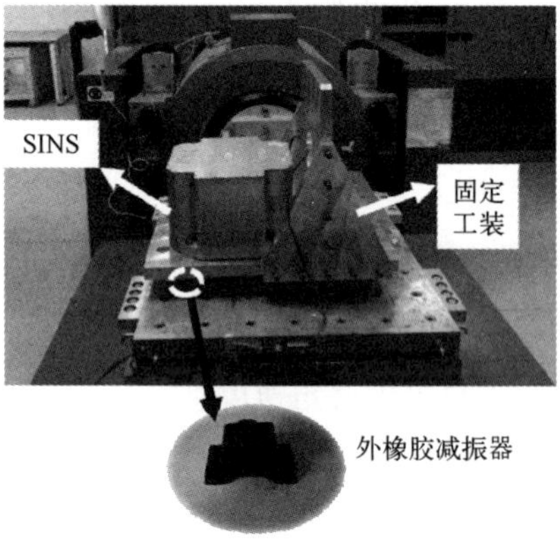

图 5.4　设备安装示意图

共进行了 9 组线振动实验对激光陀螺组件的 g 敏感性误差参数进行标定，线振动的幅值和频率分别为 1.5g 和 20Hz。$\boldsymbol{\tau}$ 各分量的结果如表 5.1 所列。

表 5.1　参数估计值

参数	数值 (″/g)	参数	数值 (″/g)	参数	数值 (″/g)
τ_{xx}	-1.6404	τ_{yx}	-0.4961	τ_{zx}	0.1491
τ_{xy}	-0.2623	τ_{yy}	0.9696	τ_{zy}	-0.3006
τ_{xz}	0.6214	τ_{yz}	0.4209	τ_{zz}	-1.2854

表 5.1 中列出的结果表明，激光陀螺组件的 g 敏感性误差参数的量值可以达到 1.5arc-second/g，当外界加速度作用在 IMU 上时，g 敏感性失准角将会使得角速度的测量产生误差，等效为陀螺漂移。

为了定量分析 g 敏感性误差参数的影响，此处给出一个例子。当线振动的方向沿 XY 平面的 b_y 轴方向时，b_x 轴方向将会同时产生角运动，f_y^b 和 $\omega_{ib_x}^b$ 的幅值分别为 0.5g、30°/s，它们之间的相位差约为 π/10rad，线振动的频率为 10Hz。图 5.5 描绘了 0.5s 时间内 f_y^b 和 $\omega_{ib_x}^b$ 的曲线。根据已知的信息，可以将 f_y^b 和 $\omega_{ib_x}^b$ 表示为：

$$f_y^b \approx 0.5g\sin(20\pi t+\psi_1),\omega_{ib_x}^b \approx \frac{\pi}{6}\sin(20\pi t+\psi_2) \tag{5.45}$$

式中：$1g\approx 9.79\text{m/s}^2$，$\psi_2-\psi_1\approx\frac{\pi}{10}$。

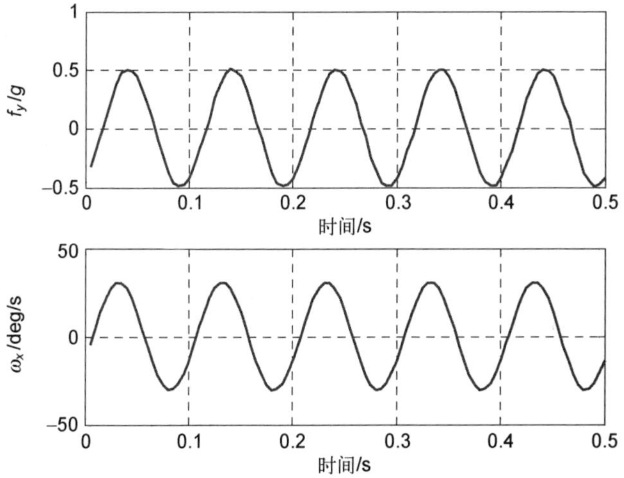

图 5.5　比力加速度和角速度曲线

将式(5.45)和 τ_{yx}(0.4961arc-second/g)代入式(5.20)可以得到：

$$\delta\boldsymbol{\omega}_{ib}^b \approx [0 \quad f_y^b\omega_{ib_x}^b\tau_{yx} \quad 0]^{\mathrm{T}} \tag{5.46}$$

式中：$f_y^b\omega_{ib_x}^b\tau_{yx}\approx\left[1.28\cos\frac{\pi}{10}-1.28\cos(40\pi t+\psi_1+\psi_2)\right]\tau_{yx}\approx 0.06°/\text{h}$。对于高精度激光陀螺捷联惯导而言，这个等效陀螺漂移是个很大的误差，必须进行补偿。等效陀螺漂移将会引起姿态误差，姿态误差进入速度解算环节进而会引起很大的速度误差。

为了验证激光陀螺 g 敏感性误差参数的补偿效果，进行了额外的 27 组实验（包括固定频率振动和随机谱振动）。振动的幅值和频率如表 5.2 所列，线振动的方向分别沿图 5.3(a)、(e)、(i) 所示（记为 Set A、Set B、Set C），即沿着 IMU 各面的对角线方向，这样可以使得多个轴同时受力。每组实验线振动的时间持

续 10min。对于大多数的应用场合,更关心速度误差。因此,这里的评价指标是速度误差改善百分比,计算方式如下:

$$\eta=\left|\frac{\delta V-\delta V_{com}}{\delta V}\right|\times 100\% \tag{5.47}$$

式中:δV、δV_{com}分别为补偿前后的速度误差。

表 5.2 列出了 27 组实验的补偿效果统计结果。从表中可以看出,补偿激光陀螺组件 g 敏感性误差后速度误差改善明显。需要注意的是,在个别组次的实验结果中,补偿效果与绝大部分组次的补偿效果呈现出了不一致性(速度误差改善不够明显),可能的原因是在建立激光陀螺 g 敏感性等效安装误差模型过程中,假定激光陀螺的侧向刚度相同,这样的简化可能导致某些实验中补偿效果相对不明显,下一节将对此进一步分析。

表 5.2　速度误差改善百分比

速度误差改善百分比			
幅值和频率	Set A	Set B	Set C
(1g,10Hz)	11.9%	57.6%	22.4%
(1.5g,10Hz)	22.5%	37.5%	45.6%
(1.5g,10Hz)	13.8%	88.4%	77.6%
(0.5g,20Hz)	40.6%	93.3%	45.4%
(0.5g,20Hz)	72.9%	54.0%	23.5%
(1g,20Hz)	31.7%	53.6%	48.9%
(1g,20Hz)	50.5%	24.8%	48.4%
(2g,20Hz)	64.6%	81.1%	21.4%
Random[a]	53.1%	24.4%	69.0%
[a]RMS:0.7g,Frequency Range:10-60Hz			

5.3　优化的激光陀螺 g 敏感性误差模型及其标定补偿方法

5.1 节、5.2 节建立了激光陀螺的动力学模型,并分析了激光陀螺组件的 g 敏感性误差模型及其标定、补偿方法;为简化分析,5.2 节在建立 g 敏感性等效安装偏差模型的过程中,假定激光陀螺的侧向刚度近似相等,实际上激光陀螺的两个侧向刚度可能仍存在一定的差别。为此,本节进一步优化激光陀螺的 g

敏感性误差模型，将激光陀螺的侧向不等刚度一同考虑，同时给出了优化误差参数的标定方法，最后通过振动实验验证了补偿效果。

5.3.1 优化的激光陀螺 g 敏感性误差模型

在比力加速度作用下，激光陀螺的抖动轴会形变，使得激光陀螺产生 g 敏感性失准角误差。如图 5.6 所示，以 X 陀螺为例进行说明，X 陀螺的坐标系 b_{g_x} 定义同 5.1 节，g_{xx} 轴与 X 陀螺的敏感轴重合，并平行于 IMU 的 b_x 轴，g_{xy} 轴、g_{xz} 轴分别平行于 b_y 轴、b_z 轴。

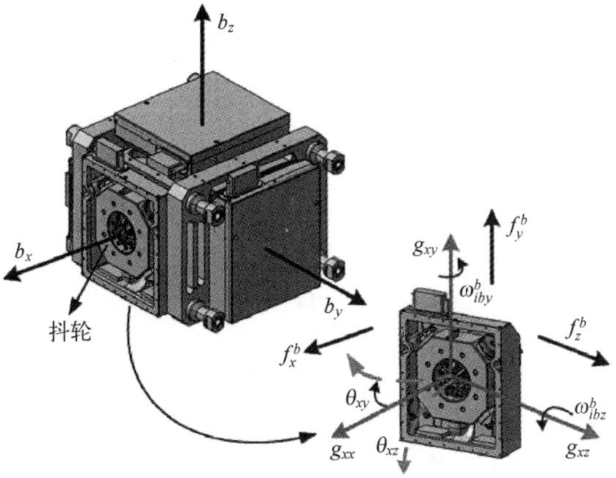

图 5.6　激光陀螺抖动轴形变及相应的 g 敏感性失准角

正常情况下，坐标系 b_{g_x} 平行于 IMU 的坐标系 b。如果比力加速度作用在激光陀螺组件上，上述两个坐标系不再平行。坐标系 b 与坐标系 b_{g_x} 间存在小的角度，可用旋转矢量表示：

$$\boldsymbol{\theta}_{g_x} = [0 \quad -\theta_{xz} \quad \theta_{xy}]^{\mathrm{T}} \tag{5.48}$$

式中：θ_{xz}、θ_{xy} 分别表示 X 陀螺敏感轴朝向 b_z 轴、b_y 轴的转动角度（注意此处采用了与 5.1，5.2 节不同的角度定义，但不影响分析过程）；$\boldsymbol{\theta}_{g_x}$ 满足小角假设。X 陀螺敏感的角速度 $\boldsymbol{\omega}_{ib_{g_x}}^{b_{g_x}}$ 可以表示为：

$$\boldsymbol{\omega}_{ib_{g_x}}^{b_{g_x}} = \boldsymbol{C}_b^{b_{g_x}} \boldsymbol{\omega}_{ib}^b \tag{5.49}$$

式中：$\boldsymbol{\omega}_{ib}^b$ 为真实的角速度。基于小角假设，$\boldsymbol{C}_b^{b_{g_x}}$ 可以表示为 $\boldsymbol{C}_b^{b_{g_x}} \approx \boldsymbol{I}_3 - \boldsymbol{\theta}_{g_x} \times$，式（5.49）可以记为：

$$\begin{aligned} \boldsymbol{\omega}_{ib_{g_x}}^{b_{g_x}} &= (\boldsymbol{I}_3 - \boldsymbol{\theta}_{g_x} \times) \boldsymbol{\omega}_{ib}^b \\ &= \boldsymbol{\omega}_{ib}^b - \boldsymbol{\theta}_{g_x} \times \boldsymbol{\omega}_{ib}^b \end{aligned} \tag{5.50}$$

将式(5.50)改写为标量形式：

$$\boldsymbol{\omega}_{ib_{g_x}}^{b_{g_x}}=\begin{bmatrix}\omega_{ibx}^b+\omega_{iby}^b\theta_{xy}+\omega_{ibz}^b\theta_{xz}\\ \omega_{iby}^b-\omega_{ibx}^b\theta_{xy}\\ \omega_{ibz}^b-\omega_{ibx}^b\theta_{xz}\end{bmatrix} \tag{5.51}$$

事实上，式(5.51)只有第一项分量可以被 X 激光陀螺所敏感到；$\omega_{iby}^b\theta_{xy}+\omega_{ibz}^b\theta_{xz}$ 代表了 g 敏感性失准角导致的等效陀螺漂移。为了清晰起见，我们使用 $\widetilde{\omega}_{ibx}^b$ 来表示 X 陀螺敏感到的角速度，即 $\omega_{ib_{g_x}}^{b_{g_x}}$ 的第一项分量：

$$\widetilde{\omega}_{ibx}^b=\omega_{ibx}^b+\omega_{iby}^b\theta_{xy}+\omega_{ibz}^b\theta_{xz} \tag{5.52}$$

类似地，可得到 Y、Z 陀螺敏感到的角速度如下：

$$\widetilde{\omega}_{iby}^b=\omega_{iby}^b+\omega_{ibx}^b\theta_{yx}+\omega_{ibz}^b\theta_{yz} \tag{5.53}$$

$$\widetilde{\omega}_{ibz}^b=\omega_{ibz}^b+\omega_{ibx}^b\theta_{zx}+\omega_{iby}^b\theta_{zy} \tag{5.54}$$

根据式(5.52)~式(5.54)，激光陀螺组件 g 敏感性失准角造成的等效陀螺漂移可以表示为：

$$\delta\boldsymbol{\omega}_{ib}^b=\widetilde{\boldsymbol{\omega}}_{ib}^b-\boldsymbol{\omega}_{ib}^b=\boldsymbol{M}\boldsymbol{\omega}_{ib}^b \tag{5.55}$$

其中，

$$\widetilde{\boldsymbol{\omega}}_{ib}^b=\begin{bmatrix}\widetilde{\boldsymbol{\omega}}_{ibx}^b\\ \widetilde{\boldsymbol{\omega}}_{iby}^b\\ \widetilde{\boldsymbol{\omega}}_{ibz}^b\end{bmatrix},\boldsymbol{M}=\begin{bmatrix}0&\theta_{xy}&\theta_{xz}\\ \theta_{yx}&0&\theta_{yz}\\ \theta_{zx}&\theta_{zy}&0\end{bmatrix} \tag{5.56}$$

式中：$\delta\boldsymbol{\omega}_{ib}^b$ 为等效陀螺漂移；$\widetilde{\boldsymbol{\omega}}_{ib}^b$ 为 IMU 敏感到的角速度；$\boldsymbol{\omega}_{ib}^b$ 为真实的角速度；$\boldsymbol{M}$ 为 g 敏感性等效安装误差。$\theta_{ij}(i=x,y,z;j=x,y,z;i\neq j)$ 表示第 i 个激光陀螺在加速度作用下向 j 轴的偏移角度。

式(5.56)中的 g 敏感性失准角正比于作用在激光陀螺上的加速度，如下所示：

$$\begin{bmatrix}\theta_{xy}\\ \theta_{xz}\end{bmatrix}=\begin{bmatrix}f_x^b\tau_{xyx}+f_y^b\tau_{xyy}\\ f_x^b\tau_{xzx}+f_z^b\tau_{xzz}\end{bmatrix},\begin{bmatrix}\theta_{yx}\\ \theta_{yz}\end{bmatrix}=\begin{bmatrix}f_x^b\tau_{yxx}+f_y^b\tau_{yxy}\\ f_y^b\tau_{yzy}+f_z^b\tau_{yzz}\end{bmatrix},\begin{bmatrix}\theta_{zx}\\ \theta_{zy}\end{bmatrix}=\begin{bmatrix}f_x^b\tau_{zxx}+f_z^b\tau_{zxz}\\ f_y^b\tau_{zyy}+f_z^b\tau_{zyz}\end{bmatrix} \tag{5.57}$$

式中：$f_i^b(i=x,y,z)$ 为 i 轴加速度计敏感到的比力加速度；$\tau_{ijk}(i=x,y,z;j=x,y,z;i\neq j)$ 为形变系数，表示第 i 个激光陀螺在 k 轴加速度作用下向 j 轴的偏移角度，单位为 rad/(m/s^2) 或 arc-second/g($1g\approx9.8\text{m/s}^2$)。需要说明的是，$\tau_{ijk}(j=k)$ 即是与激光陀螺侧向不等刚度相关的误差系数。

将式(5.56)和式(5.57)代入式(5.55)可以得到：

$$\delta\boldsymbol{\omega}_{ib}^{b}=\begin{bmatrix}0 & f_x^b\tau_{xyx}+f_y^b\tau_{xyy} & f_x^b\tau_{xzx}+f_z^b\tau_{xzz}\\ f_x^b\tau_{yxx}+f_y^b\tau_{yxy} & 0 & f_y^b\tau_{yzy}+f_z^b\tau_{yzz}\\ f_x^b\tau_{zxx}+f_z^b\tau_{zxz} & f_y^b\tau_{zyy}+f_z^b\tau_{zyz} & 0\end{bmatrix}\boldsymbol{\omega}_{ib}^{b} \tag{5.58}$$

上式即表示了 g 敏感性失准角引起的角速度误差，该式中包含 12 个误差参数，可以用矢量 $\boldsymbol{\tau}$ 表示如下：

$$\boldsymbol{\tau}=[\boldsymbol{\tau}_{xyx}\quad \boldsymbol{\tau}_{xyy}\quad \boldsymbol{\tau}_{xzx}\quad \boldsymbol{\tau}_{xzz}\quad \boldsymbol{\tau}_{yxx}\quad \boldsymbol{\tau}_{yxy}\quad \boldsymbol{\tau}_{yzy}\quad \boldsymbol{\tau}_{yzz}\quad \boldsymbol{\tau}_{zxx}\quad \boldsymbol{\tau}_{zxz}\quad \boldsymbol{\tau}_{zyy}\quad \boldsymbol{\tau}_{zyz}]^{\mathrm{T}} \tag{5.59}$$

将式(5.59)代入式(5.58)并整理可以得到：

$$\delta\boldsymbol{\omega}_{ib}^{b}\approx\boldsymbol{\Gamma}(t)\boldsymbol{\tau} \tag{5.60}$$

其中，

$$\boldsymbol{\Gamma}(t)=\begin{bmatrix}\boldsymbol{\Gamma}_1 & \boldsymbol{0}_{1\times4} & \boldsymbol{0}_{1\times4}\\ \boldsymbol{0}_{1\times4} & \boldsymbol{\Gamma}_2 & \boldsymbol{0}_{1\times4}\\ \boldsymbol{0}_{1\times4} & \boldsymbol{0}_{1\times4} & \boldsymbol{\Gamma}_3\end{bmatrix}$$

$$\boldsymbol{\Gamma}_1=[\omega_{iby}^b f_x^b\quad \omega_{iby}^b f_y^b\quad \omega_{ibz}^b f_x^b\quad \omega_{ibz}^b f_z^b],\boldsymbol{\Gamma}_2=[\omega_{ibx}^b f_x^b\quad \omega_{ibx}^b f_y^b\quad \omega_{ibz}^b f_y^b\quad \omega_{ibz}^b f_z^b] \tag{5.61}$$

$$\boldsymbol{\Gamma}_3=[\omega_{ibx}^b f_x^b\quad \omega_{ibx}^b f_z^b\quad \omega_{iby}^b f_y^b\quad \omega_{iby}^b f_z^b]$$

5.3.2　误差参数观测模型

根据激光陀螺组件的输出可以对载体系相对于惯性系的方向余弦矩阵进行更新，更新方式如下所示：

$$\dot{\boldsymbol{C}}_{\boldsymbol{b}}^{\boldsymbol{i}}=\boldsymbol{C}_b^i[\boldsymbol{\omega}_{ib}^b\times],\boldsymbol{C}_b^i(t_0)\triangleq\boldsymbol{C}_{b(t_0)}^{b(t_0)}=\boldsymbol{I}_3 \tag{5.62}$$

式中：t_0 为振动开始时刻，惯性坐标系 i 为振动开始时刻体坐标系 b 在惯性空间凝固得到，即 $i\triangleq b(t_0)$。

g 敏感性失准角导致的等效陀螺漂移引起的姿态误差如下：

$$\dot{\boldsymbol{\phi}}^i=-\boldsymbol{C}_b^i\delta\boldsymbol{\omega}_{ib}^b \tag{5.63}$$

将式(5.60)代入式(5.63)，并对该式从 t_0 时刻至 t_k 时刻进行积分可以得到：

$$\boldsymbol{\phi}^i(t_k)=\left[-\int_{t_0}^{t_k}\boldsymbol{C}_b^i(t)\boldsymbol{\Gamma}(t)\,\mathrm{d}t\right]\boldsymbol{\tau} \tag{5.64}$$

式中：t_k 为振动结束时刻，初始姿态误差忽略不计，即 $\boldsymbol{\phi}^i(t_0)\approx\boldsymbol{0}_{3\times1}$。根据式(5.64)，$\boldsymbol{\tau}$ 可以利用姿态误差观测量进行估计。

标定流程如下：

首先,捷联惯导进行静态初始对准,并提供初始的姿态参考基准,即 $\boldsymbol{C}_b^n(t_0)$。

其次,在 t_0 时刻,线振动台工作,捷联惯导进入线振动状态,线振动的时间持续 8~10min;在 t_k 时刻,线振动结束。当加速度作用于激光陀螺组件时,g 敏感性失准角将会导致等效陀螺漂移,进而产生姿态误差。振动过程中,惯导对其姿态进行更新以得到 t_k 时刻的姿态 $\widetilde{\boldsymbol{C}}_b^i(t_k)$。

最后,振动结束后,捷联惯导重新回到静止状态,并且再次进行自对准以得到 t_k 时刻的参考姿态 $\boldsymbol{C}_b^i(t_k)$。进而,可以得到 t_k 时刻的姿态误差观测方程如下:

$$[\boldsymbol{\phi}_O^i(t_k)\times]=\boldsymbol{I}_3-\widetilde{\boldsymbol{C}}_b^i(t_k)\boldsymbol{C}_i^b(t_k) \tag{5.65}$$

其中,

$$\boldsymbol{C}_i^b(t_k)\triangleq\boldsymbol{C}_{b(t_0)}^{b(t_k)}=\boldsymbol{C}_{n(t_k)}^{b(t_k)}\boldsymbol{C}_{n(t_0)}^{n(t_k)}\boldsymbol{C}_{b(t_0)}^{n(t_0)} \tag{5.66}$$

$$\begin{aligned}\boldsymbol{C}_{n(t_0)}^{n(t_k)}&=\boldsymbol{I}_3-\frac{\sin[\omega_{ie}(t_k-t_0)]}{\omega_{ie}(t_k-t_0)}[(\boldsymbol{\omega}_{ie}^n(t_k-t_0))\times]+\frac{1-\cos[\omega_{ie}(t_k-t_0)]}{[\omega_{ie}(t_k-t_0)]^2}[(\boldsymbol{\omega}_{ie}^n(t_k-t_0))\times]^2\\&=\begin{bmatrix}\cos[\omega_{ie}(t_k-t_0)] & \sin(L)\sin[\omega_{ie}(t_k-t_0)] & -\cos(L)\sin[\omega_{ie}(t_k-t_0)]\\ -\sin(L)\sin[\omega_{ie}(t_k-t_0)] & \sin^2(L)\cos[\omega_{ie}(t_k-t_0)]+\cos^2(L) & \sin(L)\cos(L)[1-\cos[\omega_{ie}(t_k-t_0)]]\\ \cos(L)\sin[\omega_{ie}(t_k-t_0)] & \sin(L)\cos(L)[1-\cos[\omega_{ie}(t_k-t_0)]] & \cos^2(L)\cos[\omega_{ie}(t_k-t_0)]+\sin^2(L)\end{bmatrix}\end{aligned} \tag{5.67}$$

式中:$\boldsymbol{\phi}_O^i(t_k)$ 为 t_k 时刻的姿态误差观测;$\widetilde{\boldsymbol{C}}_b^i(t_k)$ 为惯导解算得到的姿态矩阵;$\boldsymbol{C}_i^b(t_k)$ 为 t_k 时刻真实的姿态矩阵,可根据式(5.66)计算;$\boldsymbol{C}_{n(t_k)}^{b(t_k)}$ 由标定流程最后一步的自对准得到;$\boldsymbol{C}_{b(t_0)}^{n(t_0)}$ 由标定流程第一步的自对准得到;$\boldsymbol{C}_{n(t_0)}^{n(t_k)}$ 根据式(5.67)计算得到,$\boldsymbol{\omega}_{ie}^n=[0\quad \omega_{ie}\cos(L)\quad \omega_{ie}\sin(L)]^{\mathrm{T}}$ 为地球自转角速度。

考虑到误差参数 $\boldsymbol{\tau}$ 的分量个数,至少需要 12 个不同姿态误差观测才能获得式(5.64)的解,并且前述的标定实验步骤需要多次重复。式(5.64)的解可以通过最小二乘法进行求解得到,如下所示:

$$\boldsymbol{\tau}=(\boldsymbol{A}^{\mathrm{T}}\boldsymbol{A})^{-1}\boldsymbol{A}^{\mathrm{T}}\boldsymbol{B} \tag{5.68}$$

其中,

$$\boldsymbol{A}=\begin{bmatrix}\boldsymbol{D}\left[-\int_{t_0}^{t_k}\boldsymbol{C}_b^i(t)\boldsymbol{\Gamma}(t)\mathrm{d}t\right]_1\\ \boldsymbol{D}\left[-\int_{t_0}^{t_k}\boldsymbol{C}_b^i(t)\boldsymbol{\Gamma}(t)\mathrm{d}t\right]_2\\ \vdots\\ \boldsymbol{D}\left[-\int_{t_0}^{t_k}\boldsymbol{C}_b^i(t)\boldsymbol{\Gamma}(t)\mathrm{d}t\right]_n\end{bmatrix},\boldsymbol{B}=\begin{bmatrix}\boldsymbol{D}\boldsymbol{\phi}_{O1}^i(t_k)\\ \boldsymbol{D}\boldsymbol{\phi}_{O2}^i(t_k)\\ \vdots\\ \boldsymbol{D}\boldsymbol{\phi}_{On}^i(t_k)\end{bmatrix},\boldsymbol{D}=\begin{bmatrix}1&0&0\\0&1&0\end{bmatrix} \tag{5.69}$$

式中：下标 1,2,…,n 为振动的实验次数，导航坐标系 n 为“东-北-天”当地水平地理坐标系。考虑到寻北精度，只使用了水平角姿态误差观测量。

5.3.3 参数敏感性分析及优化观测方案设计

最优观测方案不仅可以使得所有的误差参数得到辨识，并且可以提高辨识的精度，一个观测方案的优化准则便是最大化观测对于未知参数的敏感度。

短时间内地球自转角速度的影响可以忽略，即 $\boldsymbol{C}_{n(t)}^{n(t_0)} \approx \boldsymbol{I}_3$。此外，线振动引起的姿态变化满足小角假设，即 $\boldsymbol{C}_{b(t)}^{b(t_0)} = \boldsymbol{C}_{n(t_0)}^{b(t_0)} \boldsymbol{C}_{n(t)}^{n(t_0)} \boldsymbol{C}_{b(t)}^{n(t)} \approx \boldsymbol{I}_3$。因此，式(5.64)可简化为：

$$
\begin{aligned}
\boldsymbol{\phi}^i(t_k) &== \left[-\int_{t_0}^{t_k} \boldsymbol{C}_b^i(t)\boldsymbol{\Gamma}(t)\,\mathrm{d}t\right]\tau \\
&= \left[-\int_{t_0}^{t_k} \boldsymbol{C}_{n(t_0)}^{b(t_0)} \boldsymbol{C}_{n(t)}^{n(t_0)} \boldsymbol{C}_{b(t)}^{n(t)} \boldsymbol{\Gamma}(t)\,\mathrm{d}t\right]\tau \approx \left[-\int_{t_0}^{t_k} \boldsymbol{\Gamma}(t)\,\mathrm{d}t\right]\tau
\end{aligned} \tag{5.70}
$$

这里，将参数敏感性矩阵定义为姿态误差观测相对于未知参数的雅可比矩阵。参数敏感性矩阵由下式给出：

$$
\frac{\partial \boldsymbol{\phi}^i(t_k)}{\partial \boldsymbol{\tau}} = -\int_{t_0}^{t_k} \boldsymbol{\Gamma}(t)\,\mathrm{d}t \tag{5.71}
$$

这里，仍以 X 陀螺为例说明如何使得误差参数敏感性最大化。与 X 陀螺相关的误差参数分别是 τ_{xyx}、τ_{xyy}、τ_{xzx}、τ_{xzz}，$\boldsymbol{\phi}^n(t_k)$ 相对于四个参数的偏导数分别是：

$$
\frac{\partial \boldsymbol{\phi}^i(t_k)}{\partial \tau_{xyx}} = \left[\int_{t_0}^{t_k} \omega_{iby}^b f_x^b \mathrm{d}t \quad 0 \quad 0\right]^{\mathrm{T}}, \frac{\partial \boldsymbol{\phi}^i(t_k)}{\partial \tau_{xzx}} = \left[\int_{t_0}^{t_k} \omega_{ibz}^b f_x^b \mathrm{d}t \quad 0 \quad 0\right]^{\mathrm{T}} \tag{5.72}
$$

$$
\frac{\partial \boldsymbol{\phi}^i(t_k)}{\partial \tau_{xyy}} = \left[\int_{t_0}^{t_k} \omega_{iby}^b f_y^b \mathrm{d}t \quad 0 \quad 0\right]^{\mathrm{T}}, \frac{\partial \boldsymbol{\phi}^i(t_k)}{\partial \tau_{xzz}} = \left[\int_{t_0}^{t_k} \omega_{ibz}^b f_z^b \mathrm{d}t \quad 0 \quad 0\right]^{\mathrm{T}} \tag{5.73}
$$

观察式(5.72)、式(5.73)不难发现，如果线振动的方向分别沿图 5.7(a)和 5.7(c)所示的 b_x 轴方向，式(5.72)将会取得最大值，也就是说它们是 τ_{xyx}、τ_{xzx} 的最优观测方案；如果线振动的方向沿 5.7(b)中 YZ 平面的对角线方向，式(5.73)将会取得最大值，也就是说这是 τ_{xyy}、τ_{xzz} 的最优观测方案。实质上由于比力加速度和角速度的整流作用，参数敏感性最大化。类似地，可以得到 Y、Z 陀螺误差参数的最优观测方案，如图 5.7 所示。

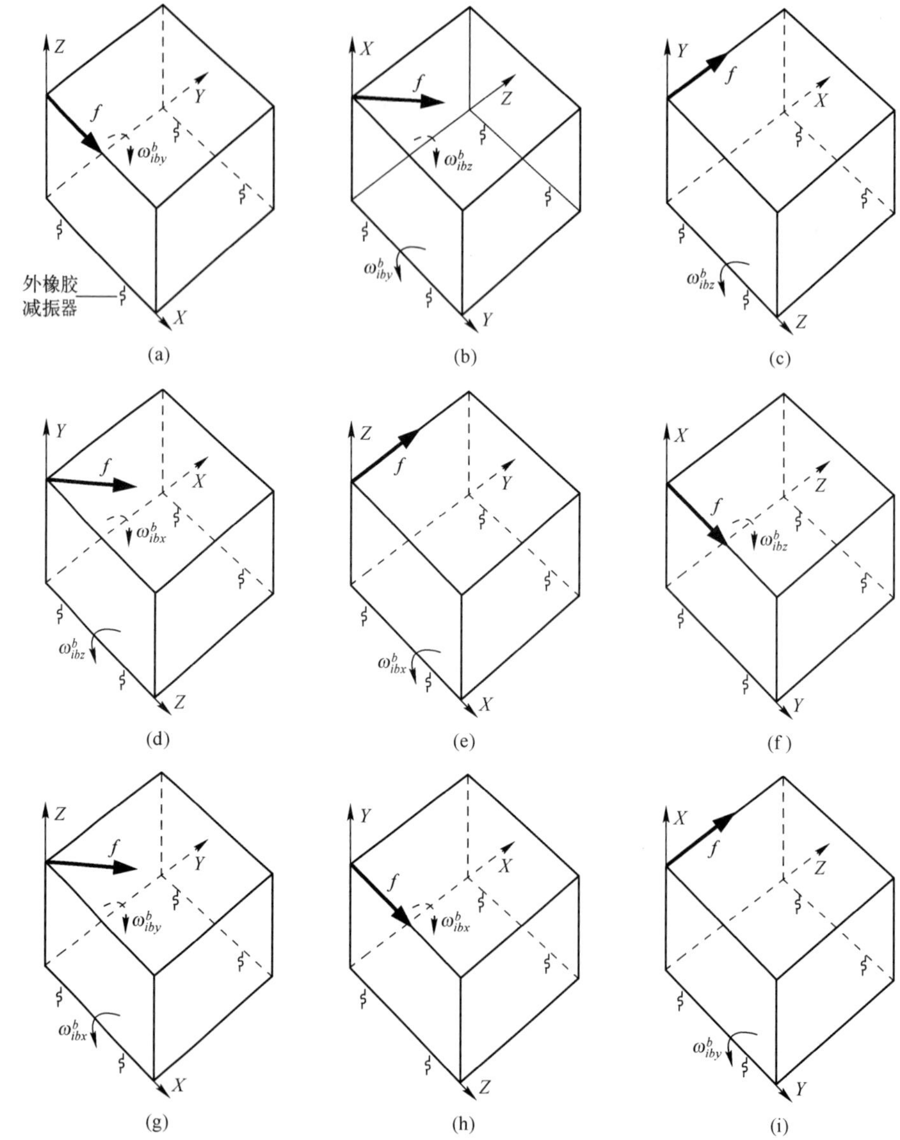

图 5.7　优化观测方案

(a) τ_{xyx};(b) τ_{xyy}和τ_{xzz};(c) τ_{xzx};(d) τ_{yxx}和τ_{yzz};(e) τ_{yxy};(f) τ_{yzy};(g) τ_{zxx}和τ_{zyy};(h) τ_{zxz}(i)τ_{zyz}。

5.3.4　实验验证

通过线振动实验来标定激光陀螺组件的 g 敏感性误差参数,并验证其补偿效果。激光陀螺的零偏稳定性优于 0.003°/h(1σ),加速度计的零偏稳定性优于 20μg(1σ)。事先利用实验室的高精度三轴转台标定激光陀螺组件及加速度计组件的安装误差、标度因数和零偏,此外,还需要对加速度计组件的非线性项、杆臂效应进行标定。

根据前述的参数敏感性分析,为了使得误差参数的影响更加显著,比力加速度和角速度的整流作用应当更加明显。也就是说,在线振动条件下,惯性测量单元的角运动也应该更加明显。一个好的办法便是将捷联惯导通过四个软的橡胶减振器与振动台相连,如图 5.8 所示。与捷联惯导自己的内减振器相比,这四个外减振器应当非常软(橡胶减振器的自然频率在 10~20Hz),当线加速度作用于捷联惯导时,惯导系统将会产生很大的角运动,激光陀螺组件将会敏感到这些角运动。

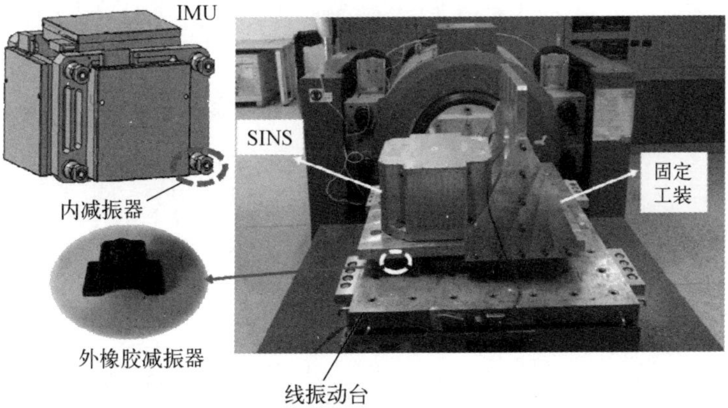

图 5.8　设备安装示意图

通过线振动实验对激光陀螺组件的 g 敏感性误差参数进行标定,线振动的幅值和频率分别为 1.5g 和 20Hz,线振动的方向如图 5.7 所示。$\boldsymbol{\tau}$ 各分量的结果如表 5.3 所示。

表 5.3　参数估计值

参数	数值 (″/g)	参数	数值 (″/g)	参数	数值 (″/g)
τ_{xyx}	0.329	τ_{yxx}	0.883	τ_{zxx}	-1.353
τ_{xyy}	-1.679	τ_{yxy}	0.511	τ_{zxz}	-0.292
τ_{xzx}	-0.418	τ_{yzy}	-0.401	τ_{zyy}	-1.052
τ_{xzz}	-1.684	τ_{yzz}	1.100	τ_{zyz}	0.237

如表 5.3 所示，激光陀螺组件的 g 敏感性误差参数的量值可以达到 1.5arc-second/g，当外界加速度作用在 IMU 上时，g 敏感性失准角将会使得角速度的测量产生误差，等效为陀螺漂移。以 τ_{yxy} 为例进行说明，其值大小为 0.5108arc-second/g，这意味着沿 y 轴 1g 大小的加速度将会使得 Y 陀螺抖动轴向 x 轴方向大约偏移 0.5arc-second。另外，$\tau_{ijj}(i=x,y,z;j=x,y,z;i\neq j)$ 表示与激光陀螺的侧向不等刚度相关的误差系数，同一个陀螺的侧向不等刚度相关的误差系数非常接近。表中结果与 5.1 中结果对比也可以发现，误差系数值的大小均非常接近。

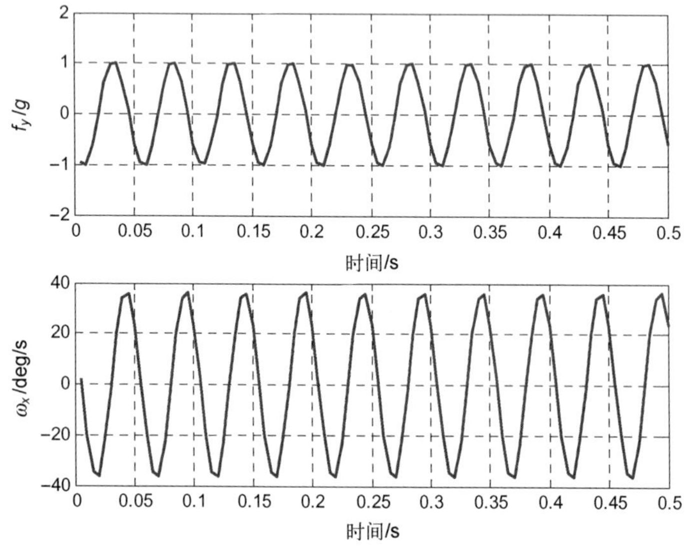

图 5.9　比力加速度和角速度曲线

为了验证 g 敏感性误差补偿的效果，此处给出一个例子。捷联惯导首先进行 15min 的自对准，然后对惯导系统施加线振动（持续时长 10min）。线振动的方向沿 XY 平面的 y 轴方向，x 轴方向存在角运动，f_y^b 和 $\omega_{ib_x}^b$ 的幅值分别为 1g、36°/s，由于橡胶减振器的影响，f_y^b 和 $\omega_{ib_x}^b$ 之间的相位差约为 3π/5rad，线振动的频率为 20Hz。图 5.9 描绘了 0.5s 时间内 f_y^b 和 $\omega_{ib_x}^b$ 的曲线。

根据已知的信息，可以将 f_y^b 和 $\omega_{ib_x}^b$ 表示为：

$$f_y^b \approx g\cdot\sin(40\pi t),\omega_{ibx}^b \approx \frac{\pi}{5}\sin\left(40\pi t-\frac{3\pi}{5}\right) \tag{5.74}$$

与此相关的等效陀螺漂移约为：

$$\delta\omega \approx \tau_{yxy} f_y^b \omega_{ibx}^b = \tau_{yxy}\frac{1}{2}\times g\times\frac{\pi}{5}\times\left[\cos\frac{3\pi}{5}-\cos\left(80\pi t+\frac{3\pi}{5}\right)\right] \tag{5.75}$$

式(5.75)中的直流分量将会导致等效陀螺漂移,约为 0.05deg/h,对于高精度激光陀螺惯导而言,这是一个很大的误差。等效陀螺漂移将会引起姿态误差,姿态误差进入速度解算环节进而会引起很大的速度误差,如图 5.10 所示。补偿过 g 敏感性误差后,速度误差改善明显,速度误差下降百分比达到了 61%。

为了验证激光陀螺 g 敏感性误差参数的补偿效果,进行了额外的 27 组实验(包括固定频率振动和随机谱振动)。振动的幅值和频率如表 5.4 所示,线振动的方向分别沿图 5.7(a)、(e)、(i)所示,即沿着 IMU 各面的对角线方向,这样可以使得多个轴同时受力。

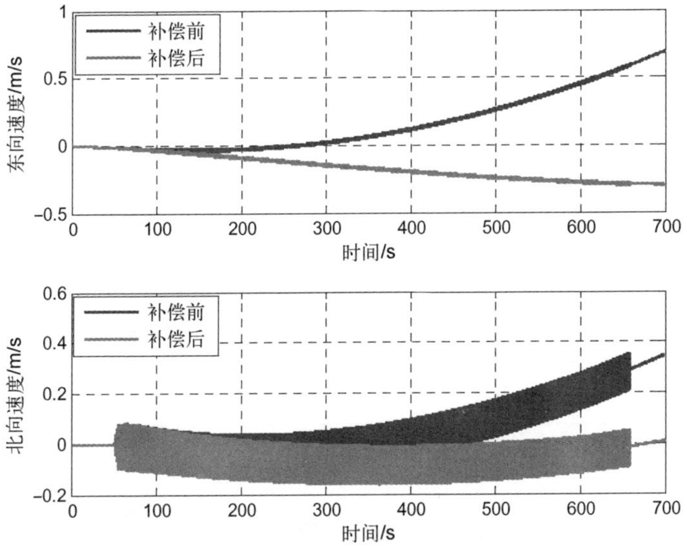

图 5.10　速度误差曲线

每组实验过程中,捷联惯导首先进行 15min 的自对准,然后对惯导系统施加线振动(持续时长 10min)。图 5.11 给出了一次随机振动实验过程中的速度误差对比曲线,从图中可以看出,补偿过 g 敏感性误差后,速度误差改善明显,速度误差下降百分比达到了 66.1%。

表 5.4 列出了 27 组实验的补偿效果统计结果,图 5.12 给出了相应的速度误差改善百分比的分布示意图。从表中可以看出,补偿激光陀螺组件 g 敏感性误差后速度误差改善明显,速度误差改善百分比在 30%以上的达到 82%。另外需要说明的是,未考虑激光陀螺侧向不等刚度影响时,个别组次实验补偿效果不够明显(表 5.2);考虑激光陀螺侧向不等刚度影响时,这些组次实验的补偿效果得到了进一步改善,如第一组实验中速度误差改善比由 11.9%提高到 49.5%,说明了优化的 g 敏感性误差模型的有效性。但是总体而言,两种模型的

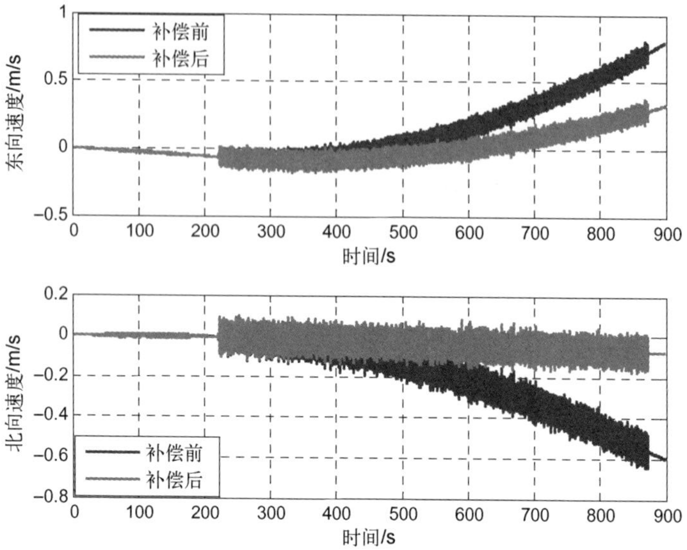

图 5.11 速度误差曲线

补偿效果相差不多,大多数情况下采用 9 参数误差模型就可以,该模型也更简单,便于工程应用。

表 5.4 速度误差改善百分比

速度误差改善百分比			
幅值和频率	Set A	Set B	Set C
(1g,10Hz)	49.5%	61.2%	22.4%
(1.5g,10Hz)	45. 9%	41.4%	45.3%
(1.5g,10Hz)	20.8%	77.7%	76.0%
(0.5g,20Hz)	67.6%	88.2%	45.5%
(0.5g,20Hz)	54.2%	52.9%	21.0%
(1g,20Hz)	33.7%	41.9%	52.8%
(1g,20Hz)	48.8%	31.7%	46.8%
(2g,20Hz)	82.2%	88.7%	21.3%
Random[a]	62.1%	29.4%	66.1%

[a] RMS:0.7g,Frequency Range:10-60Hz

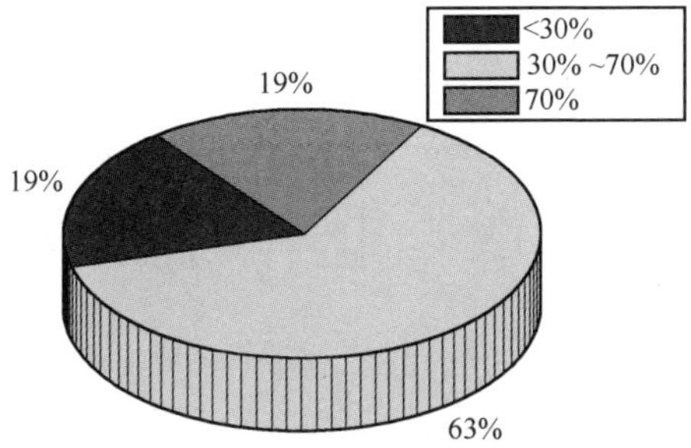

图 5. 12　速度误差改善百分比分布

5.4　本章小结

本章建立了激光陀螺的动力学模型,详细分析了激光陀螺 g 敏感性误差的机理,在此基础上得到了激光陀螺的 g 敏感性等效安装误差模型;当存在角速度时,激光陀螺组件的 g 敏感性等效安装误差将会造成等效陀螺漂移。明确误差机理后,利用线振动台产生线振动与角振动并存的环境以激励 g 敏感性误差的影响,在此环境下利用优化的误差参数观测方案对激光陀螺的 g 敏感性误差参数进行标定,最后对 g 敏感性误差补偿效果进行了验证。此外,本章还建立了优化的激光陀螺 g 敏感性误差模型,并对相关误差参数进行了标定补偿,并通过实验验证了优化模型的合理有效性。补偿激光陀螺的 g 敏感性误差对于舰载、艇载惯导系统在力学环境下精度的提升具有重要意义。

第6章　全书总结

旋转调制式激光陀螺航海惯导已经在舰艇上广泛装备，为保证可靠性，舰艇上一般搭载多套旋转调制式激光陀螺航海惯导（包括单轴、双轴旋转调制激光陀螺航海惯导），但是冗余配置的旋转调制激光陀螺航海惯导之间缺少信息融合，造成了信息的浪费。此外，舰载、艇载激光陀螺捷联惯导系统的激光陀螺组件在力学环境下存在 g 敏感性误差，影响了定位精度。针对这些问题，本书主要解决了以下几个问题：

（1）提出了一种新的基于联合旋转调制的多惯导系统联合误差参数估计滤波算法，以两套惯导之间姿态、速度、位置误差之差为滤波状态，以惯导系统间的速度、位置之差为观测量，在惯导系统间的误差特性呈现局部差异互补性的条件下，可以估计出惯导系统的陀螺、加速度计确定性误差；一方面可以根据估计出的陀螺常值漂移、加速度计常值零偏数据监控惯导系统的工作状态，另一方面通过输出校正的方式，补偿单轴旋转调制激光陀螺航海惯导的系统性定位误差。补偿过系统性定位误差后，单轴系统的定位精度提升明显，与双轴系统定位精度相当（甚至优于双轴系统的定位精度）。因此，通过两套系统间的信息融合，提高了主惯导故障情况下的导航定位精度，满足了航海惯导高可靠性、高精度的定位需求。

（2）提出了基于格网坐标系的联合误差参数估计滤波算法，该算法具有全纬度适应性，避免极区子午线汇聚带来的经度以及真北方位的计算问题；建立了联合误差状态卡尔曼滤波器在当地水平地理坐标系与格网坐标系间的相互转换关系；在格网坐标系下重新构建了单轴旋转调制激光陀螺航海惯导的定位误差预测模型，此外，还构建了定位误差预测模型在当地水平地理坐标系与格网坐标系间的相互转换关系；针对极点附近联合误差状态中的方位角姿态误差差值、单轴系统及双轴系统的方位陀螺常值漂移不可观的问题，为避免状态估计的不一致性，极点附近将卡尔曼滤波器转换为 Schmidt-Kalman 滤波器，零化不可观状态子空间的增益矩阵。系统间的信息融合既满足了可靠性的要求，又提高了主惯导故障情况下的定位精度，可以保证舰艇在极区的航行安全。

（3）提出了基于参数估计一致性的冗余双轴旋转调制激光陀螺航海惯导

相对性能在线评估方法。某些任务条件下，为了保证可靠性，会配置三套以上的旋转调制激光陀螺航海惯导，如两套双轴旋转调制激光陀螺航海惯导和一套单轴旋转调制激光陀螺航海惯导，这种情况下一般根据船员的主观经验从两套双轴旋转调制激光陀螺航海惯导系统中挑选一套系统作为主惯导系统，另外一套双轴系统和单轴系统分别作为第二、第三备份惯导系统。

为解决主惯导系统选择缺少评价指标的问题，无外界信息基准条件下，两个并行计算的联合误差状态卡尔曼滤波器分别在单轴旋转调制激光陀螺航海惯导系统 1 与双轴旋转调制激光陀螺航海惯导系统 2、3 之间构建，这两个并行计算的滤波器分别对单轴旋转调制激光陀螺航海惯导系统 1 与双轴旋转调制激光陀螺航海惯导系统 2、单轴旋转调制激光陀螺航海惯导系统 1 与双轴旋转调制激光陀螺航海惯导系统 3 之间的联合误差状态进行估计，两个滤波器的公共误差状态是单轴旋转调制激光陀螺航海惯导系统 1 的陀螺常值漂移和加速度计常值零偏。以单轴旋转调制激光陀螺航海惯导系统方位陀螺常值漂移估计值标准差为评价指标，对冗余双轴调制激光陀螺航海惯导系统的相对性能进行在线评估。实验结果表明，联合误差状态卡尔曼滤波器中单轴旋转调制激光陀螺航海惯导方位陀螺常值漂移估计值的标准差对双轴旋转调制激光陀螺航海惯导噪声强度的变化具有较强的敏感适应性，双轴旋转调制激光陀螺航海惯导的激光陀螺随机误差区分度可达 10%。

(4) 提出了基于降阶联合误差状态卡尔曼滤波器的冗余旋转调制激光陀螺航海惯导协同定位方法。优化了联合误差状态的选择，设计了降阶联合误差状态卡尔曼滤波器及相应的单轴旋转调制激光陀螺航海惯导定位误差预测模型，此外，进行了基于降阶联合误差状态卡尔曼滤波器的协同定位方法与基于增强联合误差状态卡尔曼滤波器的协同定位方法间性能的实验对比，结果表明，两者性能相当，但降阶联合误差状态卡尔曼滤波器减轻了计算负担。

(5) 提出了力学环境下激光陀螺 g 敏感性误差的标定与补偿方法。建立了激光陀螺的动力学模型，详细分析了激光陀螺 g 敏感性误差的机理，在此基础上得到了激光陀螺的 g 敏感性等效安装误差模型；当存在角速度时，激光陀螺组件的 g 敏感性等效安装误差将会造成等效陀螺漂移。明确误差机理后，利用线振动台产生线振动与角振动并存的环境以激励 g 敏感性误差的影响，在此环境下利用优化的误差参数观测方案对激光陀螺的 g 敏感性误差参数进行标定，最后对 g 敏感性误差补偿效果进行了验证。此外，还建立了优化的激光陀螺 g 敏感性误差模型，并对相关误差参数进行了标定补偿，并通过实验验证了优化模型的合理有效性。补偿激光陀螺的 g 敏感性误差对于舰载、艇载惯导系统在力学环境下精度的提升具有重要意义。

参考文献

[1] 赵琳．现代舰船导航系统[M]．北京：国防工业出版社，2015.

[2] 魏国．二频机抖激光陀螺双轴旋转惯性导航系统若干关键技术研究[D]．长沙：国防科学技术大学，2013.

[3] Groves P D. Principles of GNSS, Inertial, and Multi-sensor Integrated Navigation Systems[M]. Boston | London: Artech House, 2013.

[4] Titterton D, Weston J L. Strapdown inertial Navigation Technology[M]. 2nd. London/Reston: IET, 2004.

[5] 高钟毓．惯性导航系统技术[M]．北京：清华大学出版社，2012.

[6] 黄德鸣，程禄．惯性导航系统[M]．北京：国防工业出版社，1986.

[7] 熊正南，蔡开仕，武凤德，等．21世纪美国战略潜艇导航技术发展综述[J]．舰船科学技术，2002，24(3)：30-37.

[8] Levinson E, Majure R. Laser Gyro Potential for Long Endurance Marine Navigation, USA, 1980.

[9] 刘为任，王宁，刘国彬，et al. 一种双惯导组合导航方法[J]．中国惯性技术学报，2014，22(1).

[10] Dorobantu R, Gerlach C. Investigation of a Navigation-grade RLG SIMU Type iNAV-RQH[R]. Technical University of Munich, 2004.

[11] Bueschelberger H J, Handrich E, Malthan H, et al. Laser Gyros in System Application with Rate-bias Technique[C]. Proceedings of the Symposium on Gyro Technology, Stuttgart Germany, 1987, 7-28.

[12] Clautice, W. G. Submarine Navigation[J]. Navigation, 1959, 6(6): 343-346.

[13] Greenspan R L. Inertial Navigation Technology from 1970-1995[J]. Navigation, 1995, 42(1): 165-185.

[14] Mckelvie B, Jr H G. The Evolution of the Ship's Inertial Navigation System for the Fleet Ballistic Missile Program[J]. Navigation, 1978, 25(3): 310-322.

[15] Elton O L, Moore J P. Marine ESG Navigation as a Capability for the Present[J]. Navigation, 1973, 20(2): 126-136.

[16] Jr C S G, Levinson E. Performance of a Ring Laser Strapdown Marine Gyrocompass[J]. Navigation, 1981, 28(4): 311-341.

[17] Kohl K W. The New High Accuracy Ship's Inertial Navigation System PL41 MK4 [C]. Proceedings of the Symposium on Gyro Technology, Stuttgart Germany, 1990, 0-24.

[18] Remuzzi C C. Ring Laser Gyro Marine INS [C]. Proceedings of the Institute of Navigation, 1987, 44-50.

[19] Marland P. The NATO Ships Inertial Navigation System (SINS) [J]. Journal of Naval Engineering, 1992, 33(3): 688-700.

[20] Lahham J I, Brazell J R. Acoustic Noise Reduction in the MK 49 Ship's Inertial Navigation System (SINS)[C]. IEEE Position Location and Navigation Symposium, 1992: 32-39.

[21] Lahham J I, Wigent D J, Coleman A L. Tuned Support Structure for Structure-borne Noise Reduction of Inertial Navigator with Dithered Ring Laser Gyros (RLG)[C]. IEEE Position Location and Navigation Symposium, 2000:419-428.

[22] Levinson E, Majure R. MARLIN-Next Generation Marine Inertial Navigator[C]. Proceedings of the Symposium on Gyro Technology, Stuttgart Germany, 1987, 22-23.

[23] Levinson E, Majure R. Accuracy Enhancement Techniques Applied to the Marine Ring Laser Inertial Navigator (MARLIN)[J]. Navigation, 1987, 34(1):64-86.

[24] Levinson E, Ter Horst J, Willcocks M. The Next Generation Marine Inertial Navigator Is Here Now [C]. IEEE Position Location and Navigation Symposium, 1992:121-127.

[25] Tucker T, Levinson E. The AN/WSN-7B Marine Gyrocompass/Navigator[C]. Proceedings of the National Technical Meeting of the Institute of Navigation, 2000:348-357.

[26] Keller J. Northrop Grumman to Develop New Navy Shipboard Navigation System to Replace Ageing AN/WSN-7 [EB/OL]. 2015. https://www. militaryaerospace. com.

[27] Keller J. Northrop Grumman Eyes New Navy Shipboard Navigation to Replace Aging AN/WSN-7 [EB/OL]. 2016. https://www. militaryaerospace. com.

[28] Keller J. Sperry Marine to Build AN/WSN-7 Shipboard Navigation Systems as Navy Waits for New Replacement [EB/OL]. 2017. https://www. militaryaerospace. com.

[29] Keller J. Honeywell to Replace Ring Laser Gyros to Keep Navy AN/WSN-7 Shipboard Navigation Functioning [EB/OL]. 2016. https://www. militaryaerospace. com.

[30] Heckman D W, Baretela L M. Improved Affordability of High Precision Submarine Inertial Navigation by Insertion of Rapidly Developing Fiber Optic Gyro Technology [C]. IEEE Position Location and Navigation Symposium, 2000:404-410.

[31] Morrow R B, Jr, Heckman D W. High Precision IFOG Insertion into the Strategic Submarine Navigation System [C]. IEEE Position Location and Navigation Symposium, 1998:332-338.

[32] Ringlein M J, Barnett N J, May M B. Next Generation Strategic Submarine Navigator [R]. Director Strategic Systems Programs (NAVY) Washington DC, 2000.

[33] Adams G, Gokhale M. Fiber Optic Gyro Based Precision Navigation for Submarines [C]. AIAA Guidance Navigation, and Control Conference and Exhibit, 2013:4384.

[34] Stepanov A P, Emel'yantsev G I, Blazhnov B A. On the Effectiveness of Rotation of the Inertial Measurement Unit of a FOG-based Platformless INS for Marine Applications[J]. Gyroscopy & Navigation, 2016, 7(2):128-136.

[35] Ishibashi S, Aoki T, Yamamoto I, et al. The Method to Improve the Performance of an Inertial Navigation System Using a Turntable [C]. The Sixteen International Offshore and Polar Engineering Conference, 2006.

[36] Ishibashi S, Tsukioka S, Sawa T, et al. The Rotation Control System to Improve the Accuracy of an Inertial Navigation System Installed in an Autonomous Underwater Vehicle [C]. IEEE Symposium on Underwater Technology and Workshop on Scientific Use of Submarine Cables and Related Technologies, 2007:495-498.

[37] Ishibashi S, Tsukioka S, Yoshida H, et al. Accuracy Improvement of an Inertial Navigation System Brought about by the Rotational Motion [C]. IEEE OCEANS 2007-Europe, 2007:1-5.

[38] 练军想. 捷联惯导动基座对准新方法及导航误差抑制技术研究[D]. 长沙:国防科学技术大

学,2007.
[39] 张伦东,练军想,胡小平. 载体角运动对旋转式惯导系统旋转调制效果的影响[J]. 国防科技大学学报,2011,33(4):152-156.
[40] Jie Y, Wu W, Wu Y, et al. Improved Iterative Calibration for Triaxial Accelerometers Based on the Optimal Observation[J]. Sensors,2012,12(6):8157-8175.
[41] 袁保伦. 四频激光陀螺旋转式惯导系统研究[D]. 长沙:国防科学技术大学,2007.
[42] Yuan B, Liao D, Han S. Error Compensation of an Optical Gyro INS by Multi-axis Rotation[J]. Measurement Science & Technology,2012,23(2):91-95.
[43] 于旭东. 二频机抖激光陀螺单轴旋转惯性导航系统若干关键技术研究[D]. 长沙:国防科学技术大学,2011.
[44] 尹洪亮,杨功流,宋凝芳,等. 旋转激光陀螺惯导系统误差传播特性分析[J]. 北京航空航天大学学报,2012,38(3):345-350.
[45] Yin H, Yang G, Song N, et al. Error Modulation Scheme Analyzing for Dual-Axis Rotating Fiber-Optic Gyro Inertial Navigation System[J]. Sensor Letters,2012,10(7):1359-1363.
[46] Cai Q, Yang G, Song N, et al. Analysis and Calibration of the Gyro Bias Caused by Geomagnetic Field in a Dual-axis Rotational Inertial Navigation System[J]. Measurement Science & Technology,2016,27(10):105001.
[47] Song N, Cai Q, Yang G, et al. Analysis and Calibration of the Mounting Errors Between Inertial Measurement Unit and Turntable in Dual-axis Rotational Inertial Navigation System[J]. Measurement Science & Technology,2013,24(11):5002.
[48] Gao P, Li K, Wang L, et al. A Self-Calibration Method for Non-orthogonal Angles of Gimbals in Tri-axis Rotational Inertial Navigation System[J]. IEEE Sensors Journal,2016,16(24):8998-9005.
[49] Gao P, Li K, Wang L, et al. A Self-calibration Method for Tri-axis Rotational Inertial Navigation System[J]. Measurement Science & Technology,2016,27(11):115009.
[50] Gao P, Li K, Song T, et al. An Accelerometers Size Effect Self-calibration Method for Tri-axis Rotational Inertial Navigation System[J]. IEEE Transactions on Industrial Electronics,2017,65(2):1655-1664.
[51] Li K, Gao P, Wang L, et al. Analysis and Improvement of Attitude Output Accuracy in Rotation Inertial Navigation System[J]. Mathematical Problems in Engineering,2015(1):1-10.
[52] Liu Z, Wang L, Li K, et al. A Compensation Method of Lever Arm Effect for Tri-axis Hybrid Inertial Navigation System Based on Fiber Optic Gyro[J]. Measurement Science & Technology,2017,28(5):055103.
[53] Liu Z, Wang L, Li K, et al. An Improved Rotation Scheme for Dual-axis Rotational Inertial Navigation System[J]. IEEE Sensors Journal,2017,17(13):4189-4196.
[54] Liu Z, Wang L, Wang W, et al. A Self-calibration Method for Non-orthogonal Angles of Gimbals in Rotational Inertial Navigation System Based on Fiber Optic Gyro[J]. Transactions of the Institute of Measurement & Control,2018,40(13):3665-3674.
[55] Ren Q, Wang B, Deng Z, et al. A Multi-position Self-calibration Method for Dual-axis Rotational Inertial Navigation System[J]. Sensors & Actuators A:Physical,2014,219:24-31.
[56] Wang B, Ren Q, Deng Z, et al. A Self-Calibration Method for Nonorthogonal Angles Between Gimbals of Rotational Inertial Navigation System[J]. IEEE Transactions on Industrial Electronics,2015,62(4):2353-2362.

[57] 邓志红,蔡山波,王博,等.一种旋转调制惯导系统的复合旋转控制算法[J].系统工程与电子技术,2016,38(11):2610-2616.

[58] Den Z,Sun M,Wang B,et al. Analysis and Calibration of the Non-orthogonal Angle in Dual-axis Rotational INS[J]. IEEE Transactions on Industrial Electronics,2017,64(6):4762-4771.

[59] Sun F,Sun W,Gao W,et al. Research on the Technology of Rotational Motion for FOG Strapdown Inertial Navigation System [C]. IEEE 2009 International Conference on Mechatronics and Automation,2009:4913-4918.

[60] Sun W,Xu A G,Che L N,et al. Accuracy Improvement of SINS Based on IMU Rotational Motion[J]. Aerospace & Electronic Systems Magazine IEEE,2012,27(8):4-10.

[61] 孙枫,王秋滢,齐昭.捷联惯导单轴转停调制中角变速运动影响研究[J].华中科技大学学报(自然科学版),2013,41(4):31-35.

[62] 孙枫,王秋滢,齐昭,等.一种单轴旋转光纤陀螺捷联惯导系统速度误差抑制方法[P].中国专利,CN2013100055528.3.

[63] Cheng J,Chen D,Landry R,et al. Research on Comprehensive Calibration Techniques for Single-axis Rotational Inertial Navigation System[C]. IEEE Proceedings of the 33rd Chinese Control Conference,2014:550-555.

[64] 杜红松,牟宏杰,程建华.四陀螺冗余配置的单轴旋转调制捷联惯导方法[J].传感器与微系统,2016,35(11):64-67.

[65] 程建华,牟宏杰,孙湘钰,等.捷联惯导四面体冗余配置的双轴旋转调制方法[J].系统工程与电子技术,2017,39(8):1801-1807.

[66] 张鑫.船用单轴旋转光纤陀螺捷联惯导初始对准/测漂及综合校正研究[D].哈尔滨:哈尔滨工程大学,2012.

[67] 翁海娜,陆全聪,黄昆,等.旋转式光学陀螺捷联惯导系统的旋转方案设计[J].中国惯性技术学报,2009,17(1):8-14.

[68] 王彬,翁海娜,汪湛清,等.基于速度阻尼的双轴旋转式激光陀螺捷联惯导标定方法[J].中国惯性技术学报,2014,(4):421-425.

[69] 翁海娜,宫京,胡小毛,等.混合式光纤陀螺惯导系统在线自主标定[J].中国惯性技术学报,2017,25(1):1-5.

[70] 周喆,黄凤荣,孙伟强,等.双轴旋转式 SINS 非线性初始对准方法[J].中国惯性技术学报,2011,19(4):408-412.

[71] 黄凤荣,侯斌,孙伟强,等.双轴旋转式 SINS 自主标定技术[J].中国惯性技术学报,2012,20(2):146-151.

[72] 孙伟强,曹东,戚嘉兴,等.旋转调制式惯导系统隔离载体运动算法[J].中国惯性技术学报,2017,25(4):432-435.

[73] 刘为任,唐艳,朱蕾,等.主惯导旋转调制对传递对准性能的影响[J].中国惯性技术学报,2011,19(1):16-20.

[74] Zheng Z,Han S,Zheng K. An Eight-position Self-calibration Method for a Dual-axis Rotational Inertial Navigation System[J]. Sensors & Actuators A:Physical,2015,232:39-48.

[75] Zheng Z,Han S,Jin Y,et al. Compensation for Stochastic Error of Gyros in a Dual-axis Rotational Inertial Navigation System[J]. Journal of Navigation,2016,69(1):169-182.

[76] 雷宏杰,王晓斌,刘放. 机载双轴旋转调制激光惯导系统误差特性及关键技术分析[J]. 导航定位与授时,2016,3(4):13-18.

[77] Lai J Z,Lv P,Liu J Y,et al. Analysis of Coning Motion Caused by Turntable's Vibration in Rotation Inertial Navigation System [C]. Proceedings of the 2012 IEEE/ION Position,Location and Navigation, 2012:869-876.

[78] Lv P,Lai J,Liu J,et al. The Compensation Effects of Gyros' Stochastic Errors in a Rotational Inertial Navigation System[J]. Journal of Navigation,2014,67(6):1069-1088.

[79] 吴赛成. 船用高精度激光陀螺姿态测量系统关键技术研究[D]. 长沙:国防科学技术大学,2012.

[80] 战德军,戴东凯,张忠华,等. 单轴旋转 INS/GPS 组合导航中重力垂线偏差引起的姿态误差分析[J]. 中国惯性技术学报,2014,(3):301-305.

[81] 戴东凯,王省书,战德军,等. 基于单轴旋转 INS/GPS 组合姿态误差观测的垂线偏差测量方法[J]. 中国惯性技术学报,2015,23(2):172-178.

[82] Mcmillan J C. MINS-B II:a Marine Integrated Navigation System[C]. IEEE Position Location and Navigation Symposium,1988:499-508.

[83] Mcmillan J C,Ramotaur R. Development Environment for DIINS (Dual Inertial Integrated Navigation System)[R]. Defence Research Establishment of Ottawa(ONTARIO),1991.

[84] Mcmillan J C,Bird J S,Arden D A G. Techniques for Soft - Failure Detection in a Multisensor Integrated System[J]. Navigation,1993,40(3):227-248.

[85] Bird J S. DIINS-The Next Generation CPF Navigation System-an Overview[R]. Defence Research Establishment Ottawa (ONTARIO),1999.

[86] Bird J S. Migration of DIINS to PowerPC/VxWorks and Intel/Win32[R]. Defence Research Establishment Ottawa (ONTARIO),2001.

[87] Hunter J H. Gyro Drift Detection and Isolation for a Two-IMU Configuration[J]. Navigation,1972, 19(4):327-337.

[88] 陈嘉鸿. 船载双惯导系统动态加速度计零位研究[J]. 装备学院学报,2004,15(2):59-62.

[89] 刘智,刘航,吴兴存. 船载双平台式惯导加速度计零位动态标定研究[J]. 无线电工程,2015,(9):30-33.

[90] 赵汪洋,杨功流,谢英. 双惯导改善导航性能的组合数据研究[J]. 舰船科学技术,2006,28(4):67-70.

[91] 赵汪洋,杨功流,庄良杰,等. 双惯导系统水平阻尼技术研究[J]. 系统仿真学报,2007,19(5):1109-1111.

[92] 王悦勇,麻永平,程伟民,等. 双惯导自主定位系统方案探讨[J]. 导航与控制,2011,10(3):69-70.

[93] 刘为任,宋高玲,孙伟强,等. 双主惯导对子惯导的高精度传递对准方法[J]. 中国惯性技术学报,2016,24(5):561-564.

[94] 郭正东,栾禄雨,宋汝刚,等. 欠校准条件下的 ESGM/RLG-SINS 组合导航技术[J]. 中国航海,2015,38(2):13-17.

[95] Savage P G. Blazing Gyros:The Evolution of Strapdown Inertial Navigation Technology for Aircraft[J]. Journal of Guidance Control & Dynamics,2013,36(3):637-655.

[96] Loukianov D,Rodloff R,Sorg H,et al. Optical Gyros and Their Application[R]. The Research and

Technology Organization of North Atlantic Treaty Organization, 1999.

[97] Mark J, Ebner R E, Brown K. Design of RLG Inertial Systems for High Vibration [C]. IEEE Position Location and Navigation Systems Conference, New Jersey, 1982.

[98] Flynn D J. A Discussion of Coning Errors Exhibited by Inertial Navigation Systems[R]. Royal Aircraft Establishment Farnborough(United kingdow), 1984.

[99] 赵小宁,韩宗虎,郭昕,等. 椭圆锥动效应对机械抖动激光陀螺振动特性的影响[J]. 中国惯性技术学报,2015,23(2):258-261.

[100] 刘昱,王伟,李城锁. 激光陀螺捷联惯导系统 IMU 结构模态分析[J]. 中国惯性技术学报,2012,20(3):273-277.

[101] 章博,任娟. 捷联惯组空间五点减振的振动耦合分析[J]. 宇航学报,2015,36(9):1030-1035.

[102] Jungwirth D R. Piezoelectric Dither Motor [P]. US Patent, No. 4987344, 1991.

[103] Derry R W, Callaghan T J, Killpatrick J E, et al. Housing and Support Assembly for Ring Laser Gyroscope [P]. US Patent, No. 5088825, 1992.

[104] Lee D C, Jang J H, Han C S. Parametric Design Consideration of a Vibro-elastic Bimorph Piezoelectric Converter for a Ring Laser Gyroscope[J]. Smart Materials & Structures, 2006, 15(5):1165-1171.

[105] Li G, Wei G, Xie Y P, et al. Isotropic Design Method of Suspension System of Dithered RLG Strapdown Inertial Measurement Unit[J]. Advanced Materials Research, 2014, 1044:788-797.

[106] Johnson D P. Frequency Domain Analysis for RLG System Design[J]. Navigation, 1987, 34(3):179-189.

[107] Cheng J, Fang J, Wu W, et al. Optimized Design Method of Vibration Isolation System in Mechanically Dithered RLG POS Based on Motion Decoupling[J]. Measurement, 2014, 48(1):314-324.

[108] Li J, Fang J, Ge S S. Kinetics and Design of a Mechanically Dithered Ring Laser Gyroscope Position and Orientation System[J]. IEEE Transactions on Instrumentation & Measurement, 2012, 62(1):210-220.

[109] 于旭东,龙兴武,汤建勋. 机械抖动激光陀螺的随机振动响应分析[J]. 光学精密工程,2007,15(11):1760-1766.

[110] Yu X D, Wei G, Long X W, et al. Finite Element Analysis and Optimization of Dither Mechanism in Dithered Ring Laser Gyroscope[J]. International Journal of Precision Engineering & Manufacturing, 2013, 14(3):415-421.

[111] Yu X, Long X. Parametric Design of Mechanical Dither with Bimorph Piezoelectric Actuator for Ring Laser Gyroscope[J]. International Journal of Applied Electromagnetics & Mechanics, 2015, 47(2):305-312.

[112] Zlatkin Y M, Kalnoguz A N, Voronchenko V G, et al. Laser SINS for Cyclone-4 Launch Vehicle[J]. Gyroscopy & Navigation, 2013, 4(3):156-163.

[113] Wright R J, Jr, Sponnick J V. A Ring Laser Gyro Based Navigator for Space Launch Vehicle Guidance [C]. IEEE Position Location and Navigation Symposium, 1989:271-279.

[114] Kim K, Chan G P. Drift Eerror Analysis Caused by RLG Dither Axis Bending[J]. Sensors & Actuators A:Physical, 2007, 133(2):425-430.

[115] Diesel J. Calibration of a Ring Laser Gyro Inertial Navigation System [C]. 13th Biennial Guidance Test Symposium, USA, 1987.

[116] Cai Q, Yang G, Song N, et al. Systematic Calibration for Ultra-high Accuracy Inertial Measurement Units[J]. Sensors, 2016, 16(6): 940.

[117] 姜睿,杨功流,陈雅洁,等. 基于双轴旋转惯导的激光陀螺仪与g有关偏置自标定法[J]. 中国惯性技术学报,2017,25(5):664-669.

[118] 秦永元. 惯性导航. 第2版[M]. 北京:科学出版社,2014.

[119] 龙兴武,于旭东,张鹏飞,等. 激光陀螺单轴旋转惯性导航系统[J]. 中国惯性技术学报,2010,18(2):149-153.

[120] 张伦东. 船用激光陀螺惯导系统旋转调制与误差标校技术研究[D]. 长沙:国防科学技术大学,2012.

[121] Tang Y, Wu Y, Wu M, et al. INS/GPS Integration: Global Observability Analysis [J]. IEEE Transactions on Vehicular Technology, 2009, 58(3): 1129-1142.

[122] Wu Y, Zhang H, Wu M, et al. Observability of Strapdown INS Alignment: A Global Perspective[J]. IEEE Transactions on Aerospace & Electronic Systems, 2011, 48(1): 78-102.

[123] Rhee I, Abdel-Hafez M F, Speyer J L. Observability of an Integrated GPS/INS During Maneuvers[J]. Aerospace & Electronic Systems IEEE Transactions on, 2004, 40(2): 526-535.

[124] Zhao C L, Wu W Q, Lian J X. Research on Rotating Modulation Inertial Navigation System Error Characteristics Simulation Method in Polar Area [C]. Proceedings of 2014 IEEE Chinese Guidance, Navigation and Control Conference, 2014, 2790-2794.

[125] Ignagni M B. An All - Earth Inertial Navigation Scheme[J]. Navigation, 1972, 19(3): 209-214.

[126] 李倩,孙枫,奔粤阳,等. 基于横坐标系的捷联惯导系统极区导航方法[J]. 中国惯性技术学报,2014,(3):288-295.

[127] 周琪,秦永元,付强文,等. 极区飞行格网惯性导航算法原理[J]. 西北工业大学学报,2013,31(2):210-217.

[128] 周琪,岳亚洲,张晓冬,等. 极区飞行间接格网惯性导航算法[J]. 中国惯性技术学报,2014,22(1):18-22.

[129] Cheng J, Wang T, Guan D, et al. Polar Transfer Alignment of Shipborne SINS with a Large Misalignment Angle[J]. Measurement Science & Technology, 2016, 27(3): 035101.

[130] Rogers R M. Applied Mathematics in Integrated Navigation Systems [M]. Reston American Institute of Aeronautics & Astronautics Inc, 2015.

[131] Quan W, Li J, Gong X, et al. INS/CNS/GNSS Integrated Navigation Technology[M]. Incorporated: Springer Publishing Company, 2015.

[132] Barshalom Y, Kirubarajan T, Li X R. Estimation with Applications to Tracking and Navigation: Theory Algorithms and Software[M]. John wiley & Sons, 2004.

[133] Robert E, Perrot T. Invariant Filtering Versus Other Robust Filtering Methods Applied to Integrated Navigation, 2017: 1-7.

[134] Bekir E. Introduction to Modern Navigation Systems[M]. World Scientific, 2007.

[135] Gelb A. Applied Optimal Estimation[M]. Baston: The MIT Press, 1974.

[136] Dan S. Optimal State Estimation: Kalman, H∞, and Nonlinear Approaches [M]. John Wiley & Sons, 2006.

[137] Nishimura T. Error Bounds of Continuous Kalman Filters and the Application to Orbit Determination

Problems[J]. IEEE Transactions on Automatic Control,1967,12(3):268-275.

[138] Dmitriev S P,Zinenko V M,Litvinenko Y A. Correction and Damping of Medium Accuracy INS Using Electromagnetic Log[J]. Gyroscopy & Navigation,2012,3(4):270-274.

[139] 赵琳,李久顺,程建华,等. 基于延时对准船用捷联惯导舒勒振荡抑制方法[J]. 系统工程与电子技术,2016,38(10):2375-2380.

[140] Kain J,Cloutier J. Rapid Transfer Alignment for Tactical Weapon Applications [C]. Guidance,Navigation and Control Conference,1989.

[141] Lee J G,Park C G,Park H W. Multiposition Alignment of Strapdown Inertial Navigation System[J]. IEEE Transactions on Aerospace & Electronic Systems,1993,29(4):1323-1328.

[142] Goshen-Meskin D,Bar-Itzhack I Y. Observability analysis of piece-wise constant systems II:Application to Inertial Navigation in-flight Alignment [J]. IEEE Transactions on Aerospace & Electronic Systems,1992,28(4):1068-1075.

[143] 李耿. 激光陀螺及其惯导系统多物理场耦合作用下的误差特性研究[D]. 长沙:国防科学技术大学,2016.

[144] Zhang H,Wu Y,Wu W,et al. Improved Multi-position Calibration for Inertial Measurement Units[J]. Measurement Science & Technology,2010,21(1):015107.